主体的に学ぶ発達と教育の心理学

髙村和代
Kazuyo Takamura
安藤史高
Fumitaka Ando
小平英志
Hideshi Kodaira
編

ナカニシヤ出版

まえがき

本書のねらい

本書『主体的に学ぶ発達と教育の心理学』というタイトルには，教職を目指す読者に「教育心理学」や「発達心理学」を主体的に，かつ知的好奇心を持って学んでもらいたいという願いを込めた。

平成29，30年に改訂された新学習指導要領では，子どもたちの「生きる力」を育むために，「何を学ぶか」だけではなく「何ができるようになるか」，「どのように学ぶか」という視点が基本の考え方として加えられた。そして「どのように学ぶか」を実現するために，「主体的・対話的で深い学び」を目指す授業改善の重要性が強調された。本書内でも「主体的・対話的で深い学び」を実現させるための授業について，随所に取り上げられている。しかし，教師が子どもたちの「主体的・対話的で深い学び」を目指す授業は，教師自身の「主体的・対話的で深い学び」の体験なくしては実現できないであろう。だからこそ，読者には「発達と教育の心理学」を主体的に学んでもらいたいのである。そのための工夫として，具体的な事例を積極的に取り入れることを心がけた。学校での児童生徒の姿や授業の様子を鮮明にイメージすることができれば，本書で学ぶ知識が教育現場でどのように生かされるかを考えやすくなり，学習への動機づけが高まり，主体的な学びへとつながると考えたからである。

本書の内容構成

平成29年に「教職課程コアカリキュラムの在り方に関する検討会」において「教育課程コアカリキュラム」が取りまとめられ，教職課程においての習得すべき資質・能力が示された。本書はこの教職課程「教育心理学」のコアカリキュラムに準拠した構成となっている。「教育心理学」は「教育の基礎的理解に関する科目」のうち「幼児，児童及び生徒の心身の発達及び学習の過程」に位置づけられている。教職課程のコアカリキュラムと各章の対応は表の通りである。

さらに学習を超えた幼児，児童及び生徒への指導の方法の理解として，特別な支援が必要な子どもの理解（13章），悩みや問題を抱えた子どもへの支援の方法（14章），家庭や地域との連携（15章）などもトピックとして取り上げた。

本書の特徴

本書ではどの章においても，先行オーガナイザー（9章参考）として章の始めに「導入課題」，各節末ごとに学習した知識を確認する「確認テスト」，そして章末にその章の総括として「演習課題」を設けている。章の内容説明のみでは受容的な学習ばかりになってしまうが，それぞれの課題やテストに答えることにより，能動的な学習（アクティブラーニング）が可能となる。特に「演習課題」は正解があるような課題ではなく，章で得られた知識を総括してまとめたり，考察したりする内容となっており，「演習課題」に取り組むことにより，深い学びを得ることができよう。また，本書が授業のテキストとして用いられる場合も多いだろう。その際は，「導入課題」や「演習課題」について話し合うなど対話的な学びに活用し，さらに学びを深めてもらいたい。

表　教職課程コアカリキュラム「幼児，児童及び生徒の心身の発達及び学習の過程」と本書各章との対応

			対応する章
全体目標	幼児，児童及び生徒の心身の発達及び学習の過程について，基礎的な知識を身につけ，各発達段階における心理的特性を踏まえた学習活動を支える指導の基礎となる考え方を理解する。		
（1）幼児，児童および生徒の心身の発達の過程			
一般目標	幼児，児童及び生徒の心身の発達の過程および特徴を理解する。		
到達目標	1）幼児，児童及び生徒の心身の発達に対する外的及び内的要因の相互作用，発達に関する代表的理論を踏まえ，発達の概念及び教育における発達理解の意義を理解している。		1章
	2）乳幼児期から青年期の各時期における運動発達・言語発達・認知発達・社会性の発達について，その具体的な内容を理解している。		2章，3章，4章
（2）幼児，児童および生徒の学習の過程			
一般目標	幼児，児童及び生徒の学習に関する基礎的知識を身に付け，発達を踏まえた学習を支える指導について基礎的な考え方を理解する。		
到達目標	1）様々な学習の形態や概念及びその過程を説明する代表的理論の基礎を理解している。		5章，9章，10章
	2）主体的学習を支える動機づけ・集団づくり・学習評価の在り方について，発達の特徴と関連付けて理解している。		8章，11章，12章
	3）幼児，児童及び生徒の心身の発達を踏まえ，主体的な学習活動を支える指導の基礎となる考え方を理解している。		6章，7章

　末筆になるが，本書の出版にあたりナカニシヤ出版の宍倉由高，山本あかね両氏には多大なお力添えをいただいた。ここに記して感謝申し上げる。

2022年1月　編者一同

目　　次

第3部　子どもの理解と支援

第 1 部

・・・・・・・・・・・・・・・・・・・・

発達の過程

発達の理論

> **導入課題**
> 　これまで生きてきて，あなたはどんなところが成長したと思うか。思いつく限り挙げてみよう。

発達とは

　心理学における発達とは，「個体が時間経過に伴ってその心的・身体的機能を変えてゆく過程。遺伝と環境とを要因として展開する」ことである。『発達』という用語は，辞書の意味として「発育して完全な形態に達すること。進歩発展すること。規模が次第に大きくなること」（大辞林）と記されているように，『よりよくなる』という上向きの意味をイメージしがちである。しかし，人間の発達を考えた場合，個体が時間経過に伴って心的・身体的機能を変えてゆく過程というのは，必ずしも上向きの意味を示すだけではない。例えば老化も人間の時間経過に伴う変化であるが，生体機能が衰えていくという意味においては，下向きの意味合いが強い。人間の発達とは，人間の生涯を通し，上向き，下向きの両方を含めた心的・身体的変化を説明するものである。

　では，心的・身体的変化とは具体的にどのような変化を指すのか。例えば，身長や体重など，量的な変化をするものもある。また，歩くことや走ることができるようになるといった運動の発達，話すことができるようになるという言葉の発達，人間関係の作り方が変化するといった社会性の発達などのような，質的な変化をするものもある。本章では，このような人間の種々の発達を紹介していく。

1．発達の規定因

(1)「遺伝か環境か」

　『人間の発達を規定するものは遺伝（成熟）か環境（学習）か？』この問いに関する論争は，20世紀初頭から繰り広げられてきた。

1) 遺伝優位説

　遺伝が優位とされる立場の考え方は，ゲゼル（Gesell, A. L.）に代表される。ゲゼルは，「子どもの発達のプロセスは生まれながらにして備わっているものであり，発達はその法則に則り時間的経過に従い出現するものである。したがって，経験や学習は発達に決定的な影響を与えるものではない」と主張した。

　また，ゲゼルとトンプソン（Gesell & Tompson, 1929）はその主張を立証するために，双生

児統制法による階段上りの訓練実験を行った。ゲゼルとトンプソンは生後46週の一卵性双生児に対し，一方には6週間にわたり階段上りの訓練を行い，もう一方にはその間何も施さなかった。その結果，訓練を行った子どもは26秒で階段が上れるようになったのに対し，無訓練の子どもは45秒かかった。その後，無訓練の子どもに対し2週間だけ階段上りの訓練を行ったところ，わずか10秒で階段が上れるようになった。つまり，訓練の長さ（6週間）よりも訓練を行う時期（生後52週以降からの訓練）の方が，効果的であったのである。この結果は，早すぎる訓練では効果が得られず，適切な成熟が備わらなければ効果を期待することはできないということを示唆している。このように，学習が成立するために必要な発達水準を，レディネスという。

2）環境優位説

　遺伝優位説に対し，ワトソン（Watson, J. B.）は行動主義の立場から環境優位説を唱えた。行動主義は，すべての人間の行動が，条件づけなどの学習によって形成されるという考え方である（詳細は5章参照）。ワトソンは，「育てることのできる適切な環境さえ整えば，1ダース（12人）の乳児を遺伝とは関係なしに，医者，弁護士，芸術家，泥棒まで，様々な人間に育てることができる」と述べている。

　このようなワトソンの主張は，アルバート坊やの実験などから裏づけられる。ワトソンは，生後11ヶ月のアルバートという名の乳児に恐怖の条件づけを行った。恐怖の条件づけとは，アルバートが白いネズミに興味を示し近づくと，大きな音を鳴らすということを繰り返した結果，白いネズミを怖がり近づこうとしなくなったというものである。これは，レスポンデント条件づけ（古典的条件づけ）に基づくものである。

(2)「遺伝も環境も」

　「遺伝か環境か」という議論は，どちらか一方のみを強調しているということから，単一要因説と呼ばれる。しかし，人間の発達はどちらか一方によって規定されるという考えには限界があるということから，今日では遺伝も環境もどちらも発達には影響を与えるという考えが定着している。

1）輻輳説

　輻輳説とは，人間の発達は，遺伝要因と種々の環境要因が寄せ集まって加算的に影響し合うという考え方で，シュテルン（Stern, W.）が提唱したものである（図1-1）。

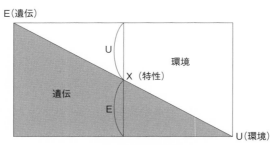

図1-1　遺伝と環境の輻輳説の図式化

2）環境閾値説

　輻輳説は，遺伝要因と環境要因を独立に捉えていることに対し，環境閾値説は，人間の発達

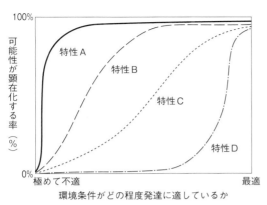

特性A：身長や体重のような，極端に不利な
　　　環境でなければ，顕型化するもの。
特性B：知能検査の成績のような，環境の影
　　　響を中程度に受けるもの。
特性C：学業成績のような，広い範囲で環境
　　　の影響を受けるもの。
特性D：絶対音感や外国語の音韻の弁別のよ
　　　うな，特定の訓練や好適な環境条件
　　　がない限り，顕型化しえないもの。

図1-2　ジェンセンの環境閾値説の解説図（東，1969）

は遺伝と環境が相互に作用し合っているという考え方で，ジェンセン（Jensen, A. R.）が提唱
したものである。たとえ環境が劣悪でも顕在化する特性（特性A）もあれば，環境が一定水準
まで整わなければ顕在化しない特性（特性D）もあるとしている（図1-2）。

3）多元論的相互作用説

　バルテスら（Baltes et al., 1980）は生涯発達心理学の視点に基づき，「生物学的（遺伝的）
要因」と「環境的要因」およびその相互作用を3つの要因に分けて発達への影響を説明してい
る（図1-3）。1つ目は，年齢に伴う成長や成熟といった生物学的要因と，年齢に応じた家庭
や学校などでの経験といった環境的要因による影響であり，「標準年齢的要因」という。この
要因は乳児期の発達へは強く影響を与えているが，青年期にかけて影響は減じていく。対して
青年期の発達にもっとも強く影響を与える要因が，2つ目の「標準歴史的要因」である。これ
は，歴史的時間および世代に関する歴史的文脈に結びついている生物学的および環境的な影響
である。特定の世代や集団が共有するもので，戦争や恐慌，経済的状況，疫病の流行などの長
期にわたる社会的変化に基づくものである。そして3つ目が「非標準的要因」である。これは
標準年齢的要因にも標準歴史的要因にも属さない，生物学的ないし環境的影響である。例えば，
転居，結婚，死別，病気など，人生に大きな影響を与える個人的な出来事によるもののことで
ある。非標準的要因は，年齢とともに発達への影響が大きくなり，老年期にもっとも大きく影

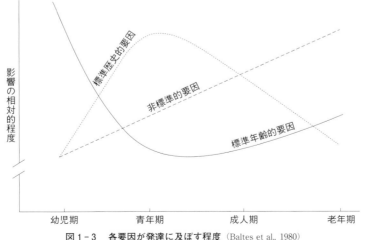

図1-3　各要因が発達に及ぼす程度（Baltes et al., 1980）

響を受ける要因である。

4）行動遺伝学

　遺伝要因と環境要因の寄与率から遺伝と環境の関係を説明したのが行動遺伝学である。安藤（2016）は，同じ家庭に育った遺伝子が全く同じである一卵性双生児と，互いが共有している遺伝子が50％程度の二卵性双生児を用いて類似性を比較した。同じ家庭に育った一卵性双生

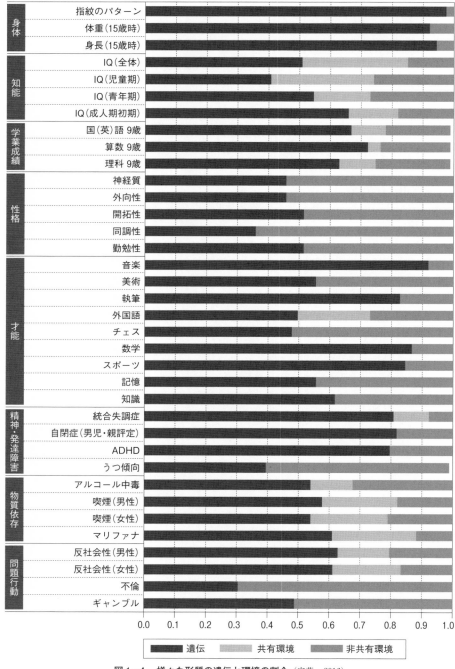

図1-4　様々な形質の遺伝と環境の割合（安藤，2016）

児と二卵性双生児とでそれぞれの類似性を比較した場合，一卵性双生児の方が類似性が高ければ，遺伝の影響によるものであると考えられる。また，類似性を高める要因には，同じ家庭環境で育ったという共有環境も，遺伝要因以外に加算される。しかしたとえ同じ遺伝子をもち，同じ家庭環境で育つという共有環境を持つ一卵性双生児でも，似ていない部分はある。この似ていない部分の要因は，学校での友人関係や個々の経験といった個別の環境要因によるものである。このような類似性を低める個別の環境要因を非共有環境という。行動遺伝学では，「発達＝遺伝＋共有環境＋非共有環境」で発達の要因をとらえている。それぞれの特性の遺伝，共有環境，非共有環境の寄与率を図1-4に示す。

確認テスト①

次の理論と対応する人名を結びつけなさい。
1．行動主義　　　　　　　（　　）　　a　ジェンセン
2．環境閾値説　　　　　　（　　）　　b　ワトソン
3．遺伝優位説　　　　　　（　　）　　c　シュテルン
4．輻輳説　　　　　　　　（　　）　　d　ゲゼル
5．多元論的相互作用説　　（　　）　　e　バルテス

2．発達と教育

　人間は，歩行も食事も自力ではできない非常に未熟な状態で産まれてくる。誕生後，最低限の運動機能を獲得するのには，短くても1年はかかるとされる。このことをポルトマン（Portmann, A.）は，生理的早産と呼んだ。その後様々な環境の影響を受けながら，長い時間をかけて一人前の人間へと発達していく。そして，人間が発達していくためには，適切な時期に適切な教育や援助を受けることが必要である。

(1) 初期経験
　乳幼児期の経験は，その後の発達に大きな影響を与えることとなる。このような誕生後間もない頃の経験を初期経験という。初期経験の代表的なものに，インプリンティング（刷り込み）がある。ローレンツ（Lorenz, K.）は，人工孵化させたハイイロガンが最初に見た動くものを，親と思い込み追従するという習性を見出した。このように，動物が成長過程の特定の時期に特定の刺激を受けることで学習が持続的に成立する現象を，インプリンティングという。人間においても，このような初期経験は見られる。例えば乳児期の親との愛着関係は，その後のパーソナリティ形成や社会性などに大きな影響を与えることになる。
　また，このハイイロガンの習性については，孵化後29～32時間を超えてしまうと，たとえ動くものを見ても追従行動が生じなくなり，インプリンティングが生じなくなるのである。このように，学習が成立するための非常に限られた期間を，臨界期という。言語獲得や絶対音感などは，ある時期までに学習が行われないとその後の学習が困難になることから，人間の発達にも臨界期があるとされてきた。しかし人間の発達の場合は，一定の時期を過ぎるともはや学習が成立しないという限定的な期間があるわけではなく，もっと緩やかな広がりを持っており，他の動物と比べて適応的なものである。そのような意味から，近年では敏感期という用語が用いられている。

(2) 発達の最近接領域

　ヴィゴツキー（Vygotsky, L. S.）は，子どもの知的発達の水準には二段階あると考えた。1つは自力学習が可能な水準で，もう1つは他者からの援助によって到達可能になる水準である。そして，これら2つの水準の間の幅を，発達の最近接領域という。

　教育は，他者からの援助によって到達可能な水準にある子どもに働きかけることにより，知的発達を自力学習が可能な水準に引き上げる役割を果たしている。そのため，発達の最近接領域に適した時期の教育が必要とされる。子どもが教師の支援を受けなくてもできることを支援しても意味がないし，教師が支援してもまだできないことを支援しても意味がない。そのため，教師は子どもの発達の最近接領域をしっかりと見極めて子どもに働きかける必要がある。

確認テスト②

　次の文章を読み，内容が正しいものには○，間違っているものには×をつけなさい。
　1.（　　　）鳥が最初に見た動くものを親だと思い込み追従行動を行う習性を，インプリンティングという。
　2.（　　　）人間は母親の胎内でほぼ運動機能を完成させてから誕生する。
　3.（　　　）知的発達の水準には，自力学習が可能な水準と，他者からの援助によって到達可能になる水準の2段階がある。
　4.（　　　）言語獲得や絶対音感などの学習には臨界期が存在する。

3．様々な発達の理論

　発達心理学では，人間の発達過程を一定の時期で区切り，それぞれの時期の発達特徴を理解していく。このように，発達過程を一定の時期で区分したものを発達段階という。発達段階は一般的に，①新生児期（誕生〜生後4週），②乳児期（0歳〜1歳半頃），③幼児期（1歳〜6歳），④児童期（6歳〜12歳），⑤青年期（12歳〜20歳前後），⑥成人期（20歳代〜65歳頃），⑦老年期（65歳〜）に区分されることが多い。しかし発達段階の分け方は，発達の理論により異なる。また，各発達段階にはそれぞれ達成されなければならない課題が存在する。もしその課題が達成されなければ，その後の生活に困難が生じる可能性がある。そのような課題を，発達課題という。ここではいくつかの代表的な発達の理論について紹介する。

(1) ハヴィガーストの発達課題

　発達課題でもっとも代表的なものが，ハヴィガースト（Havighurst, 1953）のものである。ハヴィガーストは，「人間が健全で幸福な発達をとげるために各発達段階で達成しておかなければならない課題」として6段階においてそれぞれの発達課題を提示した（表1-1）。

　しかし，この発達課題は，20世紀半ばのアメリカの中流階級の生活様式をもとにしたものであり，現代の日本の社会・文化において必ずしも通用されるものではないことに留意しておきたい。

(2) ピアジェの認知発達

　ピアジェ（Piaget, J.）は，人は外界と相互作用を繰り返し，自らの知識や概念，行動の枠組みを作り変えながら発達していくという発生的認識論を唱えている。この知識や概念，行動の枠組みのことを「シェマ（スキーマ）」という。また，新しい事象が生じた際に，これまでの

方法で既存のシェマの中に外界を取り入れる機能を「同化」と呼び，外界に合わせて既存のシェマを変える機能を「調節」と呼ぶ。それぞれの機能を人間関係を例にとって考えてみる。私たちはこれまで多くの人とかかわりながら，自分なりの人付き合いの仕方（シェマ）を身につけている。そして新しく知り合いができると，これまで自分が身につけてきた人付き合いの仕方（シェマ）を使ってその人とかかわろうとする。これが同化である。しかしその人とはこれま

表1-1　ハヴィガーストの発達課題 (Havighurst, 1953)

幼児期	壮年初期
1．歩行の学習 2．固形食物をとることの学習 3．話すことの学習 4．排泄の仕方を学ぶこと 5．性の相違を知り，性に対する慎みを学ぶこと 6．生理的安定を得ること 7．社会や事物に対しての単純な概念を形成すること 8．両親，兄弟姉妹や他人と情緒的に結びつくこと 9．善悪を区別することの学習と良心を発達させること	1．配偶者を選ぶこと 2．配偶者との生活を学ぶこと 3．第一子を家族に加えること 4．子どもを育てること 5．家庭を管理すること 6．職業に就くこと 7．市民的責任を負うこと 8．適した社会集団を見つけること
児童期	**中年期**
1．普通の遊戯に必要な身体的技能の学習 2．身体を大切にし有益に用いることの学習 3．友だちと仲よくすること 4．男子として，または女子としての社会的役割を学ぶこと 5．読み，書き，計算の基礎的能力を発達させること 6．日常生活に必要な概念を発達させること 7．良心・道徳性・価値判断の尺度を発達させること 8．両親や他人の支配から離れて人格の独立性を達成すること 9．社会の諸機関や諸集団に対する社会的態度を発達させること	1．おとなとしての市民的・社会的責任を達成すること 2．一定の経済的生活水準を築き，それを維持すること 3．10代の子どもたちが信頼できる幸福なおとなになれるよう助けること 4．おとなの余暇活動を充実すること 5．自分と配偶者とが人間として結びつくこと 6．中年期の生理的変化を受け入れ，それに適応すること 7．年老いた両親に適応すること
青年期	**老年期**
1．同年齢の男女との洗練された新しい交際を学ぶこと 2．男性として，また女性としての社会的役割を学ぶこと 3．自分の身体の構造を理解し，身体を有効に使うこと 4．両親や他のおとなから積極的に独立すること 5．経済的な独立について自信をもつこと 6．職業を選択し，準備すること 7．結婚と家庭生活の準備をすること 8．市民として必要な知識と態度を発達させること 9．社会的に責任のある行動を求め，そしてそれをなし遂げること 10．行動の指針としての価値や倫理の体系を学ぶこと	1．肉体的な力と健康の衰退に適応すること 2．引退と収入の減少に適応すること 3．配偶者の死に適応すること 4．自分の年ごろの人々と明るい親密な関係を結ぶこと 5．社会的・市民的義務を引き受けること 6．肉体的な生活を満足に送れるように準備すること

表1-2 ピアジェの認知発達理論

基本段階	時期	特徴
感覚運動期	誕生～2歳	感覚と運動を組み合わせることにより，身近な外界と関わろうとする。対象の永続性が獲得される。
前操作期	2～7歳	表象思考が可能になり，言葉を使って説明することが可能になる。自己中心的な思考が強く，直観的な判断に依存する。
具体的操作期	7～11歳	自己中心性から脱却する。具体的な事象においては，論理的な思考が可能になる。
形式的操作期	11～15歳	抽象的な思考が可能になる。仮説演繹的な検討が可能になる。

表1-3 フロイトの心理性的発達

段階	時期	特徴
口唇期	誕生-1.5歳	母親からの授乳を通し，環境との交流を図る。
肛門期	1.5歳-3歳	トイレットトレーニングを通し，排泄機能をコントロールする。環境への主張的で能動的な姿勢が芽生える。
男根期 （エディプス期）	3歳-6歳	性意識が芽生え，異性の親へ強い関心を示す。エディプスコンプレックス。
潜伏期	6歳-11歳	性的欲動が静まる。社会的規範の学習および知的活動へエネルギーが注がれる。
性器期	11歳-	身体的成熟に伴い，性器性欲が出現する。性愛的関係が成立する。

での人付き合いの仕方（シェマ）ではうまく付き合うことができないとなると，これまでとは異なる人付き合いの仕方（シェマ）を身につけたり，自分の人付き合いの方法を修正したりすることになる。これが調節である。そして「同化」と「調節」を繰り返しながら，安定したシェマを構成していくことを，「均衡化」という。ピアジェは，この均衡化の発達は一定の法則をもって段階的に発達することを見出し，4段階に分けて認知発達を説明している（表1-2）。

(3) フロイトの心理性的発達

　フロイト（Freud, S.）は，精神分析学的視点から発達の理論を提唱した。フロイトによれば，性的欲動（リビドー）は思春期以降に限られたものではなく，乳幼児期から存在しているとし，発達に伴い，リビドーの身体的部位が移行することから，表1-3のような心理性的発達段階を唱えた。

　エディプスコンプレックスとは，実の父親と知らずに男を殺害し，母親と結婚したエディプス王の話にちなんで名付けられたものであり，異性の親に対し強い感情を示し独占しようとし，同性の親に対し強い対抗心を持つことをいう。

　また，各段階で欲求が充分に満たされなかったり過剰であったりすると，その段階の特徴的な性格としてその後も残ることがあるとされている。それを固着という。

(4) エリクソンの心理社会的発達

　フロイトの心理性的発達は，性的欲動という個人の性的発達にのみ焦点づけられているという批判から，エリクソン（Erikson, E. H.）は社会的・歴史的視点を取り入れた心理社会的発達を提唱した。心理社会的発達では，漸成説に基づいて人間のライフサイクルを論じている。漸成説とは，人間の発達は段階的に進み，前段階で獲得されたものをもとにして次の段階へと進むことを意味する。エリクソンの漸成説では，人生を8段階に区切り，各発達段階において

表 1 - 4　エリクソンの心理社会的発達

発達段階		心理社会的危機	徳	主たる関係
Ⅰ	乳児期	基本的信頼　対　不信	希望	母親
Ⅱ	幼児前期	自律性　対　恥・疑惑	意志	両親
Ⅲ	幼児後期	自主性　対　罪悪感	目標	家族
Ⅳ	児童期	勤勉性　対　劣等感	有能感	近隣・学校
Ⅴ	青年期	アイデンティティ　対　アイデンティティ拡散	忠誠心	仲間・ロールモデル
Ⅵ	成人前期	親密性　対　孤立	愛情	友人・パートナー
Ⅶ	成人期	世代性　対　停滞	世話	家族・同僚
Ⅷ	老年期	統合性　対　絶望	英知	人類

心理社会的危機を設定している（表 1 - 4）。例えば乳児期「基本的信頼　対　不信」のように，発達段階ごとに，成長や健康に向かうポジティブな力と，退行や病理に向かうネガティブな力を対にして示している。対に示されたポジティブな力とネガティブな力は拮抗しており，拮抗している状態を心理社会的危機という。そして社会的な体験を通して，ポジティブな力がネガティブな力を上回ることが，各発達段階でのテーマとなるのである。また，心理社会的危機を乗り越えた時に，活力や強さ（徳）が得られる。

①乳児期（誕生～ 2 歳）：基本的信頼　対　不信

　生後間もない子どもは無力であり，他者の援助がなければ生きていけない。養育者，とりわけ母親が授乳や排泄などの世話を行うことにより，子どもは「この人が自分を守ってくれる人である」という認識を持つことができるようになり，基本的信頼感が得られる。対して，子どもが不快を感じていても充分な世話を受けることができなければ，自分を守ってもらえるという特定の人を得ることができず，不信感を持つこととなる。

②幼児前期（ 2 歳～ 4 歳）：自律性　対　恥・疑惑

　この時期になると，親など周囲の大人の手を借りながら，排泄のコントロールや，食事や衣類の脱ぎ着など，自分で身の回りのことができるようになり，自律性が培われる。しかし，周囲の手助けが得られなかったり，手を出しすぎたりすると，自分で挑戦することを躊躇うこととなり，恥の感情や自分の能力への疑惑の念を持つようになる。

③幼児後期（ 4 歳～ 6 歳）：自主性　対　罪悪感

　この時期になると，幼稚園や保育園へ行くなど生活環境も広がり，外界の様々なものに興味を示すようになる。そして好奇心からいろいろなものに挑戦したいと考えるようになる。この挑戦を通し自分ができることが増えていくことで，もっと自分でやってみようという自主性を高めることができる。しかし子どもが挑戦しようとする際に，親が面倒な態度をとったり叱責したりすると，罪悪感を持つこととなる。

④児童期（ 6 歳～ 12 歳）：勤勉性　対　劣等感

　この時期は小学校に行くようになり，友人たちとともに知識や技術の習得に勤しむようになる。その過程で，子どもは自分の能力に見合った目標を達成するために計画を立て，計画を遂行することが求められる。このように計画を遂行していくことが勤勉性である。しかし，目標に到達できなかったり，友人と比較して自分の成果が劣っていると感じたりすることは，劣等感を生むこととなる。

⑤青年期（ 12 歳～ 20 歳前後）：アイデンティティ　対　アイデンティティ拡散

　アイデンティティは「自分は何者か？」の問いへの答えである。この時期は，自分の将来，友人関係や恋愛，親子関係などに関する問題に直面する。そして，自分の身の回りで起こる問題について考え，解決していくなかで，次第に自分自身を理解し，受け入れられるようになり，

アイデンティティが確立していく。この際，友人から受け入れられたり，社会の中での自分の存在意義を見出したりする。しかし，他者から受け入れられるという感覚を持てず，自分の存在意義が見出せないと，自分で自分がわからないという感覚を持つ。これがアイデンティティ拡散の状態である。

⑥成人前期（20歳代～30歳代）：親密性　対　孤立

　親密性とは「お互いに取り込まれることのない親密な二者関係」が構築できることをいう。このような関係を構築するためには，ありのままの自分を相手に受け入れてもらえるし，ありのままの相手を受け入れることができる自信が必要である。互いに自分をさらけ出しても受け入れてもらえるという経験を通して，培われていく。しかし，他者から受け入れられる経験が得られなかったり，自分に自信が持てなかったりすると，自分をさらけ出すことで自分が傷つくことを怖れ，他者から距離をとってしまうこととなり，孤立することとなる。

⑦成人期（40歳代～65歳）：世代性　対　停滞

　この時期は，家庭人としては親として子どもを産み育てる時期にあたり，職業人としては働き盛りの時期にあたる。上の世代から受けつぎながら，これまでの様々な経験により培ってきた知識や考えは，親としてまたは社会人や市民として能動的に次世代と関わり，次の世代に伝達する役割を担うこととなる。これが世代性である。しかし，社会との関わりが希薄であったり興味がなかったりすると，自分が培ってきた知識や考えは自己の中だけにとどまってしまい，自己満足に陥る。これが停滞である。

⑧老年期（65歳～）：統合性　対　絶望

　この時期になると，家庭人としても職業人としても役割を終えることとなり，喪失感を覚えることもあるだろう。また体力が衰え，これまでできていたことができなくなっていく。このような否定的な状況を乗り越え，自分の人生をふりかえった時に，「いいこともわるいこともあったが，自分の人生悪くなかった」と思えることが統合性である。子どもが立派に巣立ち孫が自分を慕ってくれる，自分が育てた部下が立派に社会で活躍しているなど，自らが積んだ人徳が統合性へ導く。対して，自分の人生を受け入れられず，喪失感などの否定的な現状にとらわれると，絶望を感じることになる。

確認テスト③

　次の内容は，a.幼児期　b.児童期　c.青年期，のどの時期を説明しているか答えなさい。

　1．異性の親を独占しようとし，同性の親に対し対抗心を持つ。

　2．直観的な思考が強く，他者の視点で物事を考えることが困難である。

　3．友人関係や将来のことなどについて考え，生き方を選択していくなかで，「自分は何者か？」の問いへの答えを見つけていく。

　4．トイレットトレーニングなどを通して，自律性を身につけていく。

　5．自分で計画を立てその計画を遂行することで，有能感を高めていく。

演習課題
　本章で学んだ人間の発達の理論は，教育現場でどのように生かされるかを論じてみよう。

第 2 章　乳幼児期の発達

　本章では，乳幼児期の発達について，「運動」「認知」「言語」「社会性」という4つの側面で見ていく。その際，単にその時期の子どもに何ができる／できないということを羅列するのではなく，研究方法についても大まかに触れる。その結果や意味について，学習者自身でも考えながら学んでほしい。

1．運動発達

　乳幼児期の運動について，どういった観点でその発達を考えるかということに加え，発達の他の側面との関係について手短に触れておこう。

(1) 運動の始まり

　乳児の運動は，不随意な（思い通りでない）ものから始まる。その1つが「原始反射」で，これは身体に特定の刺激が与えられた時に特定の運動が生じるというものである。例えば，乳児の唇や頬に触れると触れられた方に向けて唇を突き出すなど，乳児はさしあたり生きていくのに必要な行動を持って生まれてくる（例として挙げた反射は，「ルーティング反射」と呼ばれ，乳首を探す運動と考えられる）。しかし，胎児や新生児でもそうした刺激への反射だけではなく，まだ随意的ではないものの自発的な運動をしていて，そうした全身運動を，「ジェネラル・ムーブメント（general movements, GMs）」と呼ぶ。そして，原始反射やGMsは，5ヶ月頃にかけて徐々に随意運動へと置き換わっていく（中野，2016）。

　その置き換わりの際，今までの不随意な運動が消滅すると同時に次の随意運動がまだ十分でない「谷間」の時期が生じる。このことが，乳児突然死（寝返りがうまく打てずにうつ伏せで窒息死するなど）の原因であるという説もある（Lipsitt, 2003）。

(2) 全身の運動発達と腕や手指の運動発達

　特定の姿勢をとったり移動したりといった，全身に関わる運動を「粗大運動」という。以下，アレクザンダーら（Alexander et al., 1993）および北村（2013）をもとに，乳幼児期の粗大運

動発達の目安を示すと，①首が座るのが3～5ヶ月，②寝返りが6～7ヶ月，③ひとりで座ることが6～8ヶ月，④這うのが7～10ヶ月（ただし這い方も様々あって変化していく），⑤つかまり歩きが8～11か月，⑥ひとり歩きが11～14ヶ月の頃にそれぞれ始まる。そして，基本的には頭から下の方へ，体の中心から末端へと発達が進む。その後，幼児期には，2歳前後で走ったり跳んだりし始め，3～5歳にかけてそれらがうまくなっていく他，スキップやケンケンができるようになる。

腕や手指の運動発達についても上述の文献（Alexander et al., 1993; 北村，2013）によって大まかに示す。何かの対象に向けて手を伸ばす運動は「リーチ」と呼ばれ，目で捉えた対象物の位置に向かって正確に手を伸ばせるようになるのはおおよそ5～6ヶ月頃である。手指を使ってものを掴む運動は最初，親指を使わず小指を中心にした掴み方をするが，生後半年頃から徐々に，親指と他の指とが対面した形での掴み方に変わっていく。7ヶ月頃には，親指と他の指との掌に近い部分でものを掴む。10ヶ月頃になると親指と人差し指との指先に近いところで小さなものをつまむようになり，1歳頃には指先でかなり小さいものをつまめるようになるので，異物の誤飲などに注意が必要である。そしてその後，概ね3歳頃からハサミを使ったり，筆記具で図形などを模写したりできるようになっていく。

(3) 運動と発達の他の側面との関連

これら運動の発達は，後で述べる認知（物事の理解）や社会性（他の人と関わる上での様々な能力）といった，いわゆる心の発達と無関係ではない。

運動能力が高い乳児は人のありえない動き（肘が外側に曲がる，首が180度以上回転する）を見た時に驚くが，運動能力が低い乳児は驚かないという研究や，あるいは，物を掴む能力が高い乳児の方が，他者が物を掴む動作をする場面でよりうまくその対象物を予測するといった研究があり，運動と認知とは関連している（鹿子木，2016）。

運動能力と社会性との関連も指摘されている。5歳児を対象とした研究で，運動能力の低い子どもは運動能力が平均以上の子どもと比べ，幼稚園での自由遊びの際，他児と関わる遊びが少なく，何をするでもなかったり他児の遊びを傍観していたりする行動や，一人で単純動作を繰り返す遊びが多いという研究結果（Bar-Haim & Bart, 2006）がある。

確認テスト①

乳幼児期の運動の発達に関する説明として適切なものは次のどれか，1つ選びなさい。
1. 新生児期に現れ，その後，大人になるまで一貫して見られるような運動のしかたを「原始反射」という。
2. 乳児期の，姿勢を制御したり移動したりする運動の発達は，概ね「頭から下半身へ」「体の中心から端の方へ」という向きで進む。
3. 運動の発達は自らの体によって表現する働きであるという点で，周囲の物事を取り入れて理解する心の発達とは，基本的に関連しない。

2．認知発達

「認知（cognition）」には，心の働きの広い範囲のことが含まれる。平たくいえば見聞きしたことをどのように捉えるか，理解するかということだと考えるとよい。同じことを見聞きしても，発達により，その捉え方，理解の仕方は異なる。

（1）乳児期の認知発達

　乳児期（ここでは概ね 1 歳台までとする）は，ピアジェ（Piaget, J.）による発達段階では「感覚運動期」にあたる（1 章参照）。この時期，子どもは見聞きしたり触れたりという「感覚」や手足を動かすなどの「運動」によって物事を捉えている。言い換えれば，何かを考えるというより，身体で周囲の物事を理解しているというのが「感覚運動期」である。例えば，0 歳台前半の乳児は，掴もうとして手を伸ばした物体が布で覆われると，その手を引っ込める。ピアジェはそうしたことを観察し，その時期の乳児にとって，現に感覚で捉えられないものは存在しないのと同じなのだと考えた（Piaget & Inhelder, 1966）。

　しかし，それ以降の研究によれば，乳児は直接見えていることよりも多くを理解している。例えば，ベイラージョンとディヴォス（Baillargeon & DeVos, 1991）は，「衝立の後ろをニンジン（の人形）が左右に繰り返し通り抜ける」場面を乳児に見せる実験を行った（図 2 - 1）。生後 5 ヶ月半の乳児は，長方形の衝立の後ろを長いニンジンが通る場面（a 1）を何度も見せられて飽きた後，上端が欠けた衝立の後ろをニンジンが通る際（a 2）に，欠けた部分でニンジンが見えないと，長く見つめた。しかし，ニンジンが短い場合には，最初の衝立の場面（b 1）に飽きた乳児は，欠けた衝立の場面（b 2）を長く見ることはなかった。

　この結果から，何がいえるだろうか。「長く見つめた」ということは（本当のところは厳密にはわからないが）何か変わったことが起きて驚いたと考えてよいだろう。短いニンジンの場面ではそうした驚きはなかったので，乳児は衝立の形が変わったことに興味を持ったわけではない。どうやら，生後半年に満たない乳児でも，「物は，何かに隠れるなどして見えなくなっても，存在し続けている」（これを「対象の永続性（object permanence）」という）ことを何らかの形で理解しているのである。これと同様，乳児がどんな出来事に注目するかを調べる方法によって，0 歳児でも重力（支えがなければ物は落ちる）や固形性（物が物をすり抜けるのはおかしい）といった，様々なことを理解していることがわかっている（落合，2002）。

　他に重要なこととして，ヒト（人間）やモノ（無生物）をどのように捉えているかということがある。レガースティら（Legerstee et al., 2000）は，6 ヶ月の乳児に対して，「女性がカーテンで隠された相手に何かしていて，その後，カーテンが開いて，その相手が別の女性であったり，柄の先にボールが付いたほうきであったりする」という場面を見せた（図 2 - 2）。乳児

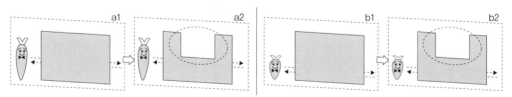

（実験で実際には，ニンジンは衝立の後ろを通り抜けているのではなく，長短それぞれで 2 つのニンジンを用意し，それらを衝立の両側で連動して動かすことで通り抜けたように見せている。）

図 2 - 1　ベイラージョンとディヴォス（1991）による実験で乳児が見た場面の概略

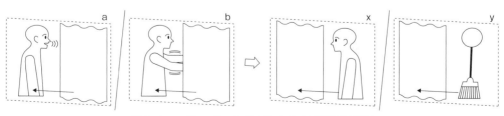

図 2 - 2　レガースティら（2000）による実験場面の概要

は，女性が話しかけた相手が女性の場合（a→x）や，人が手を伸ばして動かしていた先にほうきがあった場合（b→y）よりも，話しかけた相手がほうきであったり（a→y），手で動かした先に女性がいたり（b→x）した場合に，その場面を長く見つめた。

　これは何を意味するだろうか。6ヶ月児は，「人を手で動かす」「ほうきに話しかける」ことに驚いた，つまり「ヒトが相手なら声を出す」「モノに対しては手で操作する」のが自然だということを知っているのである。周囲の人々と関わらなければ生きていけない私たち人間にとって，このようにヒトとモノとを区別することは大変重要だが，この他に，「モノは外からの力が加えられないと動かないが，ヒトは自ら動く」ということ（例えば，Kosugi et al., 2003）など，子どもは早くから，ヒトとモノとを区別していることがわかっている。

　もう少し成長した乳児は，ヒトをモノと区別するだけでなく，「心」についてある種のことを理解している。メルツォフ（Meltzoff, 1995）は，大人が物を操作する様子を1歳半の子どもに見せ，同じ物を子どもに渡す実験を行った。例えば，「ビーズのネックレスをコップの上に持っていき，ネックレスがコップの縁に触れたところで離すと，ネックレスがコップの外に落ちる」という大人の動作を見た子どもは，同じ物を渡されるとどうするだろうか。

　そのような場面を見た子どもは，大人がネックレスをコップに入れるのを見た子どもと同じくらいの確率で，ネックレスをコップに入れた。これは，大人が「やったこと」をそのまままねるのではなく，「やろうとしたこと」を再現したということである。つまり，人の動作についてその「意図」を読み取っているのである。

　以上のように，「物事を身体的に理解する」というピアジェの考え自体が否定されるわけではないが，言葉を話さない乳児に対する実験の工夫によって，以前考えられていたよりも乳児が多くのことを理解していることが明らかになっている。

（2）幼児期の認知発達

　幼児期は，ピアジェの発達段階では「前操作期」である。「操作」という言葉は難しいが，大雑把にいえば，乳児期の身体的な物事の捉え方に対して，「頭で（理屈で）物事を考えること」だと理解するとよい。幼児期はその前触れの時期で，言葉が発達し，直接見えていないことを考える力が増す一方，まだ，今見えている（目立つ）ことに影響される度合いが大きい「直観的思考」の時期だとされる。

　ピアジェが最初に行い，その後様々な条件で検討されてきた実験として，「同じ2つのもののうちの1つについて子どもの目の前でその見かけを変える」というものがある。例えば図2-3のように，同じ量の液体が入った同じ形の2つのグラス（a・b1）のうち一方のグラス（b1）の液体を，それらより底面の広いグラス（b2）に移し替え，液体の量が増えたか減ったか，それとも同じであるかを問う。質問の仕方や見かけ変化の生じ方によって結果が異なる部分はあるものの，概ね6歳までの子どもはこの質問に対して，「減った」（aよりb2が少ない）と答えることが多い（Goswami, 1998）。

　このことは幼児の物事の捉え方について，どんなことを意味しているだろうか。グラスの液体の量は，その底面積と高さ（深さ）とで決まるため，底の広いグラスに移された液体は，高さが減少した一方で底面積は大きくなっており，そもそも入れ替えられただけで液量は変わら

図2-3　幼児が1つの要素にだけ注目してしまう状況

（Goswami, 1998をもとに作成）

ない。それにもかかわらず幼児は量が変わったと答えてしまう。これは，幼児期には，1つの側面（この例では液の高さ）に注目してしまうと，同時に他の側面（底面積）も考えるということが難しいためであるようだ。同様に，並んだおはじきの間隔を広げると（d1→d2），そちらの方が多いと答えてしまう。入れ替えられた液の量や広げられたおはじきの数のように，見た目が変わっても本質は変わらないという理解を「保存（conservation）の概念」といい，幼児期はそれが未だ不十分である（「保存の概念」については3章も参照）。

　物事の複数の側面を切り替えて理解することは幼児期のうちに発達する。例えば，フラヴェル（Flavell, 1986）は，幼児期における「見かけと本当との区別」の発達を論じている。フラヴェルたちが行った実験では，例えば「大変リアルに作られた，見かけは石のようなスポンジ」などが用いられる。そうしたものについて，見かけと本当との両方がわかるよう子どもに見せたり触らせたりした後，「本当の本当は（really and truly）石かスポンジか」「石かスポンジかどちらの様に見えるか（looks like）」をたずねると，子どもはどのように答えるだろうか。

　概ね4歳以上の子どもは「本当はスポンジ」だが「石のように見える」と，見かけと本当とを区別した回答ができる。しかし3歳以前の子どもは，両方の質問に「石」あるいは「スポンジ」と答えることが多く，物事の複数の側面を理解することが未だ十分でない。そして3歳以下の子どものこうした捉え方は，対象がモノでなくてヒトの場合（ある人が，見た目は悪いが本当は善い人であるといったこと）でも，同じように見られる（Flavell et al., 1992）。

　ところで，乳児でも人の動作を見てその意図を捉えることを先に述べたが，幼児期には，人の心についてどう理解しているだろうか。人が置かれた状況や行動から，その人の知っていることや信じていること，望んでいることなどを考えたり，その後の行動を予測したりする認知を「心の理論（Theory of Mind）」という。「理論（theory）」といっても，科学理論などとは違って日常生活の中で身につけていくものだが，直接見えないものを理解して将来起こることを予測するという点が科学理論と似ているため，そう呼ばれる（子安，2016）。

　この「心の理論」は幼児期から児童期にかけて発達する。ウェルマンとリウ（Wellman & Liu, 2004）は，「心の理論」を持つかどうかを測る様々な課題で3～5歳児をテストして，その発達の順序を調べた（課題の具体例は表2-1参照）。例えば，自分の望むことを脇へ置いて，他者の望むことに基づいた正しい回答ができるのは，3歳頃からである（「自分が望むことと他者の望むことが違うということ」）。また，おおよそ4～5歳以降に，自分が知っている事実とは別に，他者の誤信念について正しく答えることができる（「中身に関する『誤信念』」）（「誤信念」というと何やら大げさだが，要は，「現実とは異なる思い込み」のことである）。さらに，人の気持ちについて「本当の気持ちと見た目の気持ちとが違うること」の課題に正解するのは，5歳以降になる。

　「心の理論」課題に正解するためには，「自分の見方（自分はこれが好き，自分はこのことを知っている）から離れて，相手からの見方を理解する」という「視点取得」が必要だが，幼児は「自分の見方から離れる」ことが幾分か苦手である（そのような特徴を「自己中心性」という）。

　加えて「心の理論」課題で求められるのは，「自分の望むことと他者の望むこと」「自分が知っていることと他者が知っていること」「本当の気持ちと見た目の気持ち」というように，同じ物事に対して複数の側面を理解した上で，質問に応じてそれらを使い分けるということである。その点，上述の「見かけと本当」課題と同様であるが，実際，①両課題とも3歳と4～5歳とで成績の差が大きく，②個人内相関が高い（一方に正解する子どもは他方にも正解し，一方に不正解の子どもは他方にも不正解となる確率が高い）といった共通点が見られる（Flavell, 1993）。

　以上のように，幼児期に物事の理解の仕方は様々に発達する一方で，次の児童期（ピアジェ

表2-1　ウェルマンとリウ（2004）で用いられた「心の理論」課題の例

・課題がテストしていること	
対象児に提示する話	対象児への主な質問［課題合格の基準］
・自分が望むことと他者の望むことが違うということ（Diverse Desires）の理解	
ジョーンズさん（という登場人物の人形）を対象児に紹介し，ジョーンズさんが食べるおやつの候補がニンジンかクッキーであることを告げる。その上で，対象児自身はどちらがより好きかを答えさせた後，ジョーンズさんが好きな物（わざと，対象児が答えた物とは逆の物にする）を教える。	ジョーンズさんは，おやつの時間にニンジンとクッキーとでどちらを食べるか。［登場人物が好きな方の物を答える。］
・中身に関する「誤信念」（False Belief）の理解	
一見してそれとわかる「バンドエイド」（救急絆創膏）の箱を対象児に見せて，「中に何が入っていると思うか」を答えさせる。その後，箱を開けて，中にブタの人形が入っているのを見せ，閉じてから「中に何が入っていたか」をたずねる。そこでピーターという登場人物（人形）を紹介し，ピーターは箱の中身を見たことがないことを告げる。	ピーターは箱の中身をなんだと思っているか。ピーターは箱の中身を見ていたか。［初めの質問に「バンドエイド」と答えるとともに，後の質問に「いいえ」と答える。］
・本当の気持ちと見た目の気持ちとが違ういうこと（Real-Apparent Emotion）の理解	
対象児に，「うれしい」「普通」「悲しい」の3種類の顔の絵を見せて，それらの情動を知っていることを確認した後，マットという登場人物（後ろ姿で顔は見えない絵）を見せる。その上で，マットの本当の気持ちと顔の見た目とは同じであったり異なっていたりすることを説明する。そして，次のような物語を聞かせる。「ロージーが，マットを下品な冗談でからかって，他の友だちがおもしろがった時，マットはおもしろくなかった。けれど自分の気持ちを知られると，赤ちゃんみたいだと友だちに言われそうなので，マットは気持ちを隠そうとした。」	（3種類の顔の絵を指し示しながら）友だちが笑った時にマットの本当の気持ちはどれだったか。友だちが笑った時にマットの顔の見た目はどれだったか。［後の質問に対して，初めの質問に対するものよりポジティブな表情の絵を選ぶ。］

の発達段階では「具体的操作期」，3章参照）と比べれば，物事の目立つ側面に影響される度合いが高かったり，複数の側面を同時に扱う，あるいはその時々で切り替えて捉えるということはまだ苦手であったりするのが幼児の認知の特徴である。

確認テスト②

　幼児期の物事の捉え方の記述として適切なものは次のどれか，1つ選びなさい。
　1．物事の捉え方が感覚運動的であり，現に見えているものを中心に理解している。
　2．言葉を使えるようになるため，物事について複数の側面を同時に考慮できる。
　3．人の心など直接見えないことへの理解が発達するが，目立つことに影響されやすい。

3．言語発達

　「言語」は，いくつかの側面に分けて考えることができる。言い換えれば，相手の言葉を理解したり自分の言葉が相手に伝わったりするにはどんなことが必要か，ということである。
　以下では言語について3つの側面から，それぞれの発達を見ていく。ただし，言語を用いるには，以下に取り上げる側面だけでなく，言語が表す世界や言語を使う人の心に対する認知，言語を交わす相手との関係（後で述べる「社会性」）なども深く関連していることには注意しておきたい。

(1) 言語の音声に関する発達

　言語を使うには，音声を聞き分けたり出し分けたりしなければならない。初語（子どもが発

する初めての語）が出るのは 1 歳前後だが，言語音声に対して子どもは早くから鋭い感覚を持っている。そうしたことはどのようにわかるのだろうか。

　例えば，ディカスパーとスペンス（DeCasper & Spence, 1986）は次のような実験を行った。妊婦に，妊娠最後の 6 週間毎日 2 回ずつ，短い物語文を繰り返し朗読してもらう。その後，生まれて 3 日目の新生児に対して，母親が予め朗読して録音しておいた物語文を聞かせる。その際，センサーの付いたおしゃぶりをくわえさせ，新生児が速いテンポで吸えば，胎内で毎日聞いた物語文，遅いテンポで吸えば別の物語文を聞かせる（あるいは別の子どもにはその逆，遅ければ馴染みの物語，速ければ知らない物語を聞かせる）ということを行った。その結果，新生児は馴染みの物語を聞くことができるように，自分で吸う速度を変えた。つまり，胎内で聞いていた物語の音声が判別でき，それを好んで聞いたということである（ついでにいえば，その音声を「記憶している」ともいえるが，記憶については 6 章参照）。

　その他，新生児が外国語よりも母が話す言語を好むこと，8 ヶ月児の乳児が周囲の人の話している音声の中に単語を認識している（意味を理解しているということではなく，文として連続して話されていることの中から，音声として単語を切り分けることができている）といったことも知られている（針生，2019）。

　子ども自身が発する音声については，4 〜 6 ヶ月頃には言語で用いられるような音声を出し始め，6 ヶ月以降には，様々な母音と子音とからなる言語的音声（「喃語」という）を発するようになる（小椋ら，2015）。

（2）語彙の発達

　語彙とは，1 つ 1 つの語の意味の問題である。ある語を聞いた時にそれが指し示しているものが何であるか，自分が考えたり言おうとしたりする物事は何という語で表せるか，ということがわからなければ，言葉を理解したり話したりできない。

　言語発達は個人差が大きいが，初語は概ね 1 歳前後で出る。1 歳半の子どもの半数が，30 語以上を自分で話し，200 語以上を聴いて理解するようになるが，幼い子どもの語彙には，過少般化（自分がいつも使っているコップだけを「コップ」だと思うなど，その語の実際の意味より狭く解釈すること）や過大般化（犬だけでなく猫や馬を見ても「ワンワン」と言うように，実際の意味より広く解釈すること）が多く見られる（小椋ら，2015）。

　ところで，子どもは初めて聞く語が，周囲にある多くの物事の中のどれを指し示しているのかをどのように知るのだろうか。そうした問題について例えば，アクタルら（Akhtar et al., 1996）は，2 歳児を対象に図 2-4 のような実験を行った。子どもと大人とで，名前のわからない 3 つのおもちゃで順次遊んだ（場面 1）後，大人が部屋を出ている間に，やはり名前が知られていない 4 つ目のおもちゃが子どもの前に出される（場面 2）。全部で 4 つのおもちゃが揃ったところで，そこに戻ってきた大人が「gazzer（実験のために造られた実際にはない言葉）があるよ！」と言う（場面 3）。その時，「gazzer」は，4 つのおもちゃのうちどれだろうか。

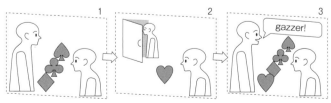

（実際には図に示された大人と子どもとに加え，子どもの母親やもう一人の大人が実験場面に参加する。）

図 2-4　アクタルら（1996）による実験場面の概要

　それはおそらく，4つ目のおもちゃのことだろう。なぜなら，その大人がわざわざそのタイミングで名前を言ったのは，それが，自分がいない間に出てきたものだからだと考えられる。2歳児も，「gazzer」がどのおもちゃを聞かれると，（必ずしも全員ではないが，）同じ判断をする（4つ目を選ぶ）。子どもは，話し手の心を理解することによって，言葉を覚えていくのである。この他にも，幼い子どもは様々な手掛かりを巧みに駆使して，初めて聞いた語が指す対象を理解して，語彙を身につけていく。

（3）文法の発達

　複数の語を適切な順序に並べたり，その中で語を変化させたりすることで文となるが，言葉を用いるためには，そのルールである文法が必要となる。

　初語が出て以降，子どもはしばらくの間，語をそれぞれ単独で発するが，それを「一語文」という。複数の語が組み合わされないので形式上は文ではないが，そこに文のような意味が込められているということである。例えば子どもが「ワンワン」と言う時，場面によって「ワンワンがいる」「あれはワンワンですか」「ワンワン（のぬいぐるみ）を取ってください」など様々なことを意味している。

　複数の語をつなげた発話は1歳台後半で見られることが多いが，これは単に年齢で決まるというより，個々の子どもが話す語彙の数と関係していて，50〜100語を話すようになると，語をつなげた発話も出るようになる。そして，「……が」「……を」といった助詞を含むなどした3語以上の文は，概ね2歳前後から見られるようになり，その語急速に文法が身についていく（小椋ら，2015）。

確認テスト③

　言語発達に関する記述として適切なものは次のどれか，1つ選びなさい。
1．1歳頃に初語が出ることから，言語音声を聞き分けられるのはそれ以降のことだといえる。
2．子どもが初めて聞く語は，指し示している対象を明確に教えてあげなければならない。
3．「一語文」とは，1歳児が発する1つの語の中に，その時々で文のような意味が込められているということをいう。

4．社会性の発達

　「社会性（sociability）」とは何か，厳密な定義はないが，端的にいえば，人が人との関係を持てることや，それに関連した様々な性質や能力のことを言う。したがって，前節で述べた乳児期のヒトに関する理解や，幼児期の「心の理論」なども，広くは社会性の一部といえる。

　以下，主に乳児期の養育者との関わりに関することや，乳幼児期の仲間とのやりとりに関することについて，いくつかのテーマを取り上げる。

（1）人とのやりとり，関係の始まり

　他の動物と比べて未熟な状態で生まれるヒトにとって，最初の関係は養育者とのそれであろう。エリクソンによる発達理論（1章参照）でも，養育者からの世話を通じて他者への基本的信頼を獲得することが，乳児期の発達テーマ（心理社会的危機）である（Erikson, 1963）。

　ボウルビィ（Bowlby, J.）は，自分が怖かったり疲れたり病気になったりした時に慰め世話

をしてくれる相手が誰かを知り，その人のそばにいようとする傾向を「アタッチメント（attachment）」と呼び，それは生きていくために人が生まれつき持つ性質だとした（Bowlby, 1988）。アタッチメントは次のような 4 段階で発達するとされる。①相手がまだ特定されず，養育者以外にも目で追う，手を伸ばす，笑いかけるなどの愛着行動を見せる（生後 2 〜 3 か月頃まで）。②アタッチメント行動が日常よく接してくれる人（多くの場合，母親などの養育者）に対して特に見られるようになる（4 〜 6 ヶ月頃）。③アタッチメント対象の選り好みが強まって，養育者以外への「人見知り」や養育者が離れる際の「分離不安」，養育者への抱きつきなどが目立つ（6 ヶ月〜 2，3 歳）。④アタッチメント対象となる人を自分の中でイメージとして持つことや，その人の感情や意図を理解することができるようになり，常にそばにいなくても「その人はまた戻ってくる，何かあったら助けてくれる」という確信が持てるようになる（3 歳前後〜）。つまり，アタッチメントは，他者からの働きかけによる受け身なものから子ども自身による能動的なものへ，また，身体的に接触するといった行動レベルから，イメージや自分の確信といった表象のレベルへと，発達する（遠藤，1997：遠藤，2005）。

　1 歳前後に発達する「共同注意」も，他者とのやりとりの始まりを示す行動である。「共同注意」の定義は諸々あるが，基本的には，「人と人とが同じ対象に注意を向けること」をいう（大藪，2020）。12 か月児は，自分からは見えないところにある物体を大人が見ると，その物体が見えるところまで移動するという行動をとる（Moll & Tomasello, 2004）。早くから，他者の視線の意味を知るだけでなく，その視線の対象を自分でも追うことができるのである。

　その他，1 歳の子どもが養育者の表情を，自分では難しい状況判断の手掛かりにすることも知られている。ソースら（Sorce et al., 1985）は，ガラス天板の張られた台に 12 か月児を乗せる実験を行った。ガラス天板は全体に平面だが，その下では手前側半分と向こう側半分とで高さ 30 cm の段差になっているため，一見 “崖” に見える。その “崖” の手前の高い側に乳児を乗せ，低い側の先で母親に様々な表情をしてもらった。乳児は，向こう側で母親が喜びや興味津々な顔をした時には “崖” を進み，怒りの表情をした時には進まなかった。このように，自分が行動する際に他者の表情や声などを手掛かりとして利用することを「社会的参照」という。

(2) 仲間関係の発達

　「仲間」とは，同年代であるなど，同じ立場同士であることをいい，仲が良い関係には限らない（無関心あるいは敵対的な関係も含む）。仲間とのやりとりは早期に現れ，6 か月頃には子ども同士がお互いの体や持っている玩具に手を伸ばすといったやりとりが始まり，12 か月頃にはお互いの動作に関わったりまねたりする行動が見られる。そして，それらの頻度が相手によって異なることから，相手の選り好みもあるようである（Hay et al., 2004）。

　幼児期には仲間とのやりとりが盛んになり，その関わりの度合いも増す。パーテン（Parten, 1932）はその古典的な研究で，保育園での 40 人の子どもの自由遊び場面を数か月にわたって観察し，子ども同士の関わりの観点から遊びを分類した（表 2 - 2）。そして，低年齢の子どもたち（2 〜 3 歳）においては「一人で独立した遊び」や「並行的活動」が多いのに対して，それ以上の年齢では（一人の遊びや並行的活動も行われると同時に）「連合遊び」「協同（組織化された相補的な）遊び」が増えることを見出した。

　ところで，どのような子どもが幼稚園などのクラスの中で人気者になり，どのような子どもが嫌われたり相手にされなかったりするのだろうか。それを明らかにするには，子どもの性質を，その子どもをよく知る大人（親や担任の先生）への聞き取りや行動観察によって確認した上で，後々，その子どもがクラス内で他の子どもからどう受け入れられたかを調べる（「ソシオメトリー（sociometry）（12 章参照）」という）方法がとられる。そうした研究の概要としては，向社会性（相手のために行動するような傾向）が高く，必要な自己主張ができ，自身が

表 2-2　パーテン（1932）による遊びにおける幼児同士のかかわり度合いの分類

分類名	定義の概略
何をするでもない行動 Unoccupied behavior	その時々興味あることに目を向ける，興味を引くことがなければ自分の体に触れる，手持ち無沙汰に立ったり歩いたりする，どこかをぼんやり見るなどしている。
一人で独立した遊び Solitary independent play	一人で独立して，他児とは異なる玩具で遊んでいる。他児に近づこうとすることなく，他児の行動に目をやらずに自身の活動を追求している。
傍観者 Onlooker	特定の他児が遊んでいる様子を観察している。その相手に話しかけ，質問したり提案したりすることも多いが，自身がはっきりと遊びに参加するわけではない。
並行的活動 Parallel activity	その活動を選んだ結果として自然と他児と同じ場所で，しかし互いに独立して遊んでいる。他児の活動内容や，他児が加わったり離れたりするのには構わない。
連合遊び Associative play	他児と一緒に遊んでいる。その活動に関する会話，道具の貸し借り，電車ごっこなど列になること，誰が遊びに加わるかコントロールしようとすることがある。全員が同じようなことをし，役割分担や目的を共有した組織的活動はない。
協同（組織化された相補的な）遊び Cooperative or Organized supplementary play	集団で遊んでいて，何かを作る，勝負する，ごっこ遊びをするといった特定の目的に向けて組織化されている。1,2人の子どもが他児の活動を指揮して集団をコントロールする。目的や手段のために役割分担があり，互いに相補的に動く。

（分類名について，必ずしも訳語が統一されているわけではないため，よく見られる訳語を参考にしながら，できるだけ原語に忠実に訳語をあてた。）

が後から遊びに参加する時には相手に合わせた行動ができる子どもが後に人気者になる。また，攻撃性が高かったり自分のやりたいことのために場を乱したりするような自己抑制の低い子どもは嫌われ者となり，向社会性が低く，遊びの際に言葉を発することなく相手の近くをうろつくような子どもは，クラスで相手にされにくくなる（Ladd, 2005）。

確認テスト④

社会性の発達に関する記述として適切なものは次のどれか，1つ選びなさい。
1．乳児期はまだ人の表情が理解できず，母親が怒った表情をしても他の表情と区別しない。
2．パーテンによる遊びの分類は，子ども同士がいかに関わっているかがその観点となっている。
3．幼児期の仲間関係には，クラスの「人気者」「嫌われ者」といった個人差はまだない。

> **演習課題**
> 1．乳児期の発達（運動，認知，言語，社会性）について，本章の内容を学ぶ前後で，自分の理解が変わったのは特にどのような点だろうか。考えてみよう（あるいは授業の受講者同士で話し合ってみよう）。
> 2．改めて，幼児期について自身の幼時や身近に見る子どもの姿から，どのような時期だと考えるか。また，そうした特徴は，具体的に幼児のどのような姿からいえるのか。考えてみよう（あるいは授業の受講者同士で話し合ってみよう）。

第 3 章　児童期（学童期）の発達

> **導入課題**
> 　自分の小学生の頃の友人とのエピソードを，低学年，中学年，高学年に分けて思い出してみよう。

　児童期は学童期とも呼ばれ，一般的に6歳から12歳までの小学校へ通う時期を指す。小学校入学当時はまだ幼児期の面影を残し幼かった子どもが，高学年になると身長も伸び，第二次性徴のような思春期特有の身体的な変化も見られるようになる。主な生活空間が家庭から学校へと移行し，主たる活動も遊びから学習活動へと変わる。学習活動を通して，科学的知識を習得するだけでなく，思考力や判断力などの認知機能も発達する。また幼児期は養護される者として家族を核とした人間関係であるが，児童期になると同世代の仲間との関係が広がり，対等な立場での仲間集団で活動するようになる。そして仲間集団での活動を通し，道徳意識や他者を思いやる力など，社会性を身につけていく。本章では，児童期の身体的，認知的，社会的発達について概観していく。

1．身体・運動の発達

　身長や体重の発育量は，10歳頃までは幼児期から引き続き穏やかに増加していくが，小学校高学年から中学生にかけて，大きな増加が見られる。この急激で大きな増加を思春期のスパートという。思春期のスパートは女子では9歳頃から見られるが，男子は女子より2年ほど遅れて始まる。さらに男子の増加の方が女子よりも大きい（4章図4-1参照）。

　筋力の発達に伴い，走る，飛ぶ，投げるなどの運動能力が発達する。しかし近年，子どもの運動能力が低下していることが指摘されている。表3-1は2000年度と2019年度の運動能力の比較である。このデータによれば，50m走はすべての年齢においてほとんど横ばいであるが，立ち幅跳びおよびソフトボール・ハンドボール投げは，小学校低学年から中学年においては2019年度の方が大きく低下している。この背景には，テレビゲームやスマートフォンなど，画面を見る時間が増加していることや，生活が便利になり，日頃から身体を動かしたり運動したりする機会が少なくなってきていることが考えられる。さらに運動量の減少に伴い，肥満傾向の子どもが増加していることも指摘されている。図3-1に2009年と2019年の肥満傾向出現率の比較を示す。この結果によると，女子においては過去10年で肥満傾向に大きな違いは見られないが，男子では特に児童期の前半において10年前より肥満傾向が大きくなっていることがうかがえる。

表3-1　世代による運動発達の比較（平成12年度・令和元年度体力・運動能力調査：スポーツ庁）

年齢	50m走（秒）				立ち幅とび（cm）				ソフトボール投げ・ハンドボール投げ(m)			
	男子		女子		男子		女子		男子		女子	
	2000年度	2019年度	2000年度	2019年度	2000年度	2019年度	2000年度	2019年度	2000年度	2019年度	2000年度	2019年度
6	11.68	11.45	11.93	11.82	117.25	114.74	107.54	106.93	9.55	8.28	6.20	5.62
7	10.81	10.59	11.10	10.93	127.17	125.57	117.44	117.69	13.22	11.52	7.86	7.38
8	10.20	10.02	10.46	10.40	139.17	136.81	128.94	128.05	17.83	15.66	10.02	9.40
9	9.70	9.61	10.02	9.91	149.21	144.52	139.30	137.89	22.20	18.92	12.68	11.63
10	9.34	9.22	9.59	9.52	157.04	155.38	148.23	147.40	26.46	22.92	14.98	13.60
11	8.89	8.87	9.24	9.15	168.12	164.07	154.33	156.01	30.43	26.65	17.03	16.38
12	8.56	8.42	9.09	8.90	180.11	182.75	160.74	169.26	18.88	18.44	12.27	12.33
13	7.95	7.80	8.90	8.62	197.67	201.67	165.26	175.19	22.06	21.38	13.43	13.79

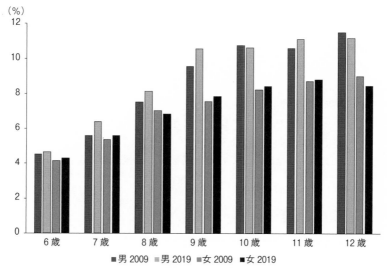

図3-1　肥満傾向出現率の比較（平成21年度，令和元年度保健統計調査をもとに作成）

確認テスト①

次の文章を読み，内容が正しいものには○，間違っているものには×をつけなさい。

1．（　　）　近年の子どもは体格が良いので，過去の子どもに比べて運動能力が高い。
2．（　　）　小学校低学年に身長が急激に伸びる。
3．（　　）　10年前と比較して，男児の肥満傾向が大きくなっている。

2．認知発達

　認知発達においては前操作期の特徴が次第に減っていき，具体的操作期へと移行していく。具体的操作の段階は前操作期の特徴である直観的思考が薄れてくるため，論理的な思考が可能になる。見た目に引きずられることなく，論理的に真理を導くことができるため，対象の形や状態を変化させても，対象の数や量は変化しないという保存の概念（2章，4章参照）の理解ができるようになる（図3-2）。

相等性の確定	変形操作	保存の判断
容器の形や大きさの変化によっても，その中の液量は変わらない。		
どちらも同じ入れものの中に色水が同じだけ入っていますね。	こちらの色水を別の入れものに全部移し変えます。	さあ，色水はどちらも同じだけ入っていますか。それともどちらかが多いかな。
集合内要素の配置の変化によっても，その集合の大きさは変わらない。		
白色の石と黒色の石とでは，どちらも数が同じだけありますね。	いま，黒色の方を並べ替えてみます。	さあ，白石と黒石とでは，その数は同じですか。それともどちらかが多いかな。

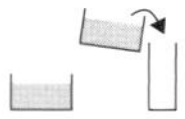

図3-2　保存の概念（液量の保存，数の保存）（野呂，1983）

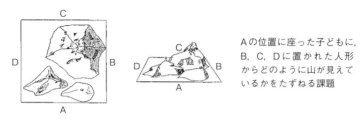

Aの位置に座った子どもに，B，C，Dに置かれた人形からどのように山が見えているかをたずねる課題

図3-3　三ッ山問題（空間保存）（Piaget & Inhelder, 1948）

　また，体系的に物事を考えることが可能になり，客観的な考えができるようになる。そのため，自己中心性から脱却し，他者の視点を捉えることが可能になる。これを脱中心化という。脱中心化を確認する方法として，三ッ山問題がある（図3-3）。三ッ山問題に正答できるようになるのは，9～10歳頃である。

　このように論理的な思考が可能になることにより，数的概念である重さ，長さ，距離などの概念を用いて比較を行うことができるようになる。しかし，この時期の論理的な思考は，あくまでも具体的な事象に限って理解されるものである。そのため，具体的な事実を集めて共通点を見出していくという帰納的な思考を用いて考えることは可能だが，一般的な命題から具体的な事象を推論していくという演繹的思考ができるようになる（6章参照）のは，形式的操作期に入ってからである。

確認テスト②

　次の文章のうち，具体的操作期の説明で間違っているものを1つ選びなさい。

1．一般的な命題から具体的な事象の推論を立てることができるようになる。
2．数的概念を用いて比較を行うことができる。
3．三ッ山問題などの空間認知の理解は，小学校の低学年では困難である。
4．空間保存の理解ができるようになるのは，他者の視点を捉えることができるようになるためである。

3．社会性の発達

(1) 道徳性の発達

1）ピアジェの道徳性の発達理論

　ピアジェ（Piaget, 1932）は，認知的発達理論に基づいて道徳性の発達を説明している。前操作期の子どもは直観的思考が強く，論理的かつ客観的に物事を捉えることが困難である。そのため，大人の判断や決まりに従って判断しようとする。このような判断を他律的判断という。他律的判断は，大人を絶対的な存在と捉え，大人の権威のもとに規則や義務が存在し，権威に従おうとすることに特徴づけられる。また規則は神聖なものであり，変えることはできないと考える。さらに直観的思考が強いため，例えば「お手伝いをしてお皿をたくさん割ってしまった」花子さんと「遊んでいてお皿を1枚割ってしまった」太郎さんのどちらが悪いかを判断する場合，意図や動機による動機論的判断（遊んでいた太郎さんが悪い）よりも，単純で直観的である結果論的判断（お皿をたくさん割った花子さんが悪い）をする傾向がある。しかし具体的操作期に入ると，直観的思考が薄れ論理的な思考が可能になるため，自ら論理的に判断を下すことが可能になる。このように自らの基準に基づいて判断することを自律的判断という。他律的判断から自律的判断への移行は，8～9歳頃とされる。自律的判断の特徴は，具体的操作期の特徴である脱中心化により，自己と他者の相互の立場に基づき，平等主義的な判断が可能になることである。また合意によって規則は変えられるという考え方ができるようになる。

2）コールバーグの道徳性の発達理論

　コールバーグ（Kohlberg, 1971）は自律的判断と他律的判断というピアジェの二分法的な捉え方をさらに発展させ，3水準6段階からなる道徳性の発達を提唱した（表3-2）。Ⅰ「慣習以前のレベル」では，関わっている人の快楽原則に基づく具体的な利害の視点から道徳課題を考える。この水準の人は，ある状況でどのように振る舞うことがその社会で良いこととされているのかを気にかけず，どのような行為をするのかを決めるために，どのような結果がその行為によって具体的にもたらされるのかに関心を持つ。Ⅱ「慣習的レベル」では，社会の一員としての視点から道徳課題にアプローチする。この水準の人は，自分がいる集団や社会が持つ道徳規範と一致した行為をすることが期待されるのをわかっていて，それを考慮に入れる。そして，罰や非難を避けようとするだけではなく，良い社会人であろうとし，社会に求められている自分の役割を果たすことを意識して判断しようとする。Ⅲ「慣習以後の自律的，原理的レベル」の人は，社会に優先する視点から道徳課題にアプローチする。この水準の人は，自分の属する社会の規範や法律を超えて考え，良い社会に基づく原理とは何かと問いかけることができる。

　児童期前半は第2段階の反応を示す子どもが多いが，児童期後半になるに従い，第3，4段階へと移行していく。コールバーグの道徳性の発達による各段階の出現頻度は，小学校高学年では第3段階が優勢である（図3-4）。

(3) 社会的視点取得能力の発達

　対人関係を円滑に築くためには，他人を思いやり尊重することが大切である。このような相手の立場を理解し，相手の気持ちを推測する能力を社会的視点取得能力（役割取得能力）という。社会的視点取得能力は，①自分と他者の違いを意識すること，②他者の感情や思考などの心の内側を推測すること，③それに基づいて自分の役割行動を決定することが含まれる。セルマン（Selman, 1976）は社会的視点取得能力の発達を5段階で説明している（表3-3）。

表 3 - 2　コールバーグの道徳性の発達（Kohlberg, 1971）

Ⅰ．慣習以前のレベル
　第 1 段階－罰と服従志向
　　　　行為の結果が，人間にとってどのような意味や価値を持とうとも，その行為がもたらす物理的結果によっ
　　　て，行為の善悪が決まる。罰の回避と力への絶対的服従が，ただそれだけで価値あることと考えられる。
　第 2 段階－道具主義的相対主義者志向
　　　　正しい行為とは，自分自身の必要と，時に他者の必要を満たすことに役立つ行為である。人間関係は，市
　　　場主義の取引関係に似たものと考えられる。構成，相互性，等しい分け前等の要素が存在するが，常に物
　　　理的な有用性の面から考えられる。相互性も「あなたが私の背中をかいてくれたから，私もあなたの背中
　　　をかいてあげる」式の問題であって，忠誠や感謝や正義の問題ではない。
Ⅱ．慣習的レベル
　第 3 段階－対人関係の調和あるいは「良い子」志向
　　　　善い行動とは，人を喜ばせ，人を助け，また人から承認される行動である。多数意見や「自然な」行動に
　　　ついての紋切り型のイメージに従うことが多い。行動は，しばしばその動機によって判断される。「彼は
　　　善意でやっている」ということが初めて重要になる。「良い子」であることによって承認を勝ち得る。
　第 4 段階－「法と秩序」志向
　　　　権威，定められた規則，社会的秩序の維持等への志向が見られる。正しい行動とは，自分の義務を果たし，
　　　権威を尊重し，既存の社会秩序を，秩序そのもののために維持することにある。
Ⅲ．慣習以後の自律的，原理的レベル
　第 5 段階－社会的契約の遵法主義的志向
　　　　概してこの段階には，功利主義的なところがある。正しい行為は，一般的な個人の権利や，社会全体によ
　　　り批判的に吟味され，合意された基準によって規定される傾向がある。個人的価値や意見の相対性が明瞭
　　　に認識され，それに呼応して，合意に至るための手続き上の規則が重視される。正しさは，憲法に基づい
　　　て民主的に合意されたもの以外は，個人的な「価値」や「意見」の問題とされる。その結果，「法の観点」
　　　が重視されるが，社会的高揚を合理的に勘案することにより，法を変更する可能性が重視される。法の範
　　　囲外では自由意志に基づく合意と契約が，人間を拘束する義務の要素となる。
　第 6 段階－普遍的な倫理的原理志向
　　　　正しさは，論理的包括性，普遍性，一貫性に訴えて自ら選択した倫理的原理に一致する良心の決定によっ
　　　て規定される。これらの原理は，抽象的かつ倫理的であり，十戒のような具体的道徳性ではない。もとも
　　　とこれらの原理は，人間の権利の相互性と平等性，一人ひとりの人間の尊厳性の尊重など，正義の普遍的
　　　諸原理である。

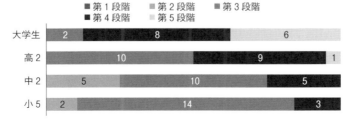

図 3 - 4　コールバーグの道徳性の年齢ごとの発達段階の分布（山岸，1976）

　社会的視点取得能力の発達は，他者と意見が対立した際にどのように解決するかという対人
交渉方略にも影響を及ぼす。セルマン（2003）は，社会的視点取得能力の発達に基づき，表
3 - 4 のような対人交渉方略の発達を提唱した。対人交渉場面では，他人を変えようとする他
者変容志向と自分を変えようとする自己変容志向の 2 つの志向があると考えられる。そしてそ
れぞれの志向による対人交渉方略が示されている。
　さらにセルマンは，社会的視点取得能力の発達をもとに，他者の気持ちを思いやる力を育て
る教育プログラム「愛と自由の声プログラム（Voice of Love and Freedom: VLF）」を開発した。
このプログラムは 5 つのステップで構成されており，児童・生徒がペアとなり，対人関係の葛
藤場面についてのパートナーインタビューやロールプレイを通して他者の視点を疑似体験し，
思いやりの心を育成するものである（表 3 - 5）。

表 3-3 社会的視点取得能力の発達段階 (渡辺, 2001)

レベル0	自己中心的役割取得（3〜5歳） 自分と他者の視点を区別することが難しい。同時に，他者の身体的特性を心理面と区別することが難しい。
レベル1	主観的役割取得（6〜7歳） 自分の視点と他者の視点を理解するが，同時に関連付けることが難しい。また，他者の意図と行動を区別して考えられるようになり，行動が故意であったかどうかを考慮するようになる。ただし，「笑っていれば嬉しい」といった表面的な行動から感情を予測しがちである。
レベル2	二人称相応的役割取得（8〜11歳） 他者の視点から自分の思考や行動について内省できる。また，他者もそうすることができることを理解する。外から見える自分と自分だけが知る現実の自分という2つが存在することを理解するようになる。したがって，人と人とが関わる時に他者の内省を正しく理解することの限界を認識できるようになる。
レベル3	三人称的役割取得（12〜14歳） 自分と他者の視点以外，第三者の視点をとることができるようになる。したがって，自分と他者の視点や相互作用を第三者の立場から互いに調整し考慮できるようになる。
レベル4	一般化された他者としての役割取得（15〜18歳） 多様な視点が存在する状況で自分自身の視点を理解する。人の心の無意識の世界を理解し，主観的な視点を捉えるようになり，「言わなくても明らかな」といった深いところで共有される意味を認識する。

表 3-4 社会的視点調整能力と対人交渉方略の発達 (Selman, 2003)

	他者変容志向の対人交渉方略	社会的視点調整能力	自己変容志向の対人交渉方略
レベル0	自己の目的を達成するために無分別で，衝動的な力を行使する方略（けんか）	未分化，自己中心的	自己を守るために，無分別で衝動的に引き下がる，または服従する方略（おびえる）
レベル1	自己の目標に向けて他者をコントロールするために，わがままな一方的な命令を用いる方略	分化，主観的	他者の願いに応じるために，盲目的な服従を用いる方略
レベル2	他者の意見を変えさせるために，意識的に心理的影響力を用いる方略	互恵的，自己内省的	他者の願いへ自己の願いを調整しようと，意識的に心理的に応じる方略
レベル3	相互に受容できる目標を達成するために，最初の目標を手放すことを主張する方略	相互関係，第三者的	相互に受容できる目標を達成するために，最初の目標を手放すことに応じる方略
レベル4	親密，綿密，社会的 相互互恵的な目標を用いて新しい計画を作りながら自己と他者の目標を相互協力しながら変容させるために，自己と共有の意見の双方を用いる方略		

表 3 - 5　VLF の 4 つのステップ（渡辺，2001 より作成）

授業	VLF	概要
導入	ステップ 1 結びつき	教師が個人的な体験談を話す。語るものと語られるものの信頼関係を築くことが目的である。また，話し手は自分の体験談を話すので，表現豊かに説明することができる。これが子どもにとっては，自分の話を他人に話す場合の一つの行動モデルになり，子ども自身が自分の話をする時に役立つ。体験談の内容は子どもが身近に感じている対人関係の葛藤に関わるようなものが望まれる。
展開	ステップ 2 話し合い	物語を読み，途中の対人関係の葛藤状況で立ち止まり，その状況での登場人物の気持ちや立場をワークシートなどを用いて推測させる。ペアをつくり，パートナーインタビューを行い，一人ひとりが「聞き手」と「話し手」の両方を体験する。教材には理解に時間がかからず，登場人物の立場を擬似的に体験できるような感情移入のやさしいものを選ぶ。
	ステップ 3 実践	人と人とが葛藤する場面を解決するための行動を子どもに考えさせ，実際に動くように導く。またロールプレイによって，様々な視点を体験させ，役割を交代することによって，立場が異なると考え方や気持ちも異なることに気づくことができるようにする。ここでもペアワークが軸となる。ペアは安定した関係の中で自分の考えを表現する力を育てるのに有効である。
終末	ステップ 4 表現	書く，描くという表現活動を通して，自分の心に内在化した思いを表現させる。発達段階に応じて，日記（自分を表現する），手紙（相手の立場を意識する），物語の続き（第三者の立場を理解する）を書かせたりする。
	ステップ 5 ホームワーク	時にはホームワークを課し，保護者にも協力してもらう。学校で学んだことを家庭でも実践できるようになることがねらいである。また，間接的に保護者にも思いやりについて考える機会を与えることになる。

確認テスト③

次の人名と続く 2 つの用語の関係について，正しいものを 1 つ選びなさい。
1．ピアジェー自律的判断－動機論的判断
2．コールバーグー慣習以前のレベル－他者変容志向
3．セルマンー三人称的役割取得－結果論的判断

4．仲間関係の発達

（1）友人の意義

　児童期は学校生活のなかで，同世代の対等な仲間・友人との活動が活発になる。そして学校教育において，仲間・友人と積極的に関わることや，仲間・友人を大切にすることが求められる。では，友人はなぜ必要なのだろうか。

　山中（2001）は友人関係の意義として①対人関係能力の学習，②情緒的安定化，③自己形成のための比較対象の 3 点を挙げている。

　①対人関係能力の学習：親や教師など大人との関係においては，大人は子どもの欲求充足に対してコントロールしたり配慮したりする立場として機能する。しかし子ども同士の関係では，対等であることから，お互いの欲求がぶつかり対立や葛藤が生じることがある。そして対立や葛藤が生じた際には，自分たちで解決しなければならない。このような体験を通し，共感性や道徳性などの社会性が養われ，対人関係能力が高められる。

　②情緒的安定化：友人からソーシャル・サポートを受けることができる。ソーシャル・サポートには「情緒的サポート（励ましや共感など）」「情報的サポート（知識の提供や専門家の紹介など）」「道具的サポート（金銭援助や手伝いなど）」「評価的サポート（ほめやフィードバックなど）」の 4 種類がある。

③自己形成のための比較対象：学校での友人の多くは同じ学年であることから同年齢である。同年齢ということは，発達的にも類似している。そのため，友人と比較することにより，自分と友人との違いを通して，自分の能力や性格について理解することができる。近年の学校教育では個性を重視する傾向から，相対的に評価することが少なくなっている。しかし自己理解や自己形成においては，相対的な評価も時に必要である。

（2）仲間関係の発達

ビゲロー（Bigelow, 1977）は，友人概念の発達を3段階で説明した。

①ステージ1　報酬―コストの段階（小学2，3年生～）：近くに住む，クラスが同じなど，行動を共にすることが多く，「好きなゲームを持っているから」というように自分が希望するように遊んでくれる関係。

②ステージ2　規範的段階（小学4，5年生～）：規範やルール，価値を共有し，忠誠が期待される関係。

③ステージ3　共感的段階（小学5，6年生～）：相互理解や共感ができ，親密な自己開示が求められる関係。

ビゲローの発達段階のステージ2にあたる小学校中学年頃には，クラスの友人同士で秘密基地ごっこや，仲の良いグループで交換日記をするなど，継続的に群れて遊ぶようになる。このように親や教師から自立し子ども同士の同性の小集団を作って遊ぶ時期をギャング・エイジ（徒党時代）という。またこの集団をギャング・グループという。ギャング・グループでは，グループの成員間で秘密を共有し，集団内で個々の役割分担や，その集団独自のルールや約束を決め，仲間意識を高め合う。こうした活動を通して，集団内での自分の存在の意味を見出し，所属意識を高め，集団への忠誠心を持つようになる。また，集団内の秘密やルールを遵守しようとすることで，責任感を身につけていく。このようにギャング・グループでの活動は，子どもの社会性の発達に大きな役割を果たす。さらに，グループ内でトラブルが起きた際には大人の力を借りずに自らで問題を解決しなければならないことから，問題解決能力も養われる。しかし，ギャング・グループは，仲間同士での活動がエスカレートしていくことによりしばしば反社会的行動を引き起こすことがあるので，留意する必要がある。近年では，子どもの遊び空間の減少，テレビゲームやインターネットの普及による遊びの変化，授業後の習い事の増加などにより，ギャング・グループを作って遊ぶ機会が減少してきている。このような現象は，これからの子どもの社会性の発達に否定的な影響を及ぼす可能性が懸念される。

小学校高学年から中学生頃になると，ビゲローのステージ3共感的段階に入り，仲間と同じ行動や話題を共有することで仲間意識を高めるようになる。一緒に遊ぶという時間の共有により定義づけられていた関係から，精神的な内面を共有する関係へと移行し，「親友」と呼ぶ関係性も作られるようになる。そして，同じ趣味や価値観を持った者同士でグループを作って活動するようになる。このようなグループをチャム・グループという。チャム・グループは同質性が求められ，異質なものを排除しようとする特徴がある。この時期はアイデンティティ（4章参照）がまだ確立されておらず，自分自身を受け入れることが困難である。そのため仲間との共通点を探し仲間に受け入れられているということを確認し合うことで，自分の居場所を求めようとすることが，この特徴の背景にある。同質性を重視することから，時に同調圧力がかかり，異質な者を排除しようとする力が働くこともあり，いじめへとつながりやすい。

また，学級の中でグループ間の序列が作られ，グループ間で力関係が生じ，学校適応に影響を及ぼすこともある。このような現象を，インドのカースト制度になぞらえて，スクールカーストという。スクールカーストの地位の特徴としては，高地位のグループはより活発で異性との交流も多く，低地位のグループは地味でおとなしいということが挙げられる。また，高地位

のグループは学級内で支配的な行動が多く，低地位のグループは高地位のグループに支配され抑圧的になり，学校適応感も低くなりやすい。さらに高校生頃になると，チャム・グループのように同質性を重視するのはなく，個々の違いを理解し，その違いを尊重するような仲間関係が作られるようになる。このような関係のグループを，ピア・グループという。

確認テスト④

次の文章から正しいものを 1 つ選びなさい。
1. 小学校高学年になると，同じ趣味や価値観を持ったもの同士のチャム・グループを作るが，異質性を排除する傾向があるため，いじめに結びつきやすい。
2. 小学校の中学年頃にはギャング・グループと呼ばれるグループで活動するが，集団で反社会的行動を起こしやすいので，子ども同士で集団活動をしないよう気をつけなければならない。
3. 同年齢の友人は発達的に類似性が高いため相対的に比較しやすいが，相対的な比較は優劣を意識してしまうことで自己理解を妨げる。
4. 親や教師は直接子どもに社会的に望ましい行動を教えることができるため，対等な関係である友人より社会性の学習の効果は高い。

> **演習課題**
> 　小学校低学年，中学年，高学年の発達の特徴を踏まえ，各発達特徴に即した社会性を高めるための道徳プログラムを考えてみよう。

第 4 章　青年期の発達

> **導入課題**
>
> 　青年期発達の知識は幼稚園や小学校の教師に必要なのか。
> 　生涯発達（人が生まれてから死ぬまでの心や体の発達）の知識がある教師と，そうでない教師は，子どもたちとの関わりや授業の仕方でどのような違いがあるだろうか。特に，自分が主として関わる子どもたちと異なる年齢の子ども・発達段階の知識（例えば，幼稚園や小学校の教師にとっての青年期発達の知識）は，どういった理由から必要になるのか，考えて書き出してみよう。

1．青年期という時期

　青年期とは，身体的成熟から社会的成熟までの時期とされている。単純に何歳から何歳までと定めることが難しく，始まりや終わりの時期が人によって大きく異なる。始まりにあたる身体的成熟とは第二次性徴の発現であり，子どもをもうけることができる身体の状態になることが青年期の始まりであるとされる。具体的には，女性の場合は初潮，男性の場合は精通を迎えることを指す。一方で，終わりの社会的成熟とは，社会的に大人であるとみなされる状態であり，一般的には就職がこれにあたる。女性の平均初潮年齢については，12歳程度で近年安定していること（日野林ら，2013），就業率は25歳から34歳の年齢階級で大幅に増加することから（総務省統計局，2021），現在では，およそ10代から20代半ばまでを青年期とすることが多いようである。

　大人か子どもか，という二分法的な考え方からは，青年はどちらにも属さない周辺人（marginal man）とも呼ばれる。大人としての権利や責任を認めるかどうかの年齢基準は，この時期の曖昧さから一定ではない。例えば，本人に刑事責任を問えるかどうかは民法上14歳が基準であり，婚姻が可能な年齢は18歳以上である。また，国民投票の選挙権は18歳からで，民法での成年年齢も同じく18歳となる。さらに飲酒や喫煙が禁止されるのは20歳未満である。日本に限らず，様々な国や社会の中で，大人か子どもかの転換期が青年期にあることは共通認識としてある。しかしどの国や社会でも，様々な観点から複数の年齢基準があるのが現状であり，一律にその境目を決めることの難しさがよくわかる。

　日本の教育制度，特に学校段階との対応から見てみると，義務教育の終わりが青年期の期間中に含まれる。学校段階においては小学校高学年から，中学校，高等学校，大学・短期大学・専門学校などに通う児童・生徒・学生までがこの発達段階に該当する。身体が成熟を迎え，容姿が大人に近づくなかで，義務教育を終えて自ら進路を選び，やがて大人社会に参入する時期の発達を支えること，それが青年期の教育の使命といえよう。本章では，青年期における身体，認知，自己，社会性（対人関係）の発達の様子を概観し，青年期の子どもたちを対象とした教

育の要点について，述べていく。

2．身体の発達

（1）身長・体重

　2019（令和元）年の学校保健統計調査（文部科学省，2020）によれば，中学 1 年生の平均身長は，男子が152.8cm，女子が151.9cmである。高校 1 年生の平均身長は男子が168.5cm，女子が157.2cmである。また平均体重は，中学 1 年生の男子で44.2kg，女子で43.8kgに対し，高校 1 年生では，男子で58.8kg，女子で51.7kgである。特に青年期の初期にあたる思春期に，急激な身体発達が起こることが知られているが，これは思春期のスパートと呼ばれている。図 4 - 1 は2001（平成13）年度生まれの子どもの身長について，年間発育量を示したものである。平均の年間発育量のピークは，男子で11歳，12歳に見られ，女子は 9 歳，10歳で見られる。年間発育量はピークを迎えた後，顕著に減少していくのがはっきりとわかる。

　かつては平均身長や平均初潮年齢を中心に，より若い世代で成長の量が増えたり成熟年齢が低くなるという発達加速現象が認められていたが，近年では平均初潮年齢をはじめ，いくつかの指標で変化が見られなくなったことも指摘されている。

（2）運動能力

　図 4 - 1 のように，青年期中期にあたる高校生にもなると身長の発育はほぼ安定し，成人と同じような体格となる。運動能力も発達が進み，高校生にもなれば，例えば握力は男性平均で40kg，女性平均で26kg程度，また50mを男性は平均で 7 秒台，女性は 8 秒台で走ることができるようになる。運動能力の指標はいくつかあるものの，概して女性は，中学生の年代で運動能力のピークを迎えるのに対し，男性では，高校生の年代から成人にかけてがピークとなる（スポーツ庁，2020）。身長の発育量と同様に，ピークの時期に性別の違いはあるものの，青年期の初期から中期にかけて，ほぼ成人と同程度の運動能力が発揮できるようになっていく。

（3）性ホルモンの分泌と激しい感情経験

　身体的変化に大きく関わっているのが，テストステロン，エストロゲン等の性ホルモンである。特に青年期前期において，性ホルモンの濃度が高くなることが知られている。これらの性ホルモンは，気分をコントロールする脳内物質と深く関連しており（Jensen & Nutt, 2015），

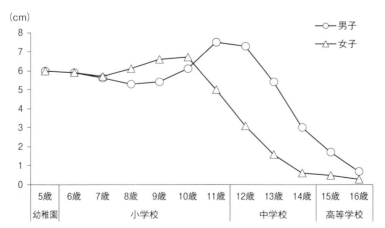

図 4 - 1　身長の年間発育量（2001年度生まれ）（学校保健統計調査（文部科学省，2020）より作成）

身体の急激な発達とともに，青年たちはその初期に情緒の不安定さを経験することになる。一方で，感情的に揺さぶられる経験を好むようにもなり，薬物使用や問題行動のリスクも高まる。一般的に親友の関係は青年期で形成されやすいといわれているが，感情的に不安定であるからこそ，その時期をともに過ごした友人とは，強い絆が結ばれるのであろう。性ホルモンの分泌は成人期以降にも続くものの，それに伴う心身の変化は，青年にとって初めて経験されるものである。実際に脳内でも，神経細胞であるニューロンのつながりが青年期中期までは不十分であることが知られている。特に，複雑な認知過程をコントロールする役割である前頭葉まで，ニューロンのつながり（シナプス）が十分に形成されていない状態であり，計画性や想像力，合理性の欠けた行動を選択してしまうこともしばしば見られる。「若気の至り」といわれる若者の軽率な行動による失敗は，心を生み出す脳が未熟な状態で，成人並みの身体能力，運動能力を発揮することで起こってしまうことも多いのである。

確認テスト①

青年期の発達について，次の文章から正しいもの1つを選びなさい。
1．青年期の身体発達では，概ね男性の方が女性よりも早く成熟を迎える。
2．大人にも子どもにも属さないという意味で，青年期は周辺人とも呼ばれる。
3．思春期のスパートと呼ばれる現象は，身長においては高校生の段階で起こりやすい。
4．青年期は心理学において，12歳から20歳までの子どもであると定められている。

3．認知発達

　自分の中で起こっていることや外の世界の出来事を認識し，それを記憶し，思考することを心理学では認知（cognition）と呼んでいる。ピアジェ（Piaget, J.）の認知発達の理論（詳細は1章を参照）によれば，青年期初期には，認知発達の最終段階である形式的操作期を迎える。この時期は，すでに概念（例えば，数，量など）を駆使できる時期である。例えば，あるコップに半分くらいのジュースが入っていたとしよう。本人の目の前で，形の違う別のコップにジュースを移し替えた時，幼児の場合，見た目（ジュースが入っている部分の高さなど）の変化からジュースの量が変化したと考えがちである。しかし，青年期にもなると，容器が変わり，高さが変化したとしても，量が減っていないことを理解できる。つまり，量とは何か（量の概念）を知っており，それを思考に利用できる状態にあるわけである。思考に使われる概念は無数に存在するため，獲得した概念によって思考も多面的になり，様々な観点から物事をとらえられるようになっていく。形式的操作期は，抽象的な事柄について思考できるようになる段階でもある。目に見えていないものや，実際には存在しないものについても考えることができるようになる。例えば，心理学が対象とする「心」も抽象的な事柄であるが，青年期未満の子どもたちに「心」とは何かを伝えるには，青年や成人よりも多くの時間がかかるのは容易に想像できよう。

　加えて，青年期の認知発達で重要なのがメタ認知（6章参照）である。メタ認知とは，認知を認知することであり，自分の認識や記憶，思考について認識したり，思考したりすることを指す。例えば，「あの瞬間，ちゃんと考えていればこんなことにはならなかった」と後悔する時，自分の過去の思考について思考していることがわかる。

　なお，学校で使用する教科書は，それぞれの子どもたちの発達段階（特に認知発達）に合わせて作られている。資料写真やグラフの多い社会などを除けば，小学校低学年の教科書は，絵

が多く，文章も具体的であるのに対し，小学校高学年から中学校・高校の教科書は，イラストや写真の量が少なく，より抽象的な表現が多く使われている。例えば，小学 6 年生の国語のある教科書（光村図書，2020）では，「自分と本との関わりをふり返る中で，特に心に残っていた本は何でしたか。その本がもつテーマについて，友達と話しましょう」と，印象に残っている本を友達と話すように求めている。この時，本との「関わり」とは何だろうか。「心に残る」とはどういうことだろうか。「本がもつテーマ」とは何を話したらいいのだろうか。実に抽象的な概念を，小学 6 年生たちがある程度は理解できることを前提としているのがわかる。また，自分の印象（記憶）について思考することを促しており，メタ認知を求める課題でもある。子どもたちが，これらの言葉を知っているだけでなく，様々な概念を理解し，それを使いながら思考できるようになる発達段階にあるからこそ，こういった投げかけができるようになるのである。

確認テスト②

青年期までの認知発達について，次の文章から間違ったもの 1 つを選びなさい。
1．青年期初期には，認知発達の最終段階である具体的操作期を迎えるといわれる。
2．メタ認知とは，自分の認識や記憶，思考について，認識，思考することを指す。
3．形式的操作期には，抽象的な事柄について思考できるようになる。
4．教科書では，子どもの認知発達の段階に即した説明やレイアウトが使われている。

4．自己の発達とアイデンティティの確立

先の認知発達で触れたように，形式的操作期を迎える青年期は，概念を駆使して見た目にとらわれない思考ができるようになる。これは数や量といった，客観的なものについて考える際に限られるものではない。自分自身について思考する場合についても，すでに過去に起こっていること，未来に起こる可能性があること，また現実的には起こりえないことまで想像ができるようになる。様々な可能性を思考できるようになるという点では，一見して望ましい発達のように思われるが，実際のところ，青年たちは，この認知発達によって少なからず苦しめられることとなる。様々な見方があるなかで，本当の自分とは何なのか。またあらゆる可能性のある将来で，どのような自分であればよいのか。このような問いについて悩む機会が増えていく。認知発達がある程度の完成を迎えた青年期だからこそ，自らの思考に揺さぶられるのである。先に述べたように，青年期初期は急激な身体変化を経て成人と同じような体格や運動能力を得ていくことになるが，本人の意思とは関係なく身体の成熟が進むなかで，自分自身に対して抱くイメージが現実とかけ離れていく。様々な可能性を思考できる状態で，やがて身体面に限らず自己のイメージ全般が揺らぐことにより，アイデンティティが青年にとって重要な関心事となる。

アイデンティティとは，「私は私であって，私以外の他者とは異なる」（山本，1984）という感覚が得られている状態を指す。「自分とは何者であるかの解答」（遠藤，2000），「自分が自分であるという自覚」（白井，2002）などとも表現される。もとはエリクソンの提唱した用語であり，日本語では同一性，自我同一性と訳されている。アイデンティティを確立することは青年期の発達課題とされているものの，実際のところは成人期以降でも，私が何者であるかについて確信を持つことは難しい。アイデンティティの確立とは，「自分が何者かわからない」状態であるアイデンティティ拡散とのせめぎあいのなかで，力のバランスがほぼ安定して確立

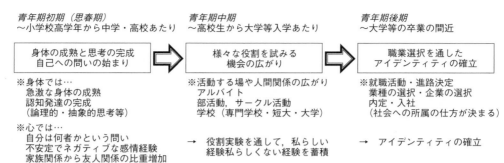

図4-2　青年期におけるアイデンティティの確立の進み方

の方向に傾いている状態を指すと考えられている（鑪，2002）。簡単にいえば，自分がわからないという思いをあまり意識せずに生活できる状態であるが，時には，生きているという実感や充実感を経験する状態でもある。もちろん，このような望ましい力の偏りは，一生安定するものではない。青年期以降の発達段階においても，アイデンティティが問われる場面は繰り返し経験される。私は教師として学校に必要とされているのか，私は母親・父親として役割を果たせているのか，私は子孫に何を残す存在なのか等々，様々な役割の中での自分を問いながら，一生を送るのが一般的である。しかし，多くの人々にとって，青年期は明確なアイデンティティ拡散を経験する初めての機会であり，その点において，アイデンティティの確立は青年期のもっとも重要なテーマであるとされている。

　では，青年期のアイデンティティの確立とは，どのようなプロセスを経て進むのだろうか。図4-2は，青年期のアイデンティティ確立の一般的な進み方を示したものである。青年期初期では，先に述べたように，身体の急激な成熟が進み，認知発達が完成期を迎える。そのような中で，自分とはいったい何者なのかという問いが始まる。この時，環境的な要因として重要であるのが，社会の青年たちに対する態度である。青年期は，多くの国々，多くの文化において，大人社会に加わる前の訓練期間として，様々な義務や責任が免除・猶予されている。青年期が社会から周辺人として位置づけられるなかで，特に子ども扱いをされる側面がこれにあたる部分であろう。例えば，働く学生であれば所得税も一定金額が免除（控除）される。携帯電話・スマートフォン，公共交通機関の料金をはじめ，在学中は「学割」と称して値引きされる場合が多い。大学・短大，専門学校を卒業するまでは親が学費を払うものだと考える家庭も多いだろう。経済的な面での免除だけでなく，青年たちには，学業や様々な経験を積むための自由な時間も提供されることとなる。このように社会から責任などが猶予されている状態は，モラトリアムと呼ばれている。

　青年期中期にもなると，活動する場や人間関係が広がっていくが，青年たちは，モラトリアムの中で，役割実験と呼ばれる経験を重ね，自分らしい行動やふさわしい役割，自分にあった人間関係などを探していく。役割実験は，当初は遊びのニュアンスが含まれる気軽な体験が中心となる。やったことのないアルバイトにチャレンジしてみたり，過去に競技経験のないスポーツのサークルに所属してみたり，新しいタイプの友人と付き合ってみたりと，お試しの感覚で様々なことに自分の身を置いていく。うまくいかなければ比較的簡単にやめられる，というのが役割実験の特徴なのである。

　青年期後期には，次第に就職やその他の進路決定が身近になるにつれ，徐々にこの遊びの感覚は薄れていく。簡単にやめることができない，人生を決める選択としてのシリアスさを増していくのである。一般的には，就職活動を進め，内定を得て，入社をもって青年期を終える。

社会にどのように貢献し，見返りの金銭で生活していくのか。それが決まることで，このプロセスはひとまずの終わりを迎える。

　ちなみに，就職試験で内定をもらえることは，社会が自分を必要としてくれるという感覚が得られるために，多くの青年は非常に大きな喜びを感じるが，その後，「本当にここでよかったのか」という不安を経験する青年もまた多数を占める。就職等で働く場所を得ることは，職業的な面でのアイデンティティ確立につながるものの，「私は何者か」という問いに完全に回答できた状態ではないのはわかるであろう。青年期のアイデンティティの確立とは，就職や進路決定を通した，青年期なりのアイデンティティの確立に過ぎない。先述のように，青年期を過ぎてもアイデンティティは繰り返し問われることとなる。それぞれの発達段階なりの答えを探していくという一生涯の作業がアイデンティティの本質なのである。

確認テスト③

　青年期の発達について書かれた次の文章について，（a）〜（d）にあてはまる語句の組み合わせとして，もっとも適当なものを選びなさい。

　青年期の初期にあたる（a）は，著しい身体の変化が経験されやすい。青年期は（b）の確立が主たるテーマとなるが，社会的に責任や義務を猶予される（c）の状態の中で，青年たちは様々な活動を経験し，自分に適していることやそうでないことを確認していく。これは（d）と呼ばれる。

1．a. モラトリアム期　　b. 役割実験　　　　c. アイデンティティ　　d. 認知発達
2．a. 思春期　　　　　　b. 役割実験　　　　c. モラトリアム　　　　d. アイデンティティ
3．a. モラトリアム期　　b. 役割実験　　　　c. アイデンティティ　　d. 認知発達
4．a. 思春期　　　　　　b. アイデンティティ　c. モラトリアム　　　　d. 役割実験

5．社会性の発達

（1）親から友人へ

　児童期から青年期にかけての対人関係の大きな変化の1つが，愛着対象の移行である。子どもが児童期までは，休日を家族で過ごし，旅行などに揃って出かけることがしばしばあるものの，一般的に，子どもが青年期に入ると，友人との約束が増え，家族と過ごす時間も減っていく。悩み事や心配事の相談先が家族から友人へと移り，価値観や行動規範などにも，親よりも同世代の友人の影響が強くなる。このような精神的な親離れや自立は，心理的離乳とも呼ばれている。友人との関係がより重要になるなかで，青年たちは，ソーシャルスキルと呼ばれる対人関係の対処能力も磨いていく。特に青年期前期では，認知発達により，他者と自分の比較や，他者から見た自分をイメージすることができるようになるため，相手に好かれているか，嫌われていないか，どう見られているか，といった不安が経験されることも多い。対人関係の悩みも次々と経験され，繰り返し対処を行うことで，次第に他者との交流の仕方，関係の持ち方についての技能が獲得されていく。

（2）友人との心理的距離の調整

　友人との「距離のとり方」に苦労するようになるのも青年期の特徴である。相手との近さに関する主観的な感覚は心理的距離と呼ばれるが，児童期から青年期にかけて，心理的距離への意識も高まっていく。これもまた，相手の気持ちを限られた情報から推測しつつ，自分の気持

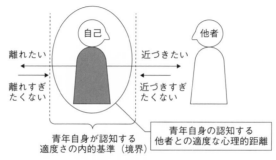

図 4 - 3　現代青年のヤマアラシ・ジレンマ（藤井，2009）

ちを明確に意識できるようになる青年期だからこその悩みである。藤井（2009）は，この心理的距離に関して，青年たちが他者と近づきたいという気持ちと，距離を置いた関係を築きたいという気持ちの葛藤の中にあることを指摘している。これは，あたかも動物のヤマアラシが，互いに近づけば針で傷つけ合うが，遠ざかると温もりを感じられないという葛藤の中にいるようであることから，ヤマアラシ・ジレンマと呼ばれている。特に現代青年は，これらの葛藤の落としどころである，相手とのちょうどよい距離を保つことに注力している点が特徴であるとされている。近づくか離れるかという単純な葛藤の図式を超え，相手と近づきたいが近づきすぎたくない，離れたいが離れすぎたくない，という２重の葛藤の中に身を置いているといわれている（図 4 - 3 ）。

（3）SNS 等を用いた交流

　青年期に入ると，いわゆるリアルな関係だけでなく，インターネット等を介した関係性も広がっていく。これは，多くの家庭で親が子どもに専用端末の使用を許すのが児童期の終わりから青年期にかけてであることが大きい。全国の10歳～17歳の青少年を対象とした調査(内閣府，2020）によれば，スマートフォン（通信契約の切れたもの等を除く）は，小学生のおよそ４割，中学生の７割，高校生の９割が利用している。多くはインターネット接続を伴うもので，メールやSNSの利用，情報検索，音楽・動画視聴，ゲームなどに用いられている。スマートフォンを利用している子どものうち，自分専用の端末で使用している割合は，小学生で４割，中学生で８割，高校生ではほぼ10割と，青年期初期から後期にかけて上昇していく。次第に，青年たちの好むものや価値観が大人から見えにくくなると同時に，大人が把握しない人間関係も広がっていく。特にSNSについては，青年期という特定の発達段階に限られず，現代では友人や知り合いとの連絡方法として幅広い世代が用いるようになった。青年期のSNS利用の背景には，疎外されることへの恐怖，自己表現や承認の欲求などがあるとされている（例えば，正木，2020）。成人期初期にかけては，SNSが単に「退屈しのぎ」の手段として変化していくとされるが（Stockdale & Coyne, 2020），青年期初期では，他者との関係における不安と関わりが深いのが特徴である。

確認テスト④

　青年期の対人関係の特徴として，次の文章から正しいもの１つを選びなさい。
　1 ．青年期の親子関係において，精神的な自立が達成できていない状態を心理的離乳と呼ぶ。
　2 ．青年期前期の子どもたちにとって，SNSは主に「退屈しのぎ」に使われている。
　3 ．青年期になると，友人との行動が減り，親や家族と行動する機会が増えていく。
　4 ．近づきたいが離れたいなど，多くの青年たちは心理的距離に関する葛藤を抱えている。

6．青年期発達を踏まえた教育とは

　平成29年改訂中学校学習指導要領解説（p.19）では，「生徒一人一人の多様な能力・適性，興味・関心，性格等を的確に捉え，生徒一人一人の発達を支援していくこと」が教育課程の編成に当たって重要であるとされている。高等学校においても，「生徒の心身の発達の段階や特性等」を十分に考慮しつつ，「生きる力」を育むことが重要であるとされている（平成30年改訂高等学校学習指導要領，第1章総則第1款の1）。では，青年たちに発達を踏まえた教育的な関わりを行う上で，大事な点とは何であろうか。青年期発達の知識，経験の機会の保障，生活空間への意識の3点を中心に整理してみたい。

　第一に，個々の青年の身体面，心理面での発達が学業に影響することを，教師が理解して接することが重要である。先に述べたように，青年期の初期に重なる思春期では，著しい身体発達が起こり，自分自身の体が変化することに恐怖や不安を覚える青年も少なくない。自尊心や自己効力感が低下しがちな時期であり，目に見えて学業成績への影響が表れることも多い。青年たちにとっては，発達に伴って抱えることになる自己の問題と，学業に関連した問題は，常に同時に存在している。青年たちが置かれている状況，つまり青年期発達の知識を有し，この段階の発達課題を十分に理解した上で，青年期発達の課題と教科教育の接点がどこにあるかを意識しながら，接していくのが望ましい。例えば教師自身が，個々の青年が関心を持っている事柄に敏感となり，青年たちが何に動機づけられ，何にやる気を削がれるのかをある程度把握しておくことは有用だろう。教師が「勉強を押し付ける大人」ではなく，「自分を理解してくれる先生」であるために，個々の青年が抱える葛藤を踏まえた関わりが重要となる。

　第二に，青年たちが友人関係等のトラブルに直面した際，その経験の機会を損なうことなく介入することである。先に述べたように，青年期は，親から友人へと愛着対象が移行するにつれて，友人との関係がうまくいかない様々な場面を経験する。他者を傷つけてしまったり，自分自身が傷ついたりする経験を通して，他者との関係の形成や維持の仕方を学んでいく過程にあるのが青年期である。青年にとって対人関係は大きなストレスであるとともに，そのストレスを対処する方法を試し，学んでいくきっかけにもなる。青年期の役割実験がアイデンティティの確立で重要なステップである点からも，教師や大人が青年たちの経験を不必要に邪魔しないことは重要である。近年では，あたかも対人ストレスを経験させないような学校環境を求める声もあるものの，青年期発達の観点からは，子どもたちを揉めさせない，失敗させないことよりも，トラブルを自ら解決するプロセスをしっかりと経験させることの方が重要である。そのような経験の場を教師がしっかりと保障することが求められる。もちろん，青年によっては，トラブルに一人で対応できるほどのスキルを有していない場合もあろう。青年期に限ったことではないが，子どもたちがどこまでを自分で解決でき，どこから助けが必要であるのかを，しっかりと支援する側が見極める必要がある。経験を保障する観点からは，個々の青年にとっての必要最低限の支援を意識的に目指すことが求められるのである。

　第三に，学校や教室では見えにくい，青年たちの生活空間を意識することである。小学生から高校生までは，確かに多くの時間を学校で過ごし，その行動や会話は，教師が目にすることができる。しかし，学校だけが青年たちの生活空間ではなく，近年ではむしろ，バーチャルな空間，とりわけインターネットの世界に居場所を感じる青年も多い。先に述べたように，青年期に入ると，専用端末によるインターネットの利用率が急激に上昇する。青年期は論理的・抽象的な思考が可能となる時期ではあるものの，総合的・現実的な判断が難しい時期でもある。この時期は，薬物依存，リスクのある性的行動，恋人や友人への暴力，飲酒・喫煙など，非行・犯罪の危険性の高い行動（リスク・テイキング）をとりやすいことでも知られている。問題行

動の多くが，教師や保護者の目の届かないところで起こり，インターネットがその舞台となりやすい。これからの教師にはますます，SNSやオンラインゲームなど，大人に見えにくい子どもたちの行動に敏感であることが求められよう。当然のことながら，青年たちに見えている世界，感じている世界に，教師や親が関心を持つということが，まずは重要である。青年たちの前で率直に話題にすることを通して，行動に伴うリスクを一緒に考える機会を設けることも大切であろう。

　青年期の子どもたちを相手に，教育的な関わりを行うことの面白さはどんなところにあるのだろうか。青年たちは，心身がある程度の成熟を迎える一方で，社会に出ていくにはまだ様々な課題を残している。青年たちはまた，幼児期，児童期を経て，異なる経験のもとで作られた独特な人格を有しており，なかなか一筋縄ではいかないし，お決まりの対応で何とかなるものでもない。いずれ社会に出て，真に「生きる力」が問われることになるが，果たして青年たちは，直面した課題にしっかりと対峙できるであろうか。そのためにどんな準備が必要なのだろうか。青年と関わる教師は，子どもから大人への転換期において，出発前の最後の支度を手伝う重要な大人なのである。青年期の教育の難しさや魅力は，人が一人前として巣立つ過程に立ち会うことができる点にあるのではないだろうか。

演習課題
　自分が中学生，高校生の頃によく考えていたこと，自分の目に映っていた先生や学校の様子を書き出して整理してみよう。その上で，自分が教師となって中学生や高校生と関わる時に，大事にしたいことを考えてみよう。

	中学生の頃	高校生の頃
①よく考えていたこと 　悩んでいたこと 　夢中だったこと　など		
②先生や学校の様子 　印象深い先生 　好きな教科 　学校の雰囲気　など		

第 2 部

· · · · · · · · · · · · · · · · · · ·

学習の過程

第5章 行動論

　AIが進歩した2030年に社会や仕事に求められるスキルの1位は，新たなことを学ぶ時に効率的かつ効果的な学習法を実践するための学習方略，2位は心理学，6位は教育学といわれている（Bakhshi et al., 2017）。ここからも，学習や心理学は教育現場のみならず，社会的にも重要な分野であることがわかる。それでは，学習とは何だろうか。学習とは，学校での勉強だけでなく，経験によって生じる比較的永続的な変化と定義されている。例えば，鉛筆の持ち方，自転車の乗り方，授業態度，食べ物の好みは学習によるものである。このように学習は，道具の使い方といった目に見える変化だけではなく，好みや知識といった目に見えない変化も含まれる。一方，成長によって声が変わったり，老化によって記憶力が低下したりするのは発達的な変化であり，経験によって得られたものではないため，学習には含まれない。

　本章では，私たちがどのような経験を通して，学習が成立していくメカニズムについて概説し，学習が教育現場および日常生活においてどのように関わりを持っているのかを解説していく。

1．古典的条件づけ（レスポンデント条件づけ）

（1）古典的条件づけの基本原理

　梅干しを見たり，人によってはこの文章を読んだりするだけで，唾液が出てくることがあるだろう。もし，梅干しを食べたことがないのであれば，唾液が出てくることはない。しかし，梅干しは酸っぱいということを学習することによって，梅干しを見ただけで唾液が出るようになる。このように，これまで反応を引き起こさなかった刺激（梅干し）が，反応を引き起こす刺激（酸味）と対呈示されることによって，反応（唾液が出る）を引き起こす刺激になる手続きのことを古典的条件づけという。他にもレスポンデント条件づけや，パブロフ型条件づけともいわれている。この名前からもわかるように，古典的条件づけは，ロシアの生理学者であるパブロフ（Pavlov, I. P.）によって発見された。

　パブロフ（Pavlov, 1927）は，図5-1のように，イヌに対してメトロノームとエサを対呈示することを繰り返すことにより，空腹のイヌはメトロノームの音を聞いただけで唾液が出てくることを明らかにした。古典的条件づけを行う前では，メトロノームを空腹のイヌに聞かせても，音の方向に顔を向けるといった定位反応しか見られない。この時のメトロノームのことを中性刺激（Neutral Stimulus: NS）という。これに対して，エサを空腹のイヌに呈示すると，無条件に唾液が出てくる。このように何も手を加えず自動的に誘発された反応のことを無条件反応（Unconditioned Response: UR），この反応を誘発するエサのことを無条件刺激

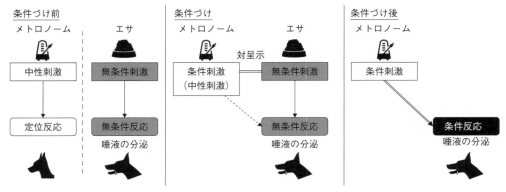

図5-1　古典的条件づけの模式図

（Unconditioned Stimulus: US）という。古典的条件づけでは，メトロノーム（NS）を鳴らした後にエサ（US）を対呈示し，これを何度も繰り返していくことによって，空腹のイヌはメトロノームの音を聞いただけで唾液が出てくるようになる。この時，メトロノームによって誘発された反応を条件反応（Conditioned Response: CR），この反応を誘発するようになりもともと中性刺激だったメトロノームを条件刺激（Conditioned Stimulus: CS）という。このように，古典的条件づけは，無条件刺激と条件刺激を対呈示することによって，条件刺激に対する条件反応が獲得されることである。

　古典的条件づけは，パブロフの実験のように，生理的な反応だけではなく，情動反応を形成することがある。ワトソンとレイナー（Watson & Rayner, 1920）は，アルバート坊やの実験から，古典的条件づけによって恐怖反応が形成されることを明らかにした。彼らは，アルバート坊やと呼ばれる乳児がもともと恐怖反応を示していなかった白いラット（CS）に触れる度に，大きな金属音（US）を鳴らす古典的条件づけの手続きを繰り返した。その結果，乳児は白いラット（CS）を見ただけで恐怖反応（CR）を示すようになった。この実験は，現代では倫理的に受け入れられないが，恐怖のような情動反応も古典的条件づけによって獲得しうるという意味において，大変意義がある。

　これらの古典的条件づけの手続きは，基本的には数回対呈示を繰り返すが，無条件刺激が強い時には，1回で学習することもある。例えば，電車（CS）に乗っている時に，大きな地震（US）を体験すると，これまで恐怖を示していなかった電車に対しても，恐怖反応（CR）が見られ，電車に乗れなくなることもある。これは心的外傷後ストレス障害（Post Traumatic Stress Disorder: PTSD）のメカニズムとしても考えられている。

（2）般化と弁別

　古典的条件づけによって獲得された条件反応は，条件刺激に類似する刺激によって誘発されることがある。これを般化という。例えば，アボットとプライス（Abbott & Price, 1964）は，条件刺激として画面上に「XUH」という文字列と，無条件刺激として風を目に吹き付けることを対呈示した。その結果，条件刺激である「XUH」だけではなく，それに類似した「XUV」（条件刺激と1文字異なる）や「XIY」（条件刺激と2文字異なる）といった文字列が呈示されたときに瞬目反応が増加した。特に，条件刺激と2文字よりも1文字異なる文字列を呈示した時に，条件反応が大きくなり，条件刺激と類似しているほど般化しやすいことが明らかとなった。

　上述したアルバート坊やの実験（Watson & Rayner, 1920）でも般化は見られ，乳児は白いラットだけではなく，それに類似する白いウサギや毛皮のコート，白髭のあるお面を付けた顔

に対しても恐怖反応を示した。

　また，ある条件刺激に対しては条件反応を示すが，別の類似する刺激にはそれを示さないことがある。例えば，パブロフの実験において，100 BPM（1分間に100拍）のメトロノーム（CS）とエサ（US）を対呈示し，60 BPM（1分間に60回拍）の時には何も対呈示しない条件づけを行う。この条件づけ後，100 BPMのメトロノームを呈示した時には，イヌは唾液を出す（CR）が，60 BPMのメトロノームではそのような反応は見られない。このように，条件刺激に対しては反応し，条件刺激に類似した刺激には反応しないことの学習を弁別あるいは分化という。

(3) 消去と自発的回復

　古典的条件づけによって獲得された条件反応は消去することもできる。消去手続きは，条件刺激を単独で呈示することであり，条件反応が獲得された後に条件刺激のみの呈示を繰り返すと，徐々に条件反応が減少していく（図5-2中央）。先ほどのパブロフの実験でも，メトロノーム（CS）によって唾液を出す反応（CR）を条件づけられたイヌに，メトロノーム（CS）のみを呈示し続けると，唾液を出す反応が減少していく。このように，条件刺激に対する条件反応が次第に減少することを消去という。

　しかし，消去手続きによって，学習されたものが完全に消えるわけではない。パブロフの実験において，消去手続きを行った後，数日経ってからメトロノームを鳴らすと，イヌは再び唾液を出すようになる（図5-2右側）。このように，消去した後に時間をあけて条件刺激を呈示すると，再び条件反応が誘発されることを自発的回復という。ここから，古典的条件づけにおける消去は，学習したものを完全に消すのではなく，抑制していると考えられている。

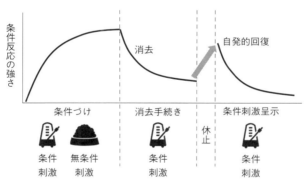

図5-2　古典的条件づけ後の消去および自発的回復

確認テスト①

　古典的条件づけについて書かれた文章について，(a)～(d)にあてはまる語句の組み合わせとして，適切なものを選びなさい。

　古典的条件づけの手続きは，(a)と(b)とを対呈示することである。条件づけを行う前には，(b)によって(c)が得られる。そして，条件づけ後には，(a)を呈示することにより，(c)と同様の反応が得られ，これを(d)という。

1．a. 条件刺激　　　b. 無条件刺激　　c. 条件反応　　　d. 無条件反応
2．a. 条件刺激　　　b. 無条件刺激　　c. 無条件反応　　d. 条件反応
3．a. 無条件刺激　　b. 条件刺激　　　c. 条件反応　　　d. 無条件反応
4．a. 無条件刺激　　b. 条件刺激　　　c. 無条件反応　　d. 条件反応

2．道具的条件づけ（オペラント条件づけ）

(1) 試行錯誤学習

　最近のスマートフォンは操作マニュアルが同梱されなくなってきた。そのため，使い始めの頃は様々な操作を試すことだろう。すると，試行錯誤を繰り返していくうちに，これまでわからなかった操作も素早くできるようになる。このように試行を繰り返すことによって，学習が成立する過程のことを試行錯誤学習という。

　ソーンダイク（Thorndike, 1898）は，問題箱を用いて試行錯誤学習を明らかにした。問題箱とは，ネコなどの小動物を入れてそこから脱出するまでの時間を計測する実験装置で，脱出するためにいくつかの仕掛け（問題）が組み込まれている。この仕掛けは，ひもを引いて，レバーを押すといったように，順番通りに反応することで扉が開くようになっている。この問題箱の中に空腹のネコを入れ，箱の外側にエサを置くと，ネコはそこから脱出するため，仕掛けに対して試行錯誤を繰り返し，やがて脱出できるようになる。そして，ネコが脱出した後，再び問題箱へ戻すことを繰り返すと，徐々に脱出するまでの時間が短くなっていく。この結果は，試行を繰り返すことにより，仕掛けの解き方を学習していることを示している。また，ソーンダイクによれば，試行錯誤学習は思考をめぐらせて解法を導くのではなく，問題箱という「刺激」によって「反応」が形成された結果であるとしている。そのため，ある反応によって得られた満足のいく結果（脱出してエサにたどり着く）は，刺激と反応の連合を強め，その反応が起こりやすくなる。このように結果に伴う反応が生起しやすくなることを効果の法則という。

(2) 道具的条件づけの基本原理

　授業中に質問をした子どもに，良い質問だと教師が賞賛したりすると，その子どもは授業中に質問することが多くなるだろう。このように，自発的な行動や反応の結果によって，その後の行動頻度が変化することを道具的条件づけ，あるいは，オペラント条件づけという。この道具的条件づけの研究は，スキナー（Skinner, B. F.）を中心に行われた。彼は，ソーンダイクの問題箱を発展させ，オペラント箱（スキナー箱）を開発した。この装置は，レバーを押したらエサが出る，あるいは電気が流れるといった仕組みになっていた。この箱に入れられた空腹のラットは，様々な反応をしていくうちに，レバーを押すとエサが出るということを経験するようになる。この経験を繰り返すことにより，レバーを押すという行動とエサが出るという結果の関係性を学習する。この学習により，空腹のラットはエサを得るために，レバーを押す行動が多くなる。このように，道具的条件づけは，自発的な行動とその結果との随伴性を学習することである。

　道具的条件づけは，行動の結果である後続事象が重要となる。これは，物理的な金銭的報酬だけではなく，環境の変化も含まれる。この後続事象の内容によって，行動頻度が増えたり減ったりする。ある行動によって生じた後続事象によって，その反応が出現しやすく，行動頻度が増加することを強化という。例えば，お手伝いをしたら（行動），お小遣いがもらえる（後続事象）と，その後，お手伝いという行動が増加する場合である。この時，お小遣いといった後続事象のことを強化子あるいは好子という。反対に，行動がもたらす後続事象によって，その行動が生じにくく，行動頻度が減少することを罰あるいは弱化という。例えば，騒がしくする（行動）と怒られる（後続事象）と，その後，怒られることを避けるために，騒がしくする行動が減少していく場合である。この時，怒られるという後続事象のことを罰子あるいは嫌子という。このように，道具的条件づけは，行動に伴う後続事象によって，その行動が変容する学習である。

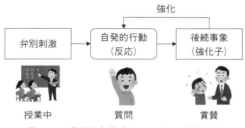

図 5−3　道具的条件づけにおける三項随伴性

　また，道具的条件づけは，行動と後続事象（強化子や罰子）との随伴性の他に，図 5−3 に示すように，行動が起こることに先行する弁別刺激や行動との随伴性も存在する。このように，弁別刺激，行動，後続事象の 3 つの随伴性のことを三項随伴性という。授業中の質問を賞賛された子どもの例のように，その子どもの質問頻度が増えたとしても，それは授業中における行動であり，友だちと遊んでいる時に，質問が多くなるとは限らない。つまり，行動が起こるかどうかは，それ以前の弁別刺激による。このように，道具的条件づけは，弁別刺激と行動，行動と後続事象といった随伴性がある。

(3) 強化と罰

　道具的条件づけは，行動が増加する強化と，行動が減少する罰の他に，行動に伴う後続事象が呈示されるか否かによって，正か負かに分類される。行動に随伴して後続事象が呈示されることを「正の」といい，反対に後続事象が消失することを「負の」という。これら正と負と，強化と罰は図 5−4 のようにマトリックス上で表現される。

1) 強　　化

　正の強化とは，後続事象が出現することによって，行動頻度が増加することである。例えば，お手伝いをすると，お小遣いがもらえる（後続事象）時に，お手伝いを行う頻度が増す（強化）ことである。一方，負の強化とは，後続事象が出現しないことにより，行動頻度が増加することである。この典型例として，パソコンにおけるソフトウェアの更新画面がある。これは更新を促すために，更新の実行をしないと，何度も出現する。そこで本来の作業に集中したい人は，更新画面を出現させないように（負の），更新を実行する行動が増加する（強化）ことになる。

　また，負の強化はすでにある刺激をなくす逃避と，出現予定だったものを出現させなくする回避に分類することができる。例えば，頭痛がする時に鎮痛剤を飲むという行動は，すでにある不快な事象を消すための行動変容であり逃避となる。一方，乗り物酔いをする人が，乗り物に乗る前に酔い止めの薬を飲む行動は，不快な事態を予測し未然に防ぐ行動変容となるため回避となる。このように，負の強化は，一般的にネガティブな事象に対して，逃避や回避による行動変容が見られる。また，逃避することのできない経験によって無力感が学習されることもあり，これを学習性無力感（8 章を参照）という。これは，課題への意欲低下といった動機づけ的な障害，認知的処理の遅延といった認知障害，不安やうつ傾向といった情緒障害をもたらす（Seligman, 1975）。この学習性無力感は，ヒト（Hiroto & Seligman, 1975）やイヌ（Seligman & Maier, 1967）だけではなく，ゴキブリ（Brown et al., 1988）などの異なる動物種でも報告されている。

2) 罰

　正の罰とは，後続事象が出現することによって，行動頻度が減少することである。例えば，

授業中に騒がしい子どもを怒ると，その子どもは静かになることがある。これは，怒られることにより（正の），騒がしくする行動が減少する（罰）ためである。一方，負の罰とは，後続事象が出現しないことにより，行動頻度が減少することである。例えば，図書館において期日までに本を返却しなかった時には半年間貸し出し禁止にするというペナルティを課すとき，そのペナルティを受けないために（負の），本の返却し忘れが減少する（罰）ようになる。この例からも明らかなように，罰には即効性があり，行動を抑制するには効果的である。しかし，特定の行動変容だけではなく，他の行動も減少したり，罰がないと行動が減少しないといった副作用も多いことから，どうしても必要な時を除いて，罰は多用すべきではない（実森・中島，2000）。

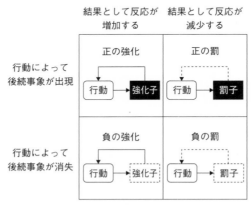

図5-4　正・負と強化・罰のマトリックス

（4）強化スケジュール

　最も効果的な道具的条件づけは，行動直後に強化子（あるいは罰子）を呈示することであり，このことを即時強化という。これに対して，行動や反応の後にしばらくしてから強化子を呈示することを遅延強化という。遅延強化は，強化子を与えるまでの遅延期間中に行った別の行動を強化してしまうこともある。そのため，教育現場でも，生徒の動機づけを高めるために褒めたり，悪いことをしたことを罰するために怒ったりすることは，即時に行った方が効果的となる。

　強化子の呈示方法として，強化したい行動が見られる度に強化子を呈示する連続強化の他に，強化子を与えるまでの行動頻度や時間を操作する方法もある。これを強化スケジュールといい，行動頻度を操作した，固定比率（Fixed Ratio: FR）スケジュール，変動比率（Variable Ratio: VR）スケジュール，強化子を与えるまでの時間を操作した，固定間隔（Fixed Interval: FI）スケジュール，変動間隔（Variable Interval: VI）スケジュールが代表的なものである。以下では，これらのスケジュールの行動パターンについて説明する。

1）固定比率スケジュール（FRスケジュール）

　固定比率スケジュールは，決められた行動回数ごとに強化子を呈示するスケジュールである。このスケジュールによる行動の特徴は，強化子が得られた後に行動が出現しなくなる時期である強化後反応休止（Post Reinforcement Pause: PRP）が見られ，その後，再び強化子を得るまで行動を続ける行動パターンが見られる。例えば，コーヒーショップで10個来店スタンプを集めたら，1杯無料になる時に，スタンプが集まるまでは来店する機会が増えるが，10個スタンプが貯まった後にはしばらく来店しないPRPが生じる。

2) 変動比率スケジュール（VRスケジュール）

　変動比率スケジュールは，平均して決められた行動回数ごとに強化子を呈示するスケジュールである。このスケジュールによる行動の特徴として，PRPは見られず，休みなく反応を続ける行動パターンが見られる。例えば，スロットマシーンなどのギャンブルや宝くじは，いつ当たるのかわからないため，やり続けたり，買い続けたりする。ここからもわかるように，ギャンブルをなかなかやめられないのは，この変動比率スケジュールによるものである。

3) 固定間隔スケジュール（FIスケジュール）

　固定間隔スケジュールとは，決められた時間が経過した後の行動に強化子を呈示するスケジュールである。このスケジュールによる行動の特徴は，PRPが見られた後，スキャロップと呼ばれる徐々に行動頻度が増加する行動パターンが生じる。これは，勉強の習慣に見られる。大学生を対象にした研究で，マウヒニーら（Mawhinney et al., 1971）は，勉学行動のパターンは試験のスケジュールに依存していることを明らかにした。具体的には，毎日小テストを行う時と，1週間後あるいは3週間後にテストを行う時の学生の自主的な勉強時間を比較した。その結果，毎日小テストを行う時には，安定した勉強時間になるものの，1週間後あるいは3週間後にテストを行う時には，テストが近づくに連れて徐々に勉強時間が長くなるスキャロップが見られた。このように，勉学行動のパターンは固定間隔スケジュールに依存していることが多い。

4) 変動間隔スケジュール（VIスケジュール）

　変動間隔スケジュールは，平均して決められた時間が経過した後の反応に強化子を呈示するスケジュールである。このスケジュールの特徴は，PRPは見られず，低頻度の安定した行動が見られる。例えば，通販で購入した荷物の配達予定日に，1日の中でいつ届くかわからないため，玄関先やインターホン前などを随時確認したりする行動はこのスケジュールによるものである。

(5) 消　　去

　道具的条件づけによる学習は，古典的条件づけと同様に消去することができる。消去手続きは，行動後に強化子を与えないことである。具体的には，オペラント箱に入れたラットに対して，レバーを押したらエサが出てくる道具的条件づけを行った後，レバーを押しても何も呈示しないといった形である。消去手続きにおける行動の特徴として，消去バーストと呼ばれる一時的な行動の増加が見られる。そして，消去バースト後には，最終的に自発的な反応が減少する。私たち人間でも，自動販売機にお金を入れて，欲しい商品のボタンを押して，もし商品が出なかったら，何度もそのボタンを押す消去バーストがあり，そのうち押すことを諦めるだろう。

確認テスト②

　道具的条件づけについて書かれた文章について，(a)～(d)にあてはまる語句の組み合わせとして，適切なものを選びなさい。
　道具的条件づけとは，自発的な行動とそれに伴う後続事象によって，その行動頻度が変容することである。この時，行動頻度が増加することを(a)，減少することを(b)という。また，(a)を導く後続事象を(c)，(b)を導く後続事象を(d)という。
　1．a.強化　　b.罰　　　c.強化子　　d.罰子

　2．a. 罰　　　　b. 強化　　　c. 罰子　　　d. 強化子
　3．a. 強化　　　b. 罰　　　　c. 罰子　　　d. 強化子
　4．a. 罰　　　　b. 強化　　　c. 強化子　　d. 罰子

3．社会的学習

　ピーマンが嫌いな子どもは，ピーマンを食べた時に，おいしくなかったことによってピーマンを嫌いになったかもしれない。あるいは，ピーマンを苦手そうに食べている大人の姿を見て，ピーマンが嫌いになったのかもしれない。前者は，直接経験することにより学習が成立したものである。一方，後者は，実際には食べていないにもかかわらず，他者の姿を見ただけで，ピーマンが嫌いという学習が成立している。このように，他者を介した学習のことを社会的学習という。

　社会的学習は，観察学習と模倣学習の 2 段階で構成されている。観察学習は，行動を観察することに重点を置き，モデル（観察対象）における行動の情報を観察することである。次の模倣学習は，モデルと自分の行動が一致した時に強化され，行動を修正することに重点を置く。例えば，高級なお店に入った時に，テーブルマナーを知らない人は，周りの様子を見ながら（観察学習），フォークやナイフの使い方を自分で実践し，観察者の行動と一致していれば強化される（模倣学習）といった形である。以下では，観察学習を中心に解説する。

（1）観察学習

　大人の姿を見て，ピーマンを嫌いになった子どもは，ピーマン（CS）と親の嫌悪表情（US）を対呈示した古典的条件づけによるものかもしれない。しかしこの場合，子ども自身はピーマン（CS）と苦手な味（US）を対呈示した古典的条件づけを直接経験したわけではない。それにもかかわらず，観察しただけで条件刺激に対する反応が条件づけられることを代理的古典的条件づけという。観察学習ではこのように，観察による古典的条件づけも生じている。

　観察学習の有名な研究として，バンデューラら（Bandura et al., 1963）のボボ人形実験がある。これは，攻撃的な大人の行動がそれを観察した子どもに及ぼす影響を検討したものである。具体的には，3 ～ 5 歳の子どもを，目の前で暴力的な行動をする大人を見せる群（現実群），ビデオを通して暴力的な行動をする大人を見せる群（ビデオ群），大人が暴力的な行動をとるアニメーションを見せる群（アニメ群），何も見せない群（統制群）の 4 群にそれぞれ割り当て，大人の行動を観察した後の子どもの行動に着目した。暴力的な行動は，大人がボボ人形（殴っても起き上がる人形）を殴ったり，蹴ったり，罵ったりするものであった。これらの手続き後，別の部屋に移った時の子どもたちの行動を観察した。その結果，現実群，ビデオ群，アニメ群の子どもたちは統制群の子どもたちに比べて，暴力的な行動が増加した。これは，子どもは大人の攻撃的な姿を観察するだけで，その行動が学習されることを示している。

　ボボ人形実験（Bandura et al., 1963）を踏まえると，暴力的なメディアやビデオゲームに触れると，より攻撃的になるかもしれないといった議論が生じる。しかし，暴力シーンが攻撃性を導いているのか，もともと攻撃的な人が暴力シーンを好むのかについては一貫した知見は得られていない。さらに，研究や報道によって，攻撃性の定義が異なり，暴力は攻撃性であるけれども，攻撃性が暴力であるわけではない。そのため，メディアにおいて悲惨な暴力事件が起きた時に，暴力的なゲームが原因だと結論づけるには注意が必要である。これらも踏まえ，2020 年にアメリカ心理学会（American Psychological Association, 2020）では，暴力的なゲームと現実の暴力行動に因果関係を裏づける科学的根拠は不十分だと声明を出している。

　観察学習は暴力のような悪い影響だけではなく，良い影響を及ぼす研究もある。例えば，ラ

イスら（Rice et al., 1990）は，3 〜 5 歳，あるいは 5 〜 7 歳の子どもに対して，アメリカの子ども向け教育番組「セサミストリート」の視聴時間と語彙能力の関係性を 2 年間追跡して検討した。その結果，3 〜 5 歳の子どもにおいてのみ，親の教育，家族規模，子どもの性別，親の態度に関係なく，セサミストリートをよく観ていた子どもは，あまり観ていない子どもよりも語彙能力が高いことが明らかとなった。このように，観察学習は語彙能力を促進することもある。

　また，バンデューラ（Bandura, 1965）はモデルの強化や罰が観察学習に影響を及ぼすことも明らかにしている。彼は 4 〜 6 歳の子どもに対して，大人がボボ人形を攻撃しているシーンから始まる動画を視聴させた。これらの動画には報酬群，罰群，続きなし群の 3 種類があり，子どもはいずれかの群に割り当てられた。報酬群では，攻撃していた大人がお菓子などをもらい褒められるシーンが流れ，罰群では，攻撃していた大人が別の大人から叱られて注意されるシーンが流れた。続きなし群では，攻撃後のシーンはなかった。この動画を視聴した後，子どもをボボ人形のある部屋で自由に遊ぶように促したところ，いずれの群においても，攻撃行動が見られたが，罰群は他の群に比べて，攻撃行動が少ないことが明らかとなった。この結果は，実際に経験をしていない観察者でも，モデルの強化や罰を学習していることを示している。このように，モデルの強化を観察して行動が増えることを代理強化，反対にモデルの罰を観察して行動が減ることを代理罰という。

　また，観察学習は行動の獲得だけではなく，すでに獲得されている行動の消去にも用いることができる。バンデューラとメンラブ（Bandura & Menlove, 1968）は，イヌに近づくことができない子どもに，イヌと遊んでいる同世代の子どもの姿を見せると，その子が次第にイヌに近づけるようになることを明らかにしている。このように，恐怖も観察学習を通して，消去することができる。ここから考えると，ピーマンが嫌いな子どもでも，ピーマンを食べておいしそうにしている友だちや大人の姿を見て，嫌いを克服できるようになるかもしれない。

（2）模倣学習

　社会的学習の二段階目の模倣は，乳児期から見られ（Meltzoff & Moore, 1977），本能的に模倣する機能が備わっていると考えられている。そして，模倣学習とは道具的条件づけともいえる。例えば，1 歳児の乳児に対して，親の発した音の模倣をした時に，褒めて強化をすることにより，その発声が増加する（Poulson et al., 1991）。また，言葉の発声ができない自閉スペクトラム児に対しても，モデルの模倣をしたら報酬を与える強化により，単語の発声を学習させることができる。最初は，自発的な発声に対して報酬を与え，頻繁な自発的な発声が見られた時，次にモデルの発声に対して発声した時のみに報酬を与える。これにより，モデルの発声に声で反応するようになり，最終的には，モデルの発声を模倣した時のみに報酬を与えるようにする。このように，報酬を与えるタイミングを発声させたい単語に徐々に近づけていくことにより，単語の発声を学習させることができる（Lovaas et al., 1966）。以上のことからも，模倣学習はある行動に伴った後続事象によって，行動が強化される道具的条件づけと解釈できる。

（3）社会的学習理論

　社会的学習に関する理論はいくつか存在するが，ここでは行動そのものよりも，学習者の認知的機能を重視した社会的学習理論（Bandura, 1977）を紹介する。社会的学習理論では，認知的過程として，注意過程，保持過程，運動再生過程，動機づけ過程によって模倣行動が生じるかを決定されることを想定している。

　注意過程は，学習するためにモデルに注意を払う過程である。そもそもモデルに注意をしなければ模倣をすることはできないため，この過程が最初に必要となる。次の保持過程は，モデ

ルの情報を保持する過程である。ここでは，モデルの情報がどのようなものかを記憶として定着させるために，リハーサルも必要となる。3 番目の運動再生過程は，保持されたモデルの情報を行動として再現する過程である。どのような行動をするのかといった認知的スキルや感覚運動の機能が必要となる。そして最後の動機づけ過程は，新しい行動を強化するかどうかの過程である。この時の強化は，道具的条件づけのような外的なものだけではなく，社会的学習における代理強化なども含まれる。

　また，社会的学習理論では，行動を計画し，実行することができると認知する自己効力感も重視されている（8 章を参照）。

確認テスト③

次の文章を読み，内容が正しいものには○，間違っているものには×をつけなさい。
1. （　　）代理強化とはモデルの強化を観察することを通して，観察者が学習されることである。
2. （　　）社会的学習理論は観察者の認知的機能よりも行動を重視した理論である。

4．学習の分散と集中

　教育現場において，学習したことをテストすることは頻繁に行われる。このテストを乗り切るために，一夜漬けの詰め込み勉強をする人もいるかもしれない。実際，詰め込みの学習は学習直後にテストをするのであれば効果がある。しかし，学習後しばらく時間が経った場合，果たして詰め込み学習は効果的といえるのだろうか。

　詰め込み勉強のように，休みなくある学習をまとめて行う方法を集中学習あるいは集中法という。一方，学習をいくつかに分割し，学習と休憩を交互に行う方法を分散学習あるいは分散法という。これまでの研究から，年齢に関係なく，分散学習の方が集中学習よりも学習効果が高いことが示されている（Dunlosky et al., 2013）。

（1）時間の分散

　決められた学習時間内で何かを学習する時，休憩することなく続けて学習する場合と，休憩を挟んで学習する場合であれば，後者の方が効果的となる。例えば，ブルームとシュエル（Bloom & Shuell, 1981）は，第二言語の単語を学習する際に，30 分間の学習を 1 回する集中学習と，10 分間の学習を 3 回する分散学習の成績を比較した。その結果，学習終了直後の記憶成績は学習法による違いはなかったが，7 日後の記憶成績は分散学習の方が集中学習よりも高くなった。このような分散学習の効果は，分単位のような短い期間の分散だけではなく，日常の教育現場のように，7 日後，1 ヶ月後，1 年後に再び学習するような長い期間の分散でも見られる（Cepeda et al., 2008）。

　なぜ，分散学習の方が優れるのかについては，休憩が 1 つの要因として考えられている。集中学習では疲労がたまったり，飽きがきやすくなったり，学習を阻害する可能性がある。一方，分散学習にはそのような疲労や飽きは休憩によって解消されることから，学習の阻害にはならない。実際に，記憶を長期記憶へ転送するためには，練習だけではなく，休憩時の脳活動が重要であることも明らかにされている（Okamoto et al., 2011）。

（2）内容の分散

　学習内容についても，分散させることにより効果的な学習となる。コーネルとビョーク（Kornell & Bjork, 2008）は，画家の画風を学習する際に，同じ画家が描いた絵を連続して覚える集中学習と，何人かの絵を交互に覚える分散学習の記憶成績を比較した。ほとんどの参加者が，集中学習の方が分散学習よりもよりよく覚えていると思っているにもかかわらず，実際の結果はその逆で，分散学習の方が集中学習よりも記憶成績が高くなった。また，決められた順序でキー押し動作を求める技能学習においても，様々なパターンをランダムに学習する分散学習は，あるパターンを繰り返し学習する集中学習に比べると，学習直後の成績は劣るものの，1日後の学習成績が高くなることが明らかにされている（Simon & Bjork, 2001）。これらの知見を踏まえても，分散学習がより効果的であることがわかる。

（3）内容の分割

　知識の習得は，その物と名前の連合によるものである。例えば，物の名前は，その物と名前を連合させる条件づけによって習得する。一方，テニスのスウィングや自動車の運転のような技能は，知識の習得とは異なり，何度か練習を積み重ねる必要がある。このような技能学習における学習内容は，分割することができる。例えば，テニスのレシーブの動きは，ボールに対して腕を後ろに引き，ボールに向かって腕を戻し，ラケットの中心にボールを当て，腕を振り抜くといった要素に分割することができる。この時，一連の動作や内容をひとまとまりにして学習する方法を全習法といい，要素ごとに学習を積み上げる方法を分習法という。

　これらの学習方法の効果は，一貫した結果は得られていないけれども，学習内容によって異なることがわかっている。例えば，全習法は，全体像を把握し，学習課題に対する興味を維持することができる。そのためレシーブの動きのような単純な運動技能では，全習法の方が分習法よりも，成績が優れることが示されている（Briggs & Brogden, 1954）。一方，複雑な内容を学習する際には，分習法は要素ごとの小さい単位で内容を把握できるため，効果的であるとする知見もある（So et al., 2013）。また，分習法でも学習内容の全体を把握するために，累進的分習法を用いることがある。これは，最初に全体像を把握するための全習法を行い，その後，要素ごとに学習を積み上げていく方法である。例えば，学習する要素をA，B，C，Dの4つに分けたとき，学習する方法として，A，A＋B，A＋B＋C，A＋B＋C＋Dと積み重ねていく形である。この方法によって，分習法でも全体像を把握することができる。

確認テスト課題④

　次の文章を読み，内容が正しいものには○，間違っているものには×をつけなさい。
　1．（　　）学習後，日にちをあけてテストをする場合，分散学習の方が集中学習よりも効果的である。
　2．（　　）学習内容を3等分に分割し，A，A＋B，A＋B＋Cといった順序で学習を積み重ねていく方法を全習法という。

> **演習課題**
> 　あなたの生活の中で，古典的条件づけおよび道具的条件づけされた行動はどのようなものなのか，具体的に挙げてみよう。また，社会的学習による行動についても考えてみよう。

第6章 情報処理論

導入課題
　今までの経験の中で，誤って覚えていた知識や大人になってやっと気が付いたことなどはあるだろうか。それはどんなことだろうか。

　私たちは日常の様々な内容を記憶する。これを心理学では「記銘」という。役に立つ知識や大切な知識はいつか使う日に備えて忘れないように「保持」し，必要に応じて知識を「想起」し，その知識を使って問題を解く。本章では私たちが記憶し思考する際のメカニズムを解説する。

1．記憶の保管場所：二重貯蔵モデル

　私たちは経験したことの中から有用なものを記銘し，忘れないよう保持し，必要に応じて想起するが，その知識の出し入れを可能にする仕組みとして記憶の「二重貯蔵モデル」と呼ばれる考え方がある（Atkinson & Shiffrin, 1968）。この考え方では「短期記憶」と「長期記憶」の2つの記憶の貯蔵庫が登場する（図6-1）。

　短期記憶は，私たちがその場で見たことや聞いたことを忘れないように頭に思い浮かべる場所のようなものだ。ただし，短期記憶には一度に蓄えておける情報の数に限りがある。その数としては，人によって違いはあるが平均的には7±2項目程度とされており，「マジカルナンバー7±2」と呼ばれている。ただし，いくつかの情報を語呂合わせなどを使ってまとめると，多数の項目も短期記憶にとどめておくことができる。例えば，ウェブサイトのパスワードなどで数字や英字を織り交ぜたものを求められるが，覚えるのは大変だ。O2TM5Q63という一見無意味な8文字も，そのまま覚えるのは大変だが，「おつとめごくろうさん」という語呂合わせにすることで1項目にまとめることができる。このような意味を持った情報のまとまりの

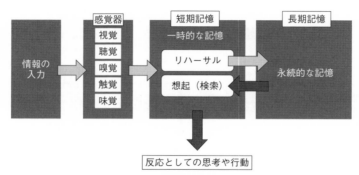

図6-1　二重貯蔵モデルのイメージ

ことは「チャンク」という。短期記憶の容量に余裕があれば、それだけ念頭にたくさんのことを思い浮かべていられるため、複雑な作業や判断にも対応しやすくなる。とはいえ、7項目は決して大きな記憶容量とはいえない。それなのに、どうして私たちは小学校で習った掛け算九九や多くの常用漢字を覚えているのだろうか。それは、短期記憶に置かれた情報が、必要に応じて長期記憶へ送られるからだ。長期記憶は短期記憶と異なり、非常に多くの情報を長期間にわたって保管することができる。

　短期記憶と長期記憶の間での記憶のやりとりは、台所にたとえることができる。日常経験から見聞きした情報は、食材のようなもので、短期記憶はまな板、長期記憶は冷蔵庫と考えられる。私たちは仕入れた食材をまな板の上で調理する。これは記憶した情報を頭に思い浮かべて問題を解いたり考えたりする作業に相当する。一方、使わない食材は冷蔵庫にしまうだろう。これは、短期記憶から長期記憶にしまう作業に相当する。後でまた料理を作るなら冷蔵庫から食材をまな板の上に出す。これは長期記憶から必要な情報を短期記憶へ取り出すことにあたる。短期記憶のサイズはまな板の広さに相当し、広いまな板なら多くの食材、大きな食材を扱える。

確認テスト①

　私たちの記憶を支える2つの記憶の置き場の名称を答えなさい。

2．データとしての「記憶」とその形式

　前節では記憶の保管場所としての二重貯蔵モデルについて触れた。今度は保管される対象となる情報としての記憶に注目してみよう。私たちが蓄えている記憶には、様々なタイプがある。学校で習った勉強に限らず、それ以外の日常の体験も、言葉を覚える前の幼い頃の体験も、練習して体得した自転車の乗り方も立派な私たちの記憶である。しかし、それらが等しく同タイプの情報かといわれれば、そうは思えないはずだ。それぞれのタイプには心理学的な分類と性質の違いがある。以下ではそれらについて触れる。

(1) 宣言的記憶

　宣言的記憶というのは言葉で表現することが容易な記憶のことを指す。そのため陳述記憶という言い方をするケースもある。さらに宣言的記憶には2つの分類がある。まず、言葉で説明できる知識というと、辞書のような物事の意味の説明文を思い浮かべるかもしれない。これは意味記憶と呼ばれるものだ。例えば、「象は哺乳類である、鼻が長い、牙が生えている…」などの説明の形で思い出される。その一方、言葉にする記憶というと、日記やインタビュー、目撃証言などを思い浮かべる人もいるだろう。こちらはエピソード記憶と呼ばれる。エピソード記憶は時期や場所の情報が必ずしも伴うわけではない意味記憶と違い、いつどこで起きたことかという情報が伴う。「2001年9月11日にアメリカで同時多発テロがあった」といったものだ。エピソード記憶は過去の客観的な事実も含まれるが、自分の直接体験したエピソード記憶は特に自伝的記憶という。「私は2001年9月11日のアメリカ同時多発テロの様子をニュース速報で見た」という体験の記憶なら自伝的記憶となる。

(2) 非宣言的記憶

　私たちの記憶は言葉にできるものばかりではない。言葉にならないものも少なからずある。例えば、初めて補助なしで自転車に乗れた時の感覚や、印象的な絵画や音楽を鑑賞した時の感

表6-1　記憶の種類とその分類

記憶の貯蔵庫	記憶のタイプ	情報の種類	内容
短期記憶	短時間にさまざまな情報が保持される		
長期記憶	宣言的記憶 （言葉にできる）	意味記憶	図鑑・辞書的な知識
		エピソード記憶	思い出や体験
	非宣言的記憶 （言葉にしがたい）	手続的記憶	体得した技や動作
		プライミング	無意識的な連想関係

覚などは言葉で表現することが難しいだろう。こうした言語で表現できない記憶は非宣言的記憶，あるいは非陳述記憶という。

　非宣言的記憶にも分類がある。先に述べたように言葉に表しにくい記憶や，そもそも覚える，思い出す自覚を伴わない記憶だ。前者のような言葉に表現しがたい記憶として，身体の動かし方などのいわゆる「わざ」にあたる，手続的記憶がある。日常的な場面では自転車の乗り方，車の運転などが代表的な例となる。こうした手続的記憶は，習熟すればするほど意識して思い出さずに身体が自然と動くようになる。

　一方，私たちはその場で見たこと，聞いたこと，体験したことにつられてふと記憶を思い出すことがある。チャルメラの音を聞いてラーメンを思い出したり，「ピ・ロ・リ♪ピ・ロ・リ♪」というある電子音のメロディーを聴くと，某ファーストフード店のフライドポテトを思い出したりする。こうした直前の体験によって，その体験に関連する記憶の想起が促進されることをプライミングという。例えば，パンという単語を見た後では，バターやジャムといった関連の強い言葉が思い出しやすくなる。

確認テスト②

　国語や社会の授業で学ぶ知識と，体育や音楽の授業で学ぶ「わざ」は，それぞれどの種類の記憶か答えなさい。

3．学習方略：しっかり覚えるにはどうすればよいか？

　記憶の二重貯蔵モデルを知った読者なら，短期記憶と長期記憶の間の記憶の出し入れに関心を持つだろう。世間には様々な学び方，覚え方のコツがある。こうした学習の効率を高めるための心的操作（いわゆるコツ）は「学習方略」という。ワインスタインとメイヤー（Weinstein & Mayer, 1986）は学習方略を以下の5つに分類した。

- リハーサル方略：単純に見たこと聞いたことを反芻して学習する。
- 精緻化方略：映像や図解や，関連する情報などの手掛かりを添えて覚える。替え歌記憶法なども一例。
- 体制化方略：学ぶ内容がまとめて連想できるように意味のあるチャンクを作って覚える（歴史の年号や円周率，平方根の語呂合わせなど）。
- 理解モニタリング方略：目標を自ら立てたり，その目標への達成度を確認したり，その結果に応じて覚え方やペースを調整するなどして覚える。
- 情緒・動機づけ方略：自ら不安を抑える，集中度を高めるなど，意欲を保つ工夫をして覚える。

　こうした学習方略も，単に機械的に反芻するだけの維持リハーサルのみよりも，他の学習方略を複合的に活用するのが効果的だ。また，他者からおぜん立てされたものよりも，自分で着想したものの方が記憶の定着を助けるとされている。これは記憶の「自己生成効果」とも呼ばれる。

　知識の豊富な芸人として知られる宇治原史規さんは，自分が勉強したことを先生になって他の人に教えるつもりで復習するという勉強法を行っていた。他人にわかりやすく教えようとすることで，図解を作ったり（精緻化方略），覚え方を工夫したり，自分の知識を整理することになる（体制化方略）。また，うまく説明できなければそれは理解不十分だった弱点箇所の発見にもつながる（理解モニタリング方略）。人に教えるという責任感によって，しっかり覚えなくてはと気を引き締める（情緒・動機づけ方略）。これは心理学的にも理にかなった学習法であるといえる。

確認テスト③

　短期記憶から長期記憶へ情報を移すには，どんな方法が望ましいだろうか。用語としての名称と，具体的な方法の例を挙げなさい。

4．「メタ認知」：優れた学習者の特徴

　前節では様々な学習方略があることを述べたが，やみくもに方略を試せばよいというものでもない。すでに理解できていることとまだ復習が必要なことを自分で把握し，それに適した学習方略を選べることが優れた学習者の特徴といえる。こうした自身の学習状態や認知状態に関する把握と調整の過程を「メタ認知」と呼ぶ（Flavell, 1979）。「敵を知り己を知れば百戦危うからず」という言葉があるように，試験に臨むなら試験の傾向を知るだけでなく，自分の理解度や課題点を自ら把握することが肝要だ。メタ認知によって，自分の記憶力の限界や苦手を自覚するからこそ，それに対する方略を模索しようとするのである。

　メタ認知というのは，自分の状態を改めてふりかえり，客観的に自己の状態を把握する認知プロセスだ。そのため，自覚的にメタ認知を働かせようとすることはあまりないかもしれない。ヴィーンマンら（Veenman et al., 2005）は，メタ認知スキルがあってもそれを自発的に活用することが困難な状態について，その原因として①スキルを応用する柔軟性が未熟であること，②いつそのスキルを使うべきかが判断できないこと，③取り組んでいる課題が困難でスキルを使う余裕がないことなどを挙げている。こうした状況への対処法としては，メタ認知スキルを使うことに気づかせる手掛かりリスト（「問題を解くために知るべきことを自分の言葉で言ってみよう」，「問題を解くために必要な手順はどんなものか考えてみよう」，「手順を進めるごとに解決が進んでいるか考えてみよう」など）を提示することが有用であるとした。メタ認知スキルを手順に分け，順序に従って並べたチェックリストとしていつでも確認できるように明記しておけば，柔軟性が未熟でもスキルを使用することを意識でき，いつスキルを使うべきかも判断しやすい。スキルを覚えて念頭に置く必要もないため，その分の心の余裕もできる。

　先に挙げた困難のうち，柔軟性の不足とスキル利用の判断が難しいことの理由には，メタ認知スキルやその手掛かりがそもそも抽象的であることが挙げられる。そのため，抽象的な発想法であるメタ認知スキルを具体的な事例に結び付けてみる「文脈化（Resnick, 1989）」を行うことに慣れることも必要だ。その一方で，学んだことを見た目の異なる，ただし同じ方略が通用する類題に応用することもある。これもまた柔軟性の一面といえる。そのためには具体的な

事例から，他の幅広い事例にもあてはまるような抽象化した方略を獲得できるようになる，「脱文脈化」も必要である。

確認テスト④

メタ認知スキルを積極的に活用するための方法にはどんなものがあるか挙げなさい。

5．「思考」：私たちはどう推論しているのか

　今までの経験や日常生活を思い返せばわかる通り，授業で習ったことがそのままテストや日常に出てくることはあまりない。しかし，私たちは習ったことのない日常の様々な問題に対処している。これらのことから，私たちは経験から新しく規則性や法則を見つけ，知りえた規則性を使って未知の問題を解くといった「推論」を行っていることがわかるだろう。本節では，私たちが行う推論，判断などの思考について紹介していく。

　人間が行う推論は，代表的なものに2つの種類がある。1つは「演繹的推論」，もう1つは「帰納的推論」だ。演繹的推論は，一般的な規則やルールから，具体的な個別の事例についての判断や結論を導き出す推論である。その最たる例はいわゆる三段論法と呼ばれるもので，「人間はいつか死ぬ（前提となる規則）」「阿部慶賀は人間である（個別の事例についての前提）」という2つの情報から，「阿部慶賀はいつか死ぬ」という結論を導き出すことができる。ここでは個別の事例に筆者を挙げてみたが，この事例は「人間である」という前提が成り立っていれば，「阿部慶賀」の代わりに「認知太郎」や「教育次郎」であっても同じ結論を導くことができる。いわば，「1（の抽象的な規則）を聞いて10（無数の具体的事例についての結論）を知る」ことができる推論といえる。その一方で，いくつかの事例から経験則を導く，いわば「10（＝いくつかの具体的事例）を聞いて1（の抽象的な規則性）を知る」推論もある。これは帰納的推論と呼ばれる。たとえば，S社のエアコンを買ったら1年で故障し，また同じS社のエアコンを買い直したら1年で故障してしまったという経験をすれば，「S社のエアコンは故障しやすい」と思うだろう。こうした経験をもとに私たちは自分なりの規則性を推察する。しかし，この帰納的推論は前提となる情報が正しくても結論が正しいとは限らない。S社のエアコンが2回連続短期間で故障したからといって，他の家庭のS社のエアコンは長期間壊れなかったかもしれない。ちなみに筆者は学生に対して，「みんな」と聞いて何人を想像するかという調査を行った。その結果はたいていの場合，学生の地域や学部，年齢によらず，平均20人程度であった。これは20人程度の知人から同じ出来事や言動を見聞きしたら「みんなはそう考えている」と考えてしまうとも解釈することができる。世の中にいる人間の数に比して20人程度の情報で一般化してしまうのは危うい。しかし，国勢調査のごとく大規模に調べて確認するのも難しい。帰納的推論は，行動範囲と時間が限られた私たちがひとまずできる，経験に基づいた間に合わせの推論なのである。

確認テスト⑤

　私たちが行う推論には大きく2つのタイプがある。それぞれの名称と両者の違いを説明しなさい。

6. 「素朴理論」：経験から能動的に行われる思考

　帰納的推論は行動範囲や時間が限られた私たちにできる間に合わせの推論だと前節で述べたが，私たちの中でも特に行動範囲が限られているのが子どもである。子どもは大人と違い，体力的にも金銭的にも経験できること，立ち入ることの許される場所や範囲が限られている。そうした子どもたちは自分の経験をもとに世の中の法則や規則を推察しようとする。こうした子どもが自らの経験に基づいて推論し，編み出した理論や法則性は「素朴理論」あるいは「素朴概念」と呼ばれる。しかし，子どもが持つ知識と経験だけでは必ずしも正しい結論や法則に達するとは限らず，誤った法則性（誤概念）を覚えてしまうこともありうる。例えば，「物体は重いものほど早く落ちる」と考える人は子どもだけでなく，大人でも見られる。また，図6-2に示す，ホッケーパック問題についても考えてもらいたい。45度に曲がった曲がり角が2つあるスケートリンク上を，ホッケーのパックが滑っていく。それぞれの曲がり角で，1度ずつパックを叩いて軌道を修正することができるとして，それぞれどの方向にパックを叩けば良いかを答えてほしい。正解は1つ目の角ではB，2つ目の角ではCを選ぶことである。2つ目の角でC（下）の方向に力を加えることで，スタート時に上方向に加えられた力が相殺され，1つ目の角で加えられた右方向（B）の力のみが残ってゴールまで進めるようになる。この問題に限らず，力学現象は直接体感しにくいため，直感的には理解しにくい。

　先の例は理科のケースで説明したが，こうした直接体験できないことの理解の難しさは，他の教科でも見られる。高橋と波多野（Takahashi & Hatano, 1994）は，小学生から大学生まで「銀行」の仕事についての質問を行った。例えば，預金利息と貸付金利はどちらが高いかそれとも同じか，貸し付けのお金はどのように得ているのかといった問題を課した。その結果，銀行に対して「銀行は非営利目的の公共の金庫番」といった誤解を抱いている子どもが一定数いることが示された。子どもにとって銀行はお金の預貯金でしか関わることはほぼないため，「お金を守ってくれる人たち」という誤った推論をしてしまう。

　私たちは限られた範囲の経験から推論をしてしまうし，その推論には情報不足による誤りや飛躍も含みうる。しかし，これを愚かさとするのではなく，未知のことを手持ちの情報から能動的に推論しようとする知性だと考えるのが望ましい。子どもの誤概念は自らの経験と体験で導き出したがゆえに根強いものになりがちだ。子どもは自分の見たことを強く信じやすい。親や教師は，こうした子どもの誤概念を，子どもの意欲を削がない形で科学的知識に修正していくことが求められる。例えば，先に述べた力学の学習などでは，言葉で理論を説明しても納得

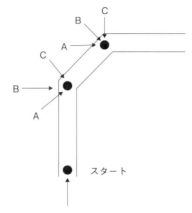

図6-2　ホッケーパック問題

してもらえないことが多い。そこで，校庭のブランコ，滑り台を使って重りの立場を体験し，力の働きを体感で学ぶ試みなどが行われている。また，学校で行われる社会科見学なども，様々な仕事に対する誤概念の修正の機会として大きな意味を持っている。

確認テスト⑥

　子どもにありがちな，経験からくる思い込みのような推論は何と呼ばれているだろうか。心理学用語としての名称と，自分なりの具体例を答えなさい。

7．「類推」と「洞察」：より柔軟な思考

　私たちは授業で扱わないような新奇な問題に直面することも少なくない。それに対して私たちができる推論の中でも特に柔軟で有効なのが「類推」である。類推とは，類似した情報や知識をもとにして推論することをいう。例えば，みそ汁やお吸い物を作る時に昆布や鰹節からだしをとることがあるが，これを笊（ざる）でやろうとすると具材が散ってしまって困ることがある。そうした時に，紅茶のティーバッグのような入れ物に具材を入れれば簡単に解決できる。実際にそのような商品がスーパーなどでも販売されている。これは，お茶の茶葉がお湯の中で散る問題への対処法を，だしをとる場面に応用した例である。どちらも共通して「具材をお湯につけて味を染み出させる」という構造があるため，このような転用が可能になる。このように，私たちは未知の問題に対しても，何らかの類似性を探しあててこれまで経験した解決法を応用することができる。また，前節で体験を伴った学習の例を挙げたが，理科の「電気」の理論などは体感することも難しいため，水路のたとえ（流れの勢い＝電圧，流れた水の量＝電流，水車など＝抵抗）を使って体感できる形で説明する場合がある。これも類推を学習に応用した例といえる。

　類推とは対照的に，今までの考え方を転換することで答えにたどり着く場合もある。例えば，図6-3に示すろうそく問題（Duncker, 1945）を考えてもらいたい。図に示された物品を使って，壁にろうそくを取り付けるにはどうすればよいか，という問題だ。初見の回答者の多くは，直接ろうそくを壁に貼り付ける，画鋲で足場を作るなどを試みるが，解決のカギは画鋲の箱にある。入れ物に過ぎないはずの画鋲の箱を使うこと，「入れ物」としてではなく，「燭台」として使うという発想の転換が求められる（図6-4）。私たちはこうした発想の転換をひらめくことができる。これらは「アハ体験」や「洞察」現象として知られている。ひらめきのメカニズムは未だ謎が多いが，固定観念や思い込み（これらは「制約」と呼ばれる）が発想の転換を妨害しているとされている。この制約が失敗の積み重ねを経て調整され，段々新しい考え方に気づきやすくなる（開・鈴木，1998）。失敗の経験は，新しい知識の使い方を発見する足場作り

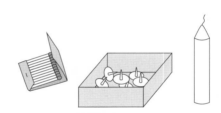

図6-3　ろうそく問題（正解は章末の図6-5にて示す）

になる。

確認テスト⑦

　私たちが未知の新奇な問題に取り組む時に行う思考の種類を挙げなさい。

> **演習課題**
> 　私たちが誤った推論をしてしまうのはなぜだろうか。それは私たちが愚かだからだろうか。

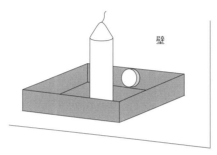

図 6 - 4　ろうそく問題の解

第7章 知　能

導入課題
　あなたは研究者で，国から新たな知能検査の開発を依頼されたとする。あなたなら，知能の高さを測定するために，どのような問題を採用するだろうか。おそらく答えは1つではないだろう。これまでの形にとらわれずに，いろいろな観点からいくつか問題を考えてみて，それぞれの問題の意図および限界点について検討してみよう。

1．はじめに

　「視力」を測定するためには，どうすればよいだろうか？　1つの方法としては，人物と対象物との間の距離を一定にした上で，対象物（よく用いられるのはランドルト環と呼ばれる「C」のようなマーク）の大きさを徐々に小さくしていきながら，どのあたりまで正確に判別できるかを確かめるというやり方が挙げられる。

　では，「知能」を測定するためには，どうすればよいか？　「頭の良さ」や「賢さ」と言い換えてもよい。視力検査の場合と同様に，何かしらの問題を与えて，それを正しく解けるかどうかを確かめるという方法が思い浮かぶ。では，どのような問題に，知能の高さが反映されているだろうか。私たちは，「あの人は賢い」「もっと頭が良くなりたいな」といった言葉をよく口にする。しかし，視力の場合に比べて，知能はより抽象的な概念であり，そうした言葉がどういう意味を意図しているのかを，改めて考えてみると，実はとても曖昧である。人間の知的な行動は，非常に多岐にわたっている。知能をどのように捉えるかによって，どう測定すべきかは変わってくると想定される。

　自然科学の分野は，あらゆる物質が少数の元素の異なる結合によって生み出されるというアイデアが考案されたことで，大きく発展した。そうした考え方は心理学にも持ち込まれ，複雑な心理的現象を，少数の心的要素の組み合わせとして捉えようとする試みが多くなされた。知能は，どのような要素から成り立っていると捉えることができるのだろうか。本章では，知能研究の歴史をふりかえるとともに，そうした内容を手掛かりとして，各自で知能について主体的に思考を深めていくことを目指す。

2．知能検査の開発の歴史

　知能研究における先駆者として，ゴルトン（Galton, F.）とビネー（Binet, A.）の2名が挙げられる。ゴルトンは，イギリスの人類学者で，進化論で知られるダーウィン（Darwin, C. R.）の従兄弟であった。ゴルトンは，心身における能力や特徴の遺伝に関する研究において，様々な身体測定および精神測定を実施した。そのなかで，知能が高い人物ほど知覚的に高い識別能

力を示すという仮定を置き，知能を知覚能力によって測定することを試みた。例えば，重い順に並べさせるというものや，可聴閾の測定，長さや嗅覚の弁別などに関して，種々の測定器具の開発を行った。現代において，これらの検査法は知能を捉えるものとしては不十分であったという評価が下されているが，一方で，ゴルトンは統計学における重要な知見をいくつも生み出した。「平均への回帰」現象の発見は，その1つである。これは，分布から偏ったデータの後に得られるデータは，平均的な値に近づくという現象であり，背の高い両親を持つ子は，両親ほど身長が高くはならない場合が多く，背の低い両親を持つ子は，両親ほど身長が低くはならない場合が多いといったことが挙げられる。また，変数同士の関係性を捉える手法として，「相関」の概念を生み出した。後に，弟子のピアソン（Pearson, K.）らによって算出方法に改良が加えられ，今日広く用いられるに至っている。収集した大規模なデータに統計的な考え方を適用し，分布を見たり関係性を調べたりするというゴルトンのアイデアは，その後の知能研究に大きな影響を与えた。

　ビネーは，フランスの心理学者であり，知能の研究を行っていた。1904年頃，フランスでは，学習面において能力的な困難を抱える児童に対して，通常学級ではなく，特別学級で手厚い支援を施すという教育のあり方が検討されていた。国の諮問委員会の委員に任命されたビネーは，児童の特別な教育的ニーズの有無を診断するための方法の不備を指摘した。当時，そうした客観的な指標は存在しておらず，基準が統一されていなかったため，診断者間で結果に違いが出る可能性が高かった。もし，児童の能力や特性を適切に診断できなければ，児童に大きな不利益をもたらしてしまう恐れがある。そのような事態はできるだけ避けなければならないと考えたビネーと弟子のシモン（Simon, T.）は，正確で厳密な診断方法の開発に取り組み，1905年に最初の知能検査を発表した。1905年版は，30問が易しい順に並べられただけのシンプルなものであった。その後，改訂が重ねられ，1908年版では，問題数が増やされるとともに，年齢ごとに4〜8問が配置されるという形になった。例えば，3歳の水準としては，目や耳などの身体部位を指差しできるか，自分の名前の姓を答えられるか，4歳の水準としては，自分の性別を言えるか，3つの連続しない数字の羅列を復唱できるか，5歳の水準としては，10音節からなる文章を復唱できるか，といった問題から構成された。1911年版では，問題の見直しが行われるとともに，検査としての洗練化が図られた。つまり，パリの標準的な環境で育った小学生を対象としたデータ収集を行い，それをもとに問題ごとの通過率がまとめられるとともに，学力や教師評定による知能の高さとの関連性について調べることで，検査結果の妥当性について検証が行われた。

　ビネー・シモンの知能検査は，ゴダード（Goddard, H. H.）によってアメリカに紹介され，さらなる改良が加えられた。特に，スタンフォード大学において活発に研究が行われた。当初は，ビネー・シモンと同様，学習に遅れのある者の早期発見が目的とされたが，徐々に変化が見られ，一般大衆の知能の測定，さらには，いわゆる天才と呼ばれるような優秀な人物の発見へと目的が拡大されていった。ターマン（Terman, L. M.）らは，実施手続きや採点方法をより厳密なものにするとともに，問題内容や配列を見直し，大規模なデータ収集に基づいて標準化を図った。そして，1916年に「スタンフォード改訂増補ビネー・シモン知能測定尺度」を発表した。この知能検査の特徴の1つは，検査結果の指標として「知能指数（IQ：Intelligence Quotient）」を導入したことである。知能指数の考え方自体は，ドイツのシュテルン（Stern, W.）によるものであった。

知能検査を開発したアルフレッド・ビネーは，どこの国の出身か。
　1．ドイツ　　　2．アメリカ　　　3．スイス　　　4．フランス

3．知能検査の発展

　知能検査は，日本にも伝えられ，精力的に研究がなされた。鈴木治太郎は，1916年版のスタンフォード・ビネー式の知能検査に基づいて，日本の文化に合うように見直した。独自の問題を加えつつ，日本人のデータを収集して標準化を行い，1930年に「鈴木ビネー式知能検査」の初版を発表した。また，田中寛一は，1937年版のスタンフォード・ビネー式知能検査に基づいて改良を加え，1947年に「田中ビネー式知能検査」の初版を発表した。どちらの検査も，改訂が繰り返されながら，現在も用いられている。

　ニューヨークのベルヴュー病院に勤務していたウェクスラー（Wechsler, D.）は，1939年に「ウェクスラー・ベルヴュー知能尺度」を開発した。言語性検査と具体的事物を用いた作業による動作性検査の 2 つのタイプがあり，計11種類の検査から構成されていた。検査結果に関して，全体をまとめて単一の指標として捉えるのではなく，言語性IQ，動作性IQ，全検査IQのそれぞれが算出されるとともに，下位検査ごとにも得点が表示され，解釈に用いることが提案された。加えて，後述するが，偏差知能指数と呼ばれる指標を導入したという点も，特徴として挙げられる。ウェクスラー式知能検査は，現在では 3 種類に分けられる。 1 つめは，「WISC（Wechsler Intelligence Scale for Children），通称：ウィスク」であり，主に 6 歳〜16歳の児童・生徒を対象とした検査である。 2 つめは，「WAIS（Wechsler Adult Intelligence Scale），通称：ウェイス」であり，主に16歳〜90歳の者を対象とした成人用の検査である。 3 つめは，「WPPSI（Wechsler Preschool and Primary Scale of Intelligence），通称：ウィプシ」であり， 2 歳 6 ヶ月〜 7 歳 7 ヶ月までの主に就学前の幼児を対象とした検査である。

　また，「K-ABC（Kaufman Assessment Battery for Children）」と呼ばれる検査も有名である。 2 歳 6 ヶ月〜18歳までの者を対象とした検査であり，カウフマン（Kaufman, A. S. & Kaufman, N. L.）夫妻によって1983年に初版が開発された。現在の版では，認知能力と習得度とを分けて捉えるルリア（Luria, A. R.）の理論およびCHC（Cattell-Horn-Carroll）理論（p.66参照）という 2 つのモデルを背景として作成されており，検査結果をそれぞれの理論の観点から解釈できることが特徴である。

　上記の知能検査は，基本的に個別式である。一度に大勢に対して実施可能な集団式の知能検査も開発され，かつては用いられていたが，現在は，個別式が主流である。知能検査の分類としては，言語性検査と，図形や記号を用いた非言語性検査という区別も可能である。非言語性検査は，当初，移民の非常に多いアメリカにおいて，英語を母語としない者を対象とした検査を実施するために開発された。この点において，非言語性検査は，言語能力に障害を抱える者を対象とした検査にも用いることが可能である。言語能力の他にも，社会や文化に依存する内容が多く含まれていると，結果が不当に低く診断される恐れがあるため，検査の実施および結果の解釈においては十分な注意が必要である。

　知能指数（IQ）の算出方法は， 2 種類ある。 1 つめは，下記のような式で算出される。精神年齢（MA: Mental Age）とは，その人の知能検査の成績が何歳程度の人の平均と同等であるかを表す。生活年齢（CA: Chronological Age）とは，暦年齢とも呼ばれ，実際の年齢を表す。この式にあてはめると，例えば，生活年齢が 8 歳 3 ヶ月の児童が， 9 歳 3 ヶ月相当の精神年齢

であった場合，9歳3ヶ月（111ヶ月）÷ 8歳3ヶ月（99ヶ月）× 100 = 112.1…，になる。精神年齢が生活年齢と一致する場合，知能指数は100となり，精神年齢の方が高ければ100より大きく，精神年齢の方が低ければ100より小さくなる。

$$知能指数 = \frac{精神年齢（MA）}{生活年齢（CA）} \times 100$$

　一方で，知能は生活年齢とともに直線的に成長していくわけではなく，大人になるにつれて伸びが緩やかになるため，一定の年齢以上になると，この指標は実質的な意味をあまり持たなくなってしまう。そこで，偏差知能指数（DIQ：Deviation IQ）がよく用いられる。下記のような式で算出され，同年齢集団における相対的な位置づけを表す。学力テストや模試において普及している「偏差値」と，同様の考え方である。偏差値は，平均が50で，標準偏差が10の分布となるように得点を変換したものである。偏差知能指数の場合，平均が100で，標準偏差が15もしくは16の分布となるようにした指標である。標準偏差に関して，ウェクスラー式の場合は15，ビネー式の場合は16で算出する方法が，採用されている。

$$偏差知能指数 = \frac{個人の得点 - 同年齢集団の平均得点}{同年齢集団の標準偏差} \times 15（もしくは16）+ 100$$

　フリン（Flynn, 1987）は，多くの国で知能指数の平均が年々高まっていることを指摘した。つまり，本来，知能指数の平均は100になるように作られているが，実際の検査結果を集計すると，100よりも高くなってしまうということである。この現象は，フリン効果と名付けられている（Herrnstein & Murray, 1994）。背景としては，栄養状態の改善，教育環境の向上などの要因があると考えられている。そのため，各種の知能検査では，随時，知能指数の平均が100となるように，基準となるデータの更新が行われている。一方で，20世紀の終わり頃を境として，知能指数の伸びが鈍化し，逆に低下傾向にあることが指摘されている（Dutton et al., 2016）。フリン効果が天井効果に達した，すなわち，伸びの限界に達したという見方もあれば，コンピュータの普及によって，読書や会話の時間が減っていることが原因ではないかという見方もある。しかし，国や検査によっては，上昇が続いているというデータもあり，現在も研究が進められている。

確認テスト②

　ウェクスラー式知能検査として，実際に存在しないのはどれか。
　1．WAIS　　　2．WPPSI　　　3．WASC　　　4．WISC

4．知能とは何か？

　知能検査の開発と並行して，知能という概念自体への探求も進められてきた。知能とは，人間や動物における種々の行動の背景にあると仮定され，パフォーマンスの差異を説明するものとして考え出された心理学的な構成概念である。知能に関して，その実体により迫ろうと，これまでに様々なモデルが検討されてきた。

　スピアマン（Spearman, 1904）は，2因子説を提唱した。スピアマンは，各種の問題に対する成績が互いに相関しており，ある問題で得点の高い者は，他の異なるタイプの問題においても高い得点を収める傾向があるということに着目した。問題間で共通した要素が存在しているのではないかと捉え，一般知能因子（g因子：general intelligence factor）と名付けた。一方で，各問題の成績は完全に一致するわけではなく，それぞれの問題に固有の要素も存在して

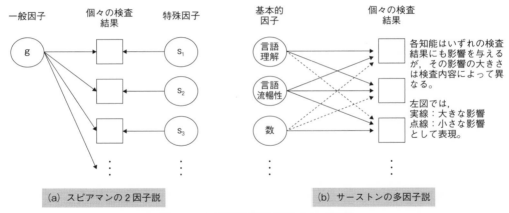

図 7-1 ２因子説と多因子説のイメージ比較

いるとして，それを特殊因子（s因子：specific factor）と呼んだ。ある問題におけるパフォーマンスは，g因子とs因子の双方が合わさって決定されるということである（図7-1a）。日頃，「もっと頭が良くなりたい」のような言葉をよく言ったり聞いたりするが，そうした発言は多くの場合，g因子のような存在を仮定しており，それを向上させたいという願望を述べていると解釈できるだろう。知能に関して，汎用的な一般知能の存在を仮定するかどうかは，議論の大きなポイントの１つとなっている。

　サーストン（Thurstone, 1938）は，一般知能の存在を疑問視し，複数の独立した共通因子から構成されるとする多因子説を主張した。データ同士の相関関係から背後に潜む共通因子を抽出しようとする因子分析と呼ばれる統計手法を用いて，７つの因子を特定した。すなわち，言語理解・言語流暢性・数・知覚・空間的視覚・記憶・推理，の７つであった。様々な知的な行動が，これらの因子が重なり合うことによって生み出されていると捉えた（図7-1b）。

　キャッテル（Cattell, 1963）は，知能が多くの因子から成り立っているというサーストンの見方を支持しつつ，それらをまとめる上位の因子として，流動性知能（gf: fluid general factor）と結晶性知能（gc: crystallized general factor）の存在を指摘した。流動性知能とは，新しい場面への適応に必要とされる推論などの能力を指し，知識や経験があまり問われない要素である。一方で，結晶性知能とは，長年にわたる経験や学習によって獲得された能力を指す。流動性知能は，おおよそ10歳代後半から20歳代にピークに達し，その後低下していくのに対して，結晶性知能は，より年長になっても上昇し続け，生涯を通して維持されやすいと考えられている。キャッテルの提唱した内容は，その後さらなる拡張が検討され，研究した人物の名前の頭文字をとって，CHC（Cattell-Horn-Carroll）理論と呼ばれている（McGrew, 2009）。この理論では，知能を３つの異なる層からなる階層構造として捉えている（図7-2）。最上位の層には，一般知能が配置され，中間の層には，流動性知能と結晶性知能に相当する内容のほか，短期記憶，長期貯蔵と検索，認知的処理速度，読み書き能力といった成分が並び，最下層には，個々の検査によって測定される，より具体的な能力が幅広く位置づけられるという形である。実証的なデータを説明するモデルとして，他のモデルに比べてあてはまりが良い場合が多いことから，現在の有力な見方の一つとなっている（なお，一般因子gを第Ⅲ層に置くかどうかは見解が分かれる）。

　以上のような研究は，各種の知能検査の結果に関するデータに基づき，問題同士の類似性に沿って整理することで，知能の分類を見つけ出そうとするアプローチであるとみなせる。一方で，こうしたアプローチでは，そもそも検査によって測定されていない内容は見過ごされてしまいがちであり，注意が必要である。つまり，検査方法が開発されていない，もしくは，検査

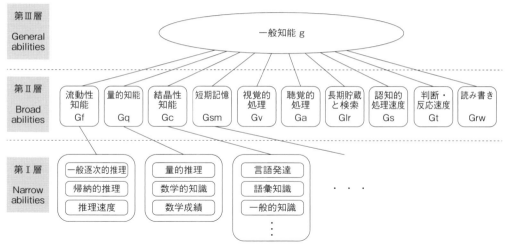

第Ⅲ層
General
abilities

一般知能 g

第Ⅱ層
Broad
abilities

| 流動性知能 Gf | 量的知能 Gq | 結晶性知能 Gc | 短期記憶 Gsm | 視覚的処理 Gv | 聴覚的処理 Ga | 長期貯蔵と検索 Glr | 認知的処理速度 Gs | 判断・反応速度 Gt | 読み書き Grw |

第Ⅰ層
Narrow
abilities

一般逐次的推理
帰納的推理
推理速度

量的推理
数学的知識
数学成績

言語発達
語彙知識
一般的知識
:

・・・

図 7 - 2　CHC 理論のモデル図

が難しい内容に関しては，知能の一部として含まれにくいということである。多様な可能性について検討するためには，データの側面からだけでなく，理論的側面やその他のアプローチからも知能の構造について検討することが重要である。ギルフォード（Guilford, 1967）は，知能を階層的なものではなく，3 つの次元の組み合わせとして捉える知能構造（Structure of Intellect）モデルを提唱した。3 つの次元とは，操作（5 側面）・所産（6 側面）・内容（4 側面）であり，知能はその組み合わせによって，5 × 6 × 4 = 120 個に分類されるとした（図 7 - 3）。ガードナー（Gardner, 1999）は，神経心理学や進化心理学などの観点から，互いに異なる知能の側面があることを見出し，表 7 - 1 に示したような多重知能理論を提唱した。スタンバーグ（Sternberg, 1996）は，社会や文化によって何が知能と捉えられるかは異なるとして，現代社会において成功を収めるためには，分析的知能・創造的知能・実践的知能の 3 つが必要であると指摘した（p.68 参照）。

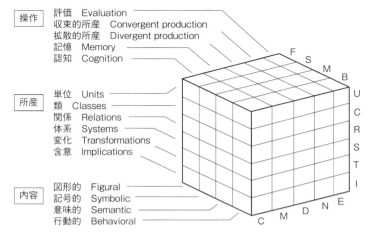

操作
評価　Evaluation
収束的所産　Convergent production
拡散的所産　Divergent production
記憶　Memory
認知　Cognition

所産
単位　Units
類　Classes
関係　Relations
体系　Systems
変化　Transformations
含意　Implications

内容
図形的　Figural
記号的　Symbolic
意味的　Semantic
行動的　Behavioral

図 7 - 3　ギルフォードの知能構造モデル（Guilford, 1967 をもとに作成）

表7-1 ガードナーによる多重知能理論の内容 (Gardner, 1999をもとに作成)

区分	内容
言語的知能	話し言葉と書き言葉への感受性，言語を学ぶ能力，目標達成のために言語を用いる能力。 例）弁護士，作家，詩人
論理数学的知能	問題を論理的に分析する能力，数学的な操作を実行する能力，問題を科学的に究明する能力。 例）数学者，科学者
音楽的知能	音楽的なパターンの演奏や作曲の能力，鑑賞の能力。
身体運動的知能	身体全体や身体部位を自在に操る能力。　例）ダンサー，俳優，スポーツ選手
空間的知能	空間のパターンを認識して操作する能力。　例）パイロット，建築士，チェスの選手
対人的知能	他者の意図や動機づけ，欲求を理解し，他者とうまく付き合う能力。　例）販売員，教師，政治家
内省的知能	自分自身の欲望・恐怖・能力などを理解する能力，自分の生活を効果的にコントロールする能力。

確認テスト③

知能の2因子説を提唱した人物は誰であったか。
 1．サーストン　　2．スピアマン　　3．キャッテル　　4．ギルフォード

5．創造的な知能

　レズニック（Resnick, 2017）の本の中で，ある著名な大学の学長の話として，A学生とX学生という話が紹介されている。A学生とは，小学校から高校まで優秀な成績を収め，大学でもいわゆる「A」評価の成績を取り続ける人物である。一方で，X学生とは，教科書に書かれた問題を解決するのではなく，自分自身で問題を作り出し，リスクを負いながらも，新しいことに挑戦するような人物だとされる。その学長は，社会の発展のために，X学生を増やすことがその大学にとっての最優先課題であると述べている。この話で前提とされていることの1つは，A学生として求められる資質は，X学生として求められる資質と必ずしも一致していないということである。もちろん，A学生に関わる資質が重要であることはいうまでもないが，少なくとも，両者は異なる方法で教育や検査がなされる必要があると捉えられている。

　前節で紹介したスタンバーグの理論においては，知能の一側面として創造的知能が含まれた。創造的知能とは，直面する課題や状況において，その状況に適した独創的なアイデアや行動の方針を生み出すことだとされる。なお，分析的知能は，物事の本質や状況を的確に分析し判断すること，実践的知能は，創造的知能や分析的知能の成果を，具体的な日常場面においてどう実現していくかを判断し，その方法を見出すことだとされる（Sternberg, 1996）。人物を例に挙げると，「サザエさん」に出てくるカツオ君は，学校の勉強は不得意だが，勉強以外の場面では頭の回転がとても早く，他の人が思いつかないようなことを次々と考え出し，実行している。また，他の人の考えていることを理解する能力が高く，年長の人や自分より小さい子ともすぐに打ち解けることができる。こうした点から，カツオ君は分析的知能をやや苦手としているが，創造的知能および実践的知能に関しては，かなり高い人物であると捉えられる。身近な人の中にも，似たような人物を思い浮かべることができるかもしれない。同様に，分析的知能は高いが，他の2つはそうではないという人もいれば，創造的知能は高いが，それを具体的な場面に結びつけることが苦手だという人もいるだろう。そうした事実は，3つの知能がそれぞれ独立したものであることを示唆するものであり，創造的知能を，知能の一側面として区別す

ることの根拠の一つになりうる。

　創造的知能を測定するための検査は，通常，一般的な知能検査には含まれていない。創造的知能は，絵や文章などの作品を生み出すという課題や，拡散的思考課題，洞察課題を用いて測定が図られる。拡散的思考とは，多様な観点からなるべく多くのアイデアを生み出すことである。拡散的思考課題としては，UUT（Unusual Uses Test）がよく知られている。これは例えば，ハンガーなどのありふれた物に関して，本来の使い方とは異なる使い方をなるべく多く考えさせるというものである。生み出されたアイデアは，流暢性や視点の柔軟性，独自性などの観点から評価される。洞察課題とは，答えが設定されているが，解決のためにはある種の発想の転換が求められるものであり，例えば，図7-4に示す9点問題が挙げられる。

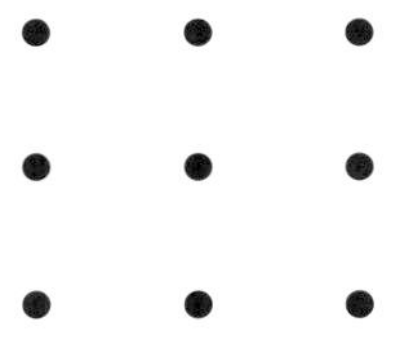

9つの点すべてを，一筆書きの4本の直線で結ぶ方法を考えよ。
図7-4　9点問題（解答は章末）

　従来の知能検査では，物事をよく理解し知っていること，定められた解をなるべく速く正確に導き出すことが，主に求められているといえる。それに対して，創造性は，既知の事柄からはむしろ離れて，これまでにない新しいものを生み出すことが求められる。さらに，解の内容も1つに限定されない。創造性の高い人物とそうでない人物とを分ける要因について，メドニック（Mednick, 1962）は，連想的階層という概念を用いて説明を試みた。脳内に保持されている情報は，別々に切り離された状態で存在するのではなく，関連性の強さに沿って互いに結びつき合いながら存在している。思考においては，連想の働きによって，いろいろな情報を活性化させながら進めることになる。創造性の低い者は，連想強度の高い情報，いわば誰でもすぐに思い浮かぶ情報だけをもとに，考えようとする。一方で，創造性の高い者は，より連想強度の低い情報にも注意を向け，活性化させようとするため，非凡なアイデアが生み出される可能性も高まるということである。創造的知能は，プロセスの面においても，他のタイプの知能とはかなり違いがあると推測される。

　創造性と，古典的な形式の知能検査における成績との関係性について，閾値理論という説がある（Getzels & Jackson, 1962）。閾値という言葉は聞き慣れないかもしれないが，一定の値を境として，状態が大きく変化するということである。つまり，一般知能としてのIQに関して，120程度以下の者の間では，IQと創造性が正の相関を示し，IQが高いほど創造性も高くなるという関係にある。しかし，IQが120を超える者の間では，あまり相関が見られなくなるとされる。このことから，創造性の発揮において，一般知能も重要な役割を果たすが，それだけでは限界があると考えられている。一方で，近年の研究では，閾値は存在しておらず，どの区分でも正の相関が見られるという知見（Preckel et al., 2006）や，従来の閾値理論とは逆で，むしろIQの高いグループの方が相関が大きいという知見（Sligh et al., 2005）も報告されている。知能の類型を探るとともに，それぞれのタイプの知能がどのように関連し合っているのか，今後も検討していくことが必要である。

確認テスト④

　メドニックの連想的階層という概念に基づき，創造的な人物における特徴について200字以

内で説明しなさい。

6. 知 能 観

　知能が何なのかを科学的に解明しようとする営為とは別に，私たちは誰でも，知能に対して何かしらのイメージを抱いている。そうしたものは，「知能観」と呼ばれる。代表的なものとして，「実体的（固定的）知能観」「増大的知能観」という種類がある（Dweck & Leggett, 1988）。実体的知能観とは，知能の高さは変えることができず，生まれつきのままだとする見方である。それに対して，増大的知能観とは，知能は変化するものであり，努力によって高められるとする見方である。どちらの知能観をより強く有しているかは人によって様々であるが，あるデータによれば，それぞれ大体 4 割ほどの人が存在しており，残りの 2 割はどちらともいえない中間的な人だとされる（Hong et al., 1999）。

　どのような知能観が形成されているかは，その人の認知や行動に影響を与えていることが知られている。例えば，原因帰属（8 章参照），すなわち，自身の行動の成功や失敗の結果に関して，その原因がどのような側面にあると解釈するかという点において，違いが見られる。日本の大学生を対象としたある調査（市村・井田，2019）では，テスト成績が悪かった原因を何に求めるかがたずねられた。分析の結果，実体的知能観が高いほど，普段の努力に原因を帰属させないこと，その一方で，増大的知能観が高いほど，普段の努力やその時の体調に原因を帰属させることが示された。原因帰属の仕方の他にも，知能観の違いによって，目標設定や自身の行動に対する調整の仕方などの側面に差異が見られることが指摘されている（Dweck & Master, 2008）。表 7-2 にその一例を挙げる。

　こうした内容を見てみると，知能観の影響は学習活動全体にわたっており，増大的知能観に比べて，実体的知能観を有していることは，あまり望ましい結果につながらない可能性が高いと捉えられる。そのため，知能観の変容を促す介入によって，学習活動を向上させようとする試みもなされている。例えば，ブラックウェルら（Blackwell et al., 2007）の研究では，中学生を対象として，増大的知能観の形成を促すような教育的介入が行われた。内容としては，「知能は高められる」というテーマで書かれた文章を読ませるというものや，神経回路網を模した迷路を用いて，学習がいかに脳を賢くするかを学ぶ活動，初めはうまくいかなかったけれども，後でうまくできるようになったことを思い出させて，失敗がいかに重要な役割を果たしているかという点について話し合わせる活動，などが含まれた。介入の結果，実験群は対照群に比べて，授業中の動機づけが高められるとともに，成績に関しても改善傾向が認められた。

　知能をどのような性質として認識するかは，その人の様々な経験の蓄積によって決まってくる。他の人の努力している姿は見えづらく，優秀な人に出会った時には，つい「生まれつき優

表 7-2　知能観の違いが各側面に与える影響（Dweck & Master, 2008 をもとに作成）

項目	実体的知能観	増大的知能観
目標は？	犠牲を払ってでも自分を賢く見せること	困難があっても新しいことを学ぶこと
学びの源は？	生まれつきの能力	努力，方略
成功とは何か？	他の人より賢くあること	成長，習得
困難な事象に対する取り組み方	低いレベルの方略の使用，浅い処理	学習と動機づけに対する高いレベルの自己調整
失敗後にとる方略	努力の回避，より防御的な態度	より多くの努力，自己研鑽
困難直面後の成績	低下	同等もしくは向上

秀な人なのだろう」と思ってしまうものである。そうした思い込みを避けるためには，どんな努力をしているのかを聞いたり，一緒に学習や作業に取り組んだりすることが効果的だろう。また，教師や親からのちょっとした言葉かけが，きっかけになる場合もある。ドウェックら（Dweck & Master, 2008）は，問題を速く簡単に解いた時にほめることは，「努力をせずに問題を解けることが賢いことだ」というメッセージを，暗に伝えることになっていると指摘する。すると，生徒は次から簡単な問題を好み，解くのが難しそうな問題は避けるようになるということである。ほめる代わりに，「問題が簡単だったかな」と言い，その生徒が学びを得ることができる問題を与えて，チャレンジングな問題に努力しながら取り組むことに価値があるということを伝えるべきだ，と述べている。

確認テスト⑤

　以下の選択肢のうち，実体的知能観を強く抱いている人物の特徴として，あてはまりやすいと考えられる内容をすべて選びなさい。
　1．点数が悪かったことを自分の努力不足のためと捉える。
　2．他の人に賢く見られるかどうかを重視する。
　3．失敗した後にやる気が低下しにくい。
　4．難しそうな内容はなるべく取り組みたくない。

7．知能研究の今後

　本章では，知能に関するこれまでの研究の流れを，心理学的な知見を中心に概観してきた。人間の知能を解明することは，人類の大きな目標であり，今もなおよくわかっていない部分は大きい。「AlphaGo」と名付けられた囲碁に関するコンピュータ・プログラムが，トップ棋士に勝利したことは，社会的にも大きな話題となった（Silver et al., 2016）。いわゆる人工知能の開発研究は，人間の知能について理解を深めることにもつながる。コンピュータにおける仕組みと比較し，どのような点が共通しており，どのような点が異なっているのかを知ることで，人間の知能の特徴を浮かび上がらせることができる。知能は非常に学際的なテーマであり，様々な学問分野における知見を統合しながら，時間をかけて解明を図っていくことが求められる。

　知能に様々な側面があるとして，その側面ごとで，個人差があるのはおそらく確かである。しかし，それは固定的な差ではなく，長期的に見れば，経験やトレーニングなどによって変わりうるものであるだろう。大蔵虎明という狂言師が，1660年に『わらんべ草』という奥義書を完成させた。その中の一節に，「ぶきようなる者は，わが身をかへり見，おくれじと嗜むゆへ，おひこす」という記述がある。すなわち，不器用な者は，自分自身の行動を反省し，他の者に遅れをとるまいと気をつける。それに対して，器用な者は，初めからそつなくこなせるため，あまり悩んだり，あれこれと試行錯誤をしたりする必要がなく，一定のレベルまでは到達するのが早いが，大成することは難しい。結果，不器用な者の方が，器用な者よりも高いレベルに達することができるということである。同様のことは，知能にもあてはまるだろう。教育や経験といった環境的な要素が，知能の発達に少なからぬ影響を与える。また近年，ねばり強く取り組む態度や自制心などの社会情動的側面が，「非認知能力（noncognitive skills）」と呼ばれ，知能検査では測定できない重要な側面として注目を集めている（Heckman, 2013; 中山, 2018）。一時点における能力や様子だけで，その人物の適性を拙速に判断してしまわないように，注意すべきである。潜在的な可能性はどの者にもあり，どのように働きかけることが望ましいのか

を，常に模索することが必要である。

演習課題

　あなたの身の回りにいる人で，「知能が高い」と感じるのはどんな人か。特徴を具体的に列挙してみよう。従来の見方にとらわれず，それぞれの人の優れていると思う点を挙げるとともに，それを支えているのはどんな知能なのか，探索的に考えてみよう。

【図7-4解答】

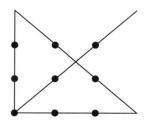

　多くの方は，4本の直線で結ぼうとすると，どうしても1つの点が余ってしまったことだろう。この問題を解決するには，点同士を結んだ線をそのまま延長線上に突き抜けさせる必要がある。9つの点があると無意識に正方形の枠があるように感じ，枠の中だけで考えてしまいがちであるが，その思い込みの存在に気づけるかどうかがポイントとなる。

第 8 章　動機づけ

> **導入課題**
> 　普段の生活の中で自分がやる気になっている時や意欲的に取り組んでいる時を挙げ，やる気にならない場合と何が違うのか，何がやる気につながっているのかを考えてみよう。

1．動機づけとは

　平成29，30年改訂学習指導要領では「主体的・対話的で深い学び」の実現が目指されているが，文部科学省（2017）によれば，「主体的な学び」とは「学ぶことに興味や関心を持ち，自己のキャリア形成の方向性と関連付けながら，見通しを持って粘り強く取り組み，自己の学習活動を振り返って次につなげる」学習である。この「主体的な学び」を実現するために，「興味や関心を持つ」「自己のキャリア形成と関連づける」「粘り強く取り組む」といった点が教育的な課題となる。

　これらの課題に関する心理学的な概念が動機づけである。動機づけとは，行動を生じさせ，その行動を継続し，何らかの目標に方向づける一連の心理的な過程のことをいう。人が何かに取り組むのはなぜか。他の行動ではなく，その行動を選んだのにはどのような理由があるか。ある活動に根気強く取り組む人とすぐにやめてしまう人は，何が違うのか。そのような人間の行動の違いを説明する動機づけの理論について考えていこう。

　上淵（2019）は，動機づけのプロセスを図8-1のように4つの段階で示している。先行要因とは，動機づけのプロセスを引き起こす刺激であり，先行要因によって動機が生じる。動機は行動を引き起こす要因であり，欲求や情動，認知などが挙げられる。これらの動機によって行動が生じ（表出），何かしらの結果が得られる。そして，この結果によって先行要因が変化し，行動が終了する場合もあれば引き続き行動が続く場合もある。

　学校での学習を例に挙げると，まず先行要因として取り組むべき課題が教師より出される。

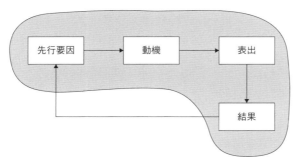

図8-1　循環的な動機づけのプロセス（上淵，2019）

その課題に対して，様々な欲求や情動，認知が生じることによって，動機が高まったり低下したりする。動機が高まれば課題に取り組み，課題を解くことができれば学習は終了する。しかし，課題が解けなければ学習を続けなくてはならない。また，課題に取り組むことによって新しい疑問が生じ，その疑問を解決するために自主的に学習を進めることもあるかもしれない。

　このような一連のプロセスが動機づけであるが，このプロセスがどのように進み，どのような要因が作用しているかについて様々な理論が提唱されている。

2．欲求の働き

　欲求とは人を行動へ駆り立てる心理状態のことである。欲求が満たされてないと欲求不満となるが，それは不快であるため行動を起こして欲求不満状態を解消しようとする。例えば，空腹になると食欲が生じ，食欲を満たすために食事をする。

　睡眠をとるのは睡眠の欲求を満たすため，水を飲むのは渇きの欲求を満たすため，と考えると様々な行動の背景に多くの欲求を考えることができる。マズロー（Maslow, 1970）は，人が持つ様々な欲求を階層的に位置づけた欲求階層説を提唱した（図8-2）。この説では様々な欲求が，生命維持のために必要な生理的欲求，生命の安全や安心を求める安全の欲求，仲間に受け入れられ，愛されたいという所属と愛情の欲求，自分の有能さを感じ，それを他者に認められたいという自尊の欲求，自分の可能性を発揮していきたいという自己実現の欲求の5種類の欲求に分類，整理されている。そして，下層の欲求から上層の欲求へと階層的に積み上げられている。

図8-2　マズローの欲求階層説（Maslow, 1970）

　欲求階層説では，下の階層にある欲求が満たされると上位の欲求が生じると考えられている。食料や水が十分でなかったり，自分の安全が保証されていなかったりする状況では，生理的欲求や安全の欲求を満たすことが優先され，自尊の欲求や自己実現の欲求はそれらに比べると重要ではなくなる。マズローは自己実現の欲求をもっとも上位の欲求として位置づけたが，自己実現の欲求が生じるためには，より下層の欲求が十分に満たされることが必要となる。

確認テスト①

　欲求階層説で，「自分の可能性を発揮していきたい」という欲求は何か。正しいものを1つ選びなさい。

1．生理的欲求　　2．自己実現の欲求　　3．自尊の欲求

3．認知による動機づけ

　認知とは，人が自分自身や周囲の状況を認識し，それらの情報を処理するプロセスのことをいう。動機づけのプロセスにおいては先行要因（例えば，今から取り組む課題）や自分自身（例えば，自分の能力や興味）などについての認知が行われるが，その認知によって動機づけや行動が影響される。

(1) 期待×価値理論

　人の動機づけが認知によって影響されるという理論の1つが，期待×価値理論である。アトキンソン（Atkinson, 1974）は，人が達成行動を行う動機づけは，成功を求める傾向と失敗を避ける傾向の相対的な強弱によって決まると考えた。成功したいという気持ちが強ければ成功するために達成行動を行う。反対に失敗したくないという気持ちが強い場合には，失敗を回避しようと考えるため達成行動は抑制される。行動しなければ，成功もしないが失敗することもないからである。

　この成功を求める傾向と失敗を避ける傾向を決定する認知要因が期待（expectancy）と価値（value）である。期待とは，ある課題に取り組んだ時に成功する主観的確率をいう。主観的であり，あくまで予測ではあるが，難しい課題であれば成功する確率は低いと考えられるし，簡単な課題であれば期待（成功確率）は高くなる。一方，価値とはその課題での成功に対して感じる魅力であり，成功した時の喜びや誇らしさといった感情である。エクレスとウィグフィールド（Eccles & Wigfield, 1985）は課題の価値には様々な側面があるとして，課題に取り組むことに楽しさや面白さを感じるという「興味価値」，課題に成功することが自分自身にとって重要であるという「獲得価値」，成功することが自分の役に立つという「利用価値」，負担や不安といった課題に取り組む時の負の側面である「コスト」の4つに分類している。

　期待×価値理論では，期待と価値は負の関係にあると仮定されており，期待が高い課題であれば価値が低くなり，期待の低い課題に対しては高い価値を感じると考えられている。つまり，難しい課題（期待が低い）であるほどそれに成功した時の価値が高くなり，期待の高い簡単な課題であればその成功にはあまり価値を感じられないのである。さらに，動機づけの強さは期待と価値との乗算（期待×価値）によって決まるとされている。これらから，中程度に困難な課題の場合にもっとも動機づけが高くなると予測される。課題が非常に難しい場合，価値は高くなるが成功確率が非常に低く，失敗が予測されるため動機づけが高まらない。反対に，課題が簡単な場合には成功できるであろうが，成功したとしてもその結果にあまり価値を感じられないため，やはり動機づけは低くなる。すなわち，動機づけを高めようと考えるならば，課題の難易度や価値がどのように認知されるかを考慮し，適切な難易度の課題を与えることが重要となる。

(2) 自己効力

　期待×価値理論で示されたように，人の行動には期待が影響する（図8-3）。バンデューラ（Bandura, 1977）は，この期待を結果期待と効力期待の2つに分類した。結果期待とは，「ある行動をすることで自分の望む結果を得ることができるか」という期待である。例えば，ある参考書を勧められたとしても，その参考書を使った勉強が成績向上につながると思えなければ実際に使うことはないだろう。一方で，成績が上がりそうだと思えばその参考書を使おうと思

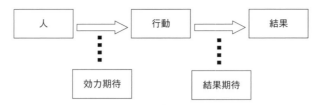

図 8 - 3　効力期待と結果期待（Bandura, 1977）

うはずだ。ある行動を起こすか否かには，その行動に対する結果期待が影響するといえる。

　それに対して効力期待とは，「その行動を自分がうまく実行することができるか」という期待である。ある参考書を使って勉強すれば成績が上がるとしても，その参考書を自分が使いこなせそうもないと感じるならば使おうとは思わない。自分がうまくできるかどうかの認知も，実際に行動するかどうかに影響するのである。バンデューラはこの効力期待を自己効力（self-efficacy）と呼んでいる。

　何かの行動が望ましいとわかっており結果期待が高いとしても，効力期待が高くなければ行動には移さない。ある行動をさせようと考えるのであれば，その行動がいかに良い結果につながるかだけではなく，うまくできそうだと感じられるような働きかけを合わせて行う必要がある。

(3) 達成目標

　達成目標とは，個人が課題に取り組む際に持つ目標である。目標という言葉は，目標の得点とか目標の大学のような具体的な活動の基準という意味で使われる場合もあるが，達成目標とは達成行動を行う上での，より一般的な方向性のことを指す。課題に対してどのような達成目標を持つかが，行動や課題の成績に影響する。

　達成目標は様々な研究者によって理論化がされているが，大きくマスタリー目標とパフォーマンス目標の2つに分類される。マスタリー目標とは，自分の能力や知識を伸ばし，課題に習熟することを重視する目標であり，新しい知識や技能を身につけたり，理解を深めたりすることを目指して課題に取り組む。マスタリー目標の背景には「能力は変化するものである」という増大的知能観（7章参照）があると考えられている。能力は伸ばすことができると考えるからこそ，自分の能力を伸ばそうという目標を目指して行動する。

　一方，パフォーマンス目標は，自分の有能さを他者に示し，高い評価を受けることを目指すものであり，テストで良い点を取ることや，他者と競争して勝つことに関心がある。パフォーマンス目標は「人の能力は固定的で，変えられない」という実体的（固定的）知能観が背景にある。能力が簡単に変えられないのであるならば，今の自分をいかに良く見せるかという方向に関心が向かう。

　では，2つの目標は行動にどのように影響するのだろうか。マスタリー目標を持つ者は自分の能力を伸ばそうとするため，課題に積極的に挑戦する。また，失敗を否定的に捉えず，次の成長のための材料として考えることができる。そして，熟達のために効果的な学習方略を使用する傾向にある。それに対してパフォーマンス目標を持つ者の場合は，失敗は自分の能力が低く評価されるということになるため非常に否定的に受け取られる。そのため，失敗に対して強い不安を感じ，失敗する可能性のある難しい課題や自信のない課題を避けようする。学習方略という点では，理解よりもテストの得点を重視して，丸暗記や単純な反復学習のような浅い処理の方略を使用する傾向にある。パフォーマンス目標によって成績や結果が得られることもあるが，特に難しい課題や失敗しそうな状況では，活動へネガティブな影響を持つといえる。

期待×価値理論での期待とは何か。正しいものを 1 つ選びなさい。
　1．主観的な成功確率
　2．成功に対する主観的な価値づけ
　3．課題に取り組む時の主観的なコスト判断

4．外発的動機づけと内発的動機づけ

　同じ行動をしていても，その理由をたずねてみると同じ答えが返ってくるとは限らない。同じように授業を受けていても自分の好きな教科なら「面白いから学習する」ことができるが，嫌いな教科の場合は勉強しろと言われるので「仕方なく勉強する」ということもあるだろう。このように行動の理由に関する動機づけ理論として，外発的動機づけと内発的動機づけがある。

（1）外発的動機づけと内発的動機づけ

　外発的動機づけ（extrinsic motivation）とは，賞罰や他の人，周りの状況など，自分以外からの影響によって行動するという動機づけである。勉強をするのが嫌いな子どもが，勉強しないと親や先生に叱られるので仕方なく勉強するという場合や，成績が上がったらごほうびをあげると言われて，それを目当てに勉強するというような場合が典型的な外発的動機づけである。この時，勉強は「叱られないため」とか「ごほうびをもらうため」にやるものであり，何かの目的を達成するための手段であるといえる。

　これに対して，内発的動機づけ（intrinsic motivation）とは，自分の興味や関心に従って行動し，行動すること自体が目的となっている動機づけである。楽しいから行動するとか面白いからやるといったものであるが，自分の興味や関心に基づいているので，行動が自発的に起こる。また，他者が関わらなくても興味のある限り行動が続く。このような内発的動機づけの特徴は，「興味や関心」や「粘り強く取り組む」といった「主体的な学び」につながるものであり，教育目標として示されることが多い。

　この内発的動機づけの基盤としては，知的好奇心やコンピテンス，自律性などが挙げられる。自分の知らないものや新奇なものに触れると興味を持ち，それを理解したいという気持ちが生じる。これを知的好奇心という。この知的好奇心による興味・関心が，内発的に動機づけられた「知りたい」「理解したい」という学習へつながる。コンピテンスとは「有能さ」とも呼ばれ，「○○ができる」というような自分の能力についての感覚である。人にはコンピテンスを感じたいという欲求があり，何かに取り組んで成功することで自分に能力があることを確認できる。「自分はできる」というコンピテンスを感じるために，様々なことに内発的に取り組んでいくのである。そのためには，適切な難しさの課題を見つけて挑戦することが必要となる。そして，自律性とは，自分自身が主体的に行動を決めているということである。人は，自分のことを自己決定したいという欲求がある。そして，あるものに対する興味や関心は，他者に決められて押し付けられるものではなく，自分から見つけ出し選び取っていくものなのである。知的好奇心やコンピテンス，自律性へ教師が配慮することで学習者の内発的動機づけを高めていくことが可能となる。

（2）自己決定理論

　内発的動機づけ－外発的動機づけという二項対立的な捉え方は広く知られているが，自己決

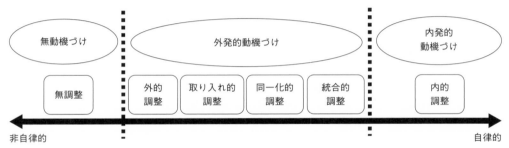

図8-4　自己決定理論における動機づけモデル（Ryan & Deci, 2000をもとに作成）

定理論（Self-Determination Theory: Ryan & Deci, 2000）では，この2つの動機づけを統合的に捉えている。

　外発的動機づけは外部からの働きかけによる動機づけである。働きかけといっても様々なものがあるため，動機づけのあり方もいろいろなものが考えられる。例えば，「勉強をしないと親や先生に叱られるので勉強する」というのは，典型的な外発的動機づけである。しかし，「今やっている勉強はそれほど楽しいとは思わないが，これが自分の夢や将来の目標には必要なので勉強する」という場合もあるだろう。この時，勉強そのものが楽しかったり面白かったりするわけではないので，内発的動機づけとはいえない。しかし，他者に無理やりやらされているのではなく勉強の重要性を自分なりに感じており，典型的な外発的動機づけと区別することができる。自己決定理論では，このような多様な動機づけを理解する視点として，自律（自己決定）という概念を重視している。そして，ある行動がどのくらい自律（自己決定）的に生じているのかという観点から，動機づけを整理している。以下，図8-4をもとに説明する。

　様々な動機づけの中で，もっとも自律性が低いものが無動機づけ（amotivation）である。これは動機づけが生じていない段階であり，行動も生じない。その次に位置するのが外発的動機づけであるが，先ほど述べたように外発的動機づけには様々な種類が考えられる。外発的動機づけの中でも自律性が低いものが，外的調整（external regulation）であり，外部からの圧力，例えば報酬や罰などによって行動するものである。2番目に自律性が低いタイプの外発的動機づけは，取り入れ的調整（introjected regulation）であり，成功した時の達成感・有能感を求め，失敗した時の不安や恥ずかしさを避けるために行動するという動機づけになる。これらより自律的な外発的動機づけが，同一化的調整（identified regulation）である。この段階では，活動の価値を自分の中に受け入れている。活動が自分にとって重要で価値のあるものだと受け止められており，「必要だから勉強する」とか「自分にとって大事だから勉強する」ようになる。外発的動機づけの中でもっとも自律性の高い段階が統合的調整（integrated regulation）である。統合的調整は，活動の価値が自分の中の他の価値や欲求と矛盾することなく調和している。例えば「人には優しくするのが良い」という価値観を持っている人にとっては，「電車で席をゆずる」のは自分の価値観と一致した行動であり，統合的調整によるものといえる。そして，もっとも自律的な動機づけが内発的動機づけである。内発的動機づけは，自分の興味や関心に基づいて行動するため，外部から働きかけは必要としない。外部からの働きかけではなく，自分自身の興味に従って活動に取り組むため，動機づけの中でももっとも自律的なものとなる。

　学習への動機づけという観点からは，無動機づけ・外的調整・取り入れ的調整のような外部からの働きかけが必要な動機づけよりも，同一化的調整・統合的調整・内発的動機づけのような自律的な動機づけの方が望ましいといえる。例えば，数学が苦手な生徒が「こんなことをやって何の役に立つかわからない」というのを耳にすることがある。これは学習内容が自分の将来や日常生活とどのように結びついているかを理解できていない状態であり，同一化的調整の段階に至っていないといえる。もし，数学が経済の仕組みや商品の流行など，世の中の様々な出

来事を理解するのに役立つことがわかれば，積極的に勉強に取り組むことができ，それにつれて成績なども上がってくるだろう。また，自分の将来や目標にとっての重要性を考えることは，「主体的な学び」における「自己のキャリア形成と関連づけ」た学習にもつながる。理科は，苦手とする子どもが少なくない教科の１つであるが，なかには昆虫の生態や天体について驚くほど詳しい知識を持った子どももいる。それは，彼らが親や教師からいわれて嫌々勉強したのではなく，「興味や関心」を持って勉強したから，つまり内発的動機づけによって学習したからであろう。このように自律的な動機づけの育成が「主体的な学び」の実現に非常に有効であると考えられる。

確認テスト③

　外発的動機づけの中で，学習内容が自分にとって重要で価値のあるものだと考えて取り組むのはどれか。正しいものを１つ選びなさい。
　1．外的調整　　　2．取り入れ的調整　　　3．同一化的調整

5．原因帰属

　テストの結果が悪かった時に「何がいけなかったのだろう」とふりかえったり，良かった時に「あれがあったから良い点がとれたのだ」と考えたりすることがある。ある結果の原因を何かに求めること（帰属する）ことを原因帰属（causal attribution）と呼ぶが，どのような原因帰属を行うかによってその後の行動や動機づけが影響される。

（1）原因帰属と動機づけ

　ワイナー（Weiner, 1972）は，学習場面での原因帰属の枠組みとして統制の位置と安定性の２次元を提唱した（表8-1）。統制の位置とは，原因が自分の内側にあると考える（内的）か，それとも自分以外にあると考える（外的）か，という次元である。一方で安定性とは，その原因は時間が経っても変化したりなくなったりしないものである（安定的）か，不安定なものである（不安定的）かという次元である。この２次元を組み合わせることで４つの帰属因が想定される。

　内的で安定的な原因として，典型的なものは能力である。能力は，その人の内的なものであり，短時間で変化するものではないとみなされるからである。それに対して，内的で不安定的な原因としては努力が挙げられる。努力は自分自身が行うものである（内的）が，その時々で努力することもあればしないこともあるため，不安定な原因となる。一方，外的な帰属因のうち安定的なものは課題の困難度であり，運が不安定な原因となる。

　そして，どの原因に帰属するかで結果に対して生じる感情やその後の行動が異なる。統制の位置次元は結果に対する感情に影響し，内的な帰属が強い感情を引き起こすとされる。例えば，「自分の能力が高かったので成功した（内的帰属）」と帰属すると，誇らしい気持ちになるだろ

表8-1　ワイナーによる原因帰属の要因
（Weiner, 1972）

	安定的	不安定的
内的	能力	努力
外的	課題の困難度	運

う。しかし，「成功したのは簡単だったからだ（外的帰属）」と考えるとあまり誇らしさは感じない。一方で，「失敗したのは能力が低いからだ」と帰属すると，恥ずかしさを強く感じる。

これに対して安定性は，その後の結果に対する期待に影響する。原因が安定しているならば，次回の結果も今回と同じようになると期待する。しかし，不安定な要因に帰属した場合には，次の結果は今回とは変わるかもしれないと考えるのである。失敗した時に安定的な帰属（例えば，能力）をすると，次もまた失敗するだろうと予測し，動機づけが低下するだろう。しかし，不安定的な帰属（努力）をすれば，「次，がんばって努力すれば，今度は成功するかもしれない」と考えることができ，動機づけが維持される。

原因帰属そのものは動機づけではないが，動機づけに強く影響する要因である。何かの結果に対してその原因を考えることはしばしば行われるが，それが客観的で正確なものではない場合もある。動機づけが低下してしまうような帰属をしている場合には，その帰属を修正することで動機づけを高めたり維持したりすることが可能になるだろう。

(2) 学習性無力感

原因帰属によって動機づけが低下する例として，学習性無力感（learned helplessness）という現象が知られている。学習性無力感は，もともとは犬を対象とした実験で見出されたものである。セリグマンとマイアー（Seligman & Maier, 1967）は，イヌに対して電気刺激を与えるという実験を行った。その時，電気刺激は犬の行動とは関係なくランダムに与えられており，イヌにとっては電気刺激をコントロールすることができない（統制不可能な）経験になる。このような経験を繰り返ししたイヌは，その後，電気刺激を避けることができるようになっても積極的に避けようとしなくなってしまった。これは，統制不可能な状況に置かれることによって，無力感が学習されたのだとされた。

エイブラムソンら（Abramson et al., 1978）は，この学習性無力感を人間に適用できるように改訂を行った。改訂学習性無力感理論では，人が学習性無力感状態になるかどうかは，どのような原因帰属が行われるかによるとされている。原因帰属の次元は，内在性（内的－外的），安定性（安定的－不安定的），全体性（全般的－特殊的）の3つが考えられており，自分が統制不可能な経験をした時，その原因を内的で安定的で全般的に帰属するほど学習性無力感に陥りやすいとされている。例えば国語の成績が，がんばってもなかなか上がらない時に，「自分は頭が悪いから」と考えたとしよう。これは，自分の知的能力がなく（内的），簡単には向上しないもので（安定的），他の教科の成績も悪くなるだろう（全般的）と考えるため，学習性無力感になりやすいといえる。

また，こうした帰属の傾向には個人差があると考えられている，つまり，学習性無力感になりやすいような帰属を行いがちな人もいれば，そういった帰属をしない人もいるのである。このような帰属の傾向を帰属スタイルと呼ぶが，学習性無力感を防ぐには，その人の帰属の傾向を学習性無力感になりにくいものへと変えていくような働きかけが考えられる。

確認テスト④

ワイナーの帰属理論では，努力帰属はどのような帰属因として考えられているか。正しいものを1つ選びなさい。
　　1．内的で安定的
　　2．内的で不安定的
　　3．外的で安定的
　　4．外的で不安定的

演習課題
1. 様々な動機づけ理論で，どのような動機づけのあり方が望ましいとされているかまとめてみよう。
2. 子どもの動機づけを伸ばすために，教師にはどのような働きかけが求められるか考えてみよう。

第 9 章　教授方法

導入課題
　子どもたちは，学校生活の大半を授業時間の中で過ごす。そのように考えると，授業は，学校におけるもっとも重要な教育活動といえるだろう。「良い授業をしたい」という思いは，おそらくすべての教師が共通して持っているものと考えられ，教職志望の読者のみなさんもそう思っていると推察される。では，良い授業とは果たしてどのような授業だろうか。あるいは，みなさんがこれまで受けてきた授業の経験の中で，良い授業だと思うものはどのような授業だっただろうか。そして，みなさんが教壇に立った時，そのような授業をするためにどのような工夫をする必要があるだろうか。みなさんの現時点での考えをまとめてみよう。

　本章は，教授方法について，いくつかの視点や代表的な方法を紹介する。上記の導入課題に対する自分なりの考えを念頭に，本章の内容と関連づけながら読んでほしい。その中で，子どもたちの学びを支える教授方法のあり方や，その留意点等について理解を深めていこう。

1．授業の設計

　先に取り上げた「良い授業とは」という問いについては，様々な答えがありうると思われる。しかし，1つの考え方として，「授業者の設定した目標が授業を通して達成できたか」という視点は重要なものであろう。授業とは，子どもたちに学んでほしい事柄があり（すなわち，教育上の目標があり），その目標を達成するために行われるものである。したがって，授業を通して目標を達成したと評価されるかどうかは，良い授業を考えるうえで1つの重要な視点と考えられる。

(1) メーガーの3つの質問
　目標と教授方法，そして評価の関係性について，もっとも端的に表現しているものが，メーガーの3つの質問である。メーガー（Mager, 1962）では，効果的な教育のために重要な考えとして，次の3つの問いが提示されている。

①教えなければならないことは何か？
②それを教え終わったということは，どうしたらわかるか？
③それを教えるためには，どのような教材と教授方法が，もっとも優れているか？

　上記は①から順番に考える必要があり，①は目標，②は教育評価，そして，③は教授方法（指導）の問題にそれぞれ該当する。授業づくりにおいては，これら3つの整合性がとれているこ

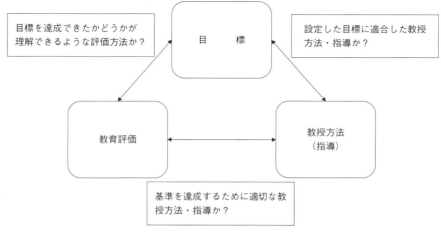

図9-1　メーガーの3つの質問

とが重要である（図9-1）。つまり，教授方法を考える際には，学習目標や評価の問題と常に
セットで考える必要がある（教育評価については11章を参照）。本章では，2節以降でいくつ
かの教授方法を紹介する。また，10章では協同的な学びやICTを活用した教授方法が紹介さ
れる。しかし，いずれの教授方法においても，異なる長所や短所がある。当該の授業や単元を
通して，学習者のどのような学力の側面へと働きかけたいのかに関わる目標，そして評価方法
とすり合わせながら，これらの教授方法を選択したり組み合わせたりする視点がまずは肝要と
いえる。

（2）ADDIEモデル

　メーガーの3つの質問をさらに進めて，授業を作るプロセスを考えてみよう。授業を設計す
る基本的な考え方の1つに，教育工学の分野で生み出されたインストラクショナルデザインの
一般的モデルであるADDIEモデルが挙げられる（Gagné et al., 2005；稲垣，2019）。ADDIE
モデルという名前は，「Analysis（分析）」,「Design（設計）」,「Development（開発）」,「Implement
（実施）」,「Evaluation（評価）」の5つの構成要素の頭文字からなる（図9-2）。
　まず，「分析」では，子どもたちの現時点における学習内容に対する理解状況（学習内容に
ついて何をどの程度理解しているのか）や，子どもたちの持つ特性・スキルなどについて整理
する。このような情報は，学習者の既有知識に合わせて単元や授業のコンテンツをどう構成し
ていくかということにももちろん関わるが，教授方法との関係を考える上でも重要な情報にな
る。例えば，他者との協同的な学びを展開しようと思った時に，子どもたちに必要な社会的ス
キルや協同に対する態度が備わっているかどうかは授業の成否に関わる重要な問題である。そ

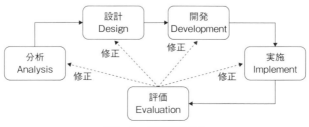

図9-2　ADDIEモデル

のため，子どもたちの中でこのような土台が十分に整っていないと考えられる場合は，必要に応じて生徒指導場面等の授業外の時間とも関連づけつつ，そこから支援を考える必要がある。また，授業を通して子どもたちがどのような姿になっていることを目指すのか，学習目標や成果の明確化もこの段階で行う重要な作業である。このように，学習者に対する入口と出口の姿に関する分析がこの段階には含まれる。

　次に，「設計」の段階である。この段階では，分析の結果に沿って授業の設計図を描く。教育実習や研究授業では，学習指導案を作成することがあるだろう。このように，授業者が何の内容をどのような流れや方法で進めるのか，そしてどう評価するのかというシナリオを組むのが「設計」の段階となる。その次の「開発」では，設計をもとにして具体的に授業の実施に向けた準備を行う。例えば，学習環境や用いる情報機器の準備，そして，子どもたちの学びを促すための教材の開発が含まれる。ここでは，子どもの主体的な学びを支援するためのしかけ（cf. 鹿毛，2019）をいかにつくるかが重要な問題となる。

　次に，開発した授業を「実施」する段階に移る。授業では，想定外のことが起こることも多々ある。したがって，教師は構想した授業をそのまま忠実に実行するというよりも，教室というライブの場において子どもたちの反応をつぶさに観察し，即興的に対応するという姿勢が重要であろう。そして，授業は実施したら終わりではない。実施の後，「評価」の段階へと移る。ここでは，授業を実施してうまくいった点や反省点・改善点などを探り，ここまでの各段階について修正や改善へとつなげることが求められる。このように自身の実践を問い直し，学び続ける教師の姿勢は，反省的実践家（reflective practitioner; Schön, 1983）という概念からも重要視されている。

　ADDIE モデルは，学校段階や教科の違い，そして，授業形態によらない汎用性の高いモデルである。教育の専門家として常に学び続ける姿勢を持ち，このようなサイクルを丁寧に回すことが授業者としての成長につながり，ひいては冒頭で考えた良い授業の実践にも少しずつつながっていくと考えられる。

確認テスト①

　以下に書かれている内容は，ADDIE モデルのうちどの段階にあたるか答えなさい。
　1．学習する単元についての評価方法や評価基準について設定する。
　2．授業の後に，授業に関する事後検討会を行う。
　3．学習する単元に関して，子どもたちがどのような知識を持っているかを整理する。

2．代表的な教授方法

　本節では，代表的な教授方法について紹介する。まず，科学的な原理や法則について，学習者自身が探究することを通じて推論していく発見学習と，教師が説明を提供する受容学習という2つの大きな枠組みを取り上げる。次に，これら2つの考え方を組み合わせた教授方法として，教えて考えさせる授業という方法を紹介する。

(1) 発見学習

　発見学習とは，ブルーナー（Bruner, J. S.）が提唱した教授方法である。ブルーナーは，特に自然科学教育において，科学者がどのようにそれらの法則や知識を発見するに至ったのかというプロセスを学習者にも追体験させることを提案した。このような発見学習では，学習者が

表 9-1　発見学習の基本過程と具体例（水越，1970 を参考に作成）

段階	説明	具体例（単元「金属のさび」）
①学習課題を捉える	学習者に課題となる事象を詳しく調べさせ，情報を組織化しながら解決すべき課題を明確に把握させる。	鉄を熱したら黒くなった。さらに調べると，色の変化は表面だけで，内部は変わっていない。これはなぜか。
②仮説を立てる	課題を解決しうる仮説を自由に着想させる。なお，この段階での仮説は，思いつき程度の素朴なものでも良いとされる。	(a) すすがついたのだろう (b) 熱でこげて黒くなったのだろう (c) もとの鉄とは別のものになったのだろう
③仮説をねりあげる	学習者自身が設定した仮説を吟味させ，一貫して筋の通ったものになるように修正・改善を加えさせる。また，それと同時に，その仮説を確かめるための具体的な方法についても検討させる。	(a)〜(c) の仮説の確かめ方を考える (a) ならば―こすればとれるだろう (b) ならば―もっと強く熱したら中もこげるだろう (c) ならば―電導性が違うだろう
④確かめる	実験を行ったり資料と照合したりすることで，仮説が正しいかどうかを学習者自身に検証させる。	実験によって，仮説 (a)，(b) が棄却されることを確かめる。そして，質変化という仮説 (c) を確認する。
⑤発展する	明らかになった法則や概念を結合させるとともに，他の場面にもあてはめて妥当性を確証しようとする。	より高次な仮説にまとめる。「鉄は空気と熱によってもとのものとは質の異なる黒いもの (i.e., 黒さび) に変わるのではないか」

主体となって探究的な活動を行うなかで，現象の背後にある構造や法則など，学習すべき知識を学習者自らが発見していく過程を重視している。具体的には，水越（1970）が発見学習の基本過程を表 9-1 のようにまとめている。

　わが国では，発見学習に類する教授方法として，板倉が提案した「仮説実験授業」（e.g., 板倉，1974）が有名である。仮説実験授業は，通常「問題―予想―討論―実験」の順序で進められる。はじめに，問題を提示し，子どもたちにはいくつかの答えの選択肢の中から 1 つを選択・予想させる。その後，子どもたちは自分が予想した理由を述べたり，別の予想をした子どもたちに反論したりするといった討論を行う。このような討論の中で，子どもたちは様々な視点や考え方に触れ，場合によっては予想を変更する。最後に，どれが正解であったかを実験によって確かめる。このような仮説実験授業は，その後理科教育に限らず幅広い学校段階・教科（単元）において展開されている。参考文献も多いので，興味を持った読者は参照されたい（e.g., 板倉，2011）。

　読者も，このような発見学習に基づいた授業を受けた経験はあるだろう。では，発見学習について，その長所や短所を考えてみよう。はじめに長所としては，大きく 2 つの教育効果が指摘されている。1 つ目は，内発的動機づけや学習内容への深い理解の促進である。発見学習においては，子どもたちが現象を説明するための仮説を自ら生成し，それが正しいかどうかを検証する。このように学習者の知的好奇心や自己決定感を土台とすることで，内発的動機づけを促進しやすいことが考えられる。また，内発的動機づけが高まることで，学習内容に関する表層的な暗記を超えて，深い理解を伴った質の高い学びへとつながることが期待される。

　発見学習の教育効果の 2 つ目は，問題解決に役立つスキルや思考法の習得である。先述のように発見学習では，解決すべき問題について，どのような仮説が考えられるのか，それらの仮説についてどのような手続きを踏むと検証できるのかを考えることが多い。これは，私たちが日常生活で直面する課題を解決するためにも有用な思考法であることに気づくだろう。このように，発見学習を通して，仮説検証に関する思考力の育成につながることが考えられる。

　上記のような有効性が指摘される一方で，発見学習にはいくつかの短所や留意点も指摘されている。まず，試行錯誤に時間をかけるため，授業の実施に時間がかかりやすいことが考えられる。そのため，決められた授業時間の枠の中で，どのような内容について発見学習を取り入

れるのかを精査する必要がある。また，既有知識や先行経験の少ない学習者においては発見までの過程に困難が伴うことにも留意する必要があるだろう。

(2) 受容学習

　上述の通り，発見学習は効果的な教授方法である一方で，学習者が発見に至るまでの過程を丁寧にたどるほど時間がかかるというデメリットも指摘される。その点で，教師によって知識内容が伝達され，学習者が受容するという形の受容学習は，効率性の面で優れている。しかし，「そのような授業は学習者にとって退屈で，学習効果も薄いのでは」と考える読者もいるかもしれない。ここで大切になるのは，知識内容の提示の仕方であろう。オーズベル（Ausubel, D. P.）の有意味受容学習は，そのような点について考える上で参考になる。

　オーズベルは，学習について受容学習—発見学習という軸に加えて，有意味学習—機械的学習という軸を用いて 2 軸から整理している。有意味学習とは，学習者が自身の既有知識と学習内容とを結びつけて認知構造へと取り込むといったように，理解を基盤とした学習を指す。一方，機械的学習とは，歴史の年号や英単語を丸暗記するように，理解したり意味を考えたりすることなしに行う学習である。みなさんも，試験直前に重要語句をよく理解しないまま機械的に反復してノートに書いたり唱えたりして記憶しようとした経験はないだろうか。そのような機械的な学習は，苦労の割に効果が薄く，長期的には定着しにくいことが指摘されている（e.g., 市川，2000）。一方で，学習者がすでに持っている知識と関連づけながら，その意味や重要性を理解できるような有意味な形で学習教材が提示されると，学習者は新たな知識を比較的容易に取り込むことができ，効率的で体系的な理解が構築されると考えられている。さて，上述の 2 つの軸（受容—発見，有意味—機械的）を組み合わせると，4 つの教授方法を想定することができる。受容学習を考える上では，機械的な受容学習ではなく，学習者にとって有意味な受容学習（すなわち，有意味受容学習）となるように工夫する必要性が，ここから理解できるだろう。

　では，有意味受容学習を実現するために，教師としては具体的にどのような工夫が考えられるだろうか。オーズベルは，先行オーガナイザーの重要性を強調している。先行オーガナイザーとは，特定の学習に先行して与えられる，学習内容に関連した抽象的・概念的な枠組みや知識のことである。試しに，次の文章を読んでみよう。

> 　この手続きは実際まったく簡単である。まず品物を種々のグループにまとめる。もちろん量によっては，ひとまとめにしておけばいいかもしれない。設備がないためにどこか他に行かなければならないとしたら，それが次の段階になる。そうでないならば，準備はかなり整ったことになる。やりすぎないことが大切である。つまり一度にたくさんやりすぎるくらいなら，少ししかやらない方がまだましである。目先のことだけを考えると，これは重要ではないように思えるかもしれないが，すぐに面倒なことが持ち上がる。そのうえ失敗は高くつく。最初は手続きの全部が面倒なものと思われるだろう。しかし，すぐにも生活の一部となろう。この仕事の必要性が近い将来なくなるとは予測しがたい。とはいえ，断言できる人は誰もいない。手続きが完了したら，再び品物を種々のグループにまとめる。それから，それらは適切な場所に置かれることになる。やがてそれらは再び使用される。そうすると全てのサイクルを繰り返さねばならない。しかし，これは生活の一部なのである。
>
> 　　　　　　　　　　　　　　（Bransford & Johnson, 1972; 佐藤，2013 より転載）

　おそらく，みなさんの多くにとっては何のことを説明しているのか理解しづらく，ましてや上の文章を記憶せよと言われたら辛いものがあるだろう。実は，上記は「洗濯」の手順を示した文章であった。それを踏まえて改めて上の文章を読み直すと，洗濯に関する既有知識を活用

しながら読むことができるため，随分と理解しやすく，また記憶もしやすいことが実感できるのではないだろうか。この例は，洗濯の手順という情報を先行オーガナイザーとして学習者に与えることで，同じ文章でも理解や記憶のしやすさが大きく異なることを示している。なお，先行オーガナイザーには，新しい知識の枠組みや全体構造を述べる解説オーガナイザーや，新しい知識と学習者がすでに持っている知識との相違点や類似点を述べる比較オーガナイザーなど，いくつかの種類がある。

　授業における先行オーガナイザーの活用場面としては様々なものがあるが，その中でも予習の重要性が指摘できる（篠ケ谷，2016）。授業で扱う学習内容について，教科書や教材等を用いて事前に先行オーガナイザーとなる知識・情報を与えることで，授業時の理解が促進されることが期待される。学習内容について，子どもたちの記憶への定着を促す支援を考えた時，一般的には復習に注目することが多いかもしれない。しかし，上記の理論的背景をもとに考えると，授業の効果を高めるために，いかに先行オーガナイザーとして有益な予習課題を学習者に与えるかという問題も重要なものであることが理解できるだろう。

(3) 教えて考えさせる授業

　ここまで，代表的な教授方法として，発見学習と受容学習という大きな概念的枠組みを紹介してきた。次に，これら2つの枠組みを統合した教授方法として，市川が提案した教えて考えさせる授業（e.g., 市川，2008）を見てみよう。

　教えて考えさせる授業が提案された背景には，受容学習に対して「教え込み」という批判がなされ，「子ども主体」などのキーワードのもと「教えずに考えさせる授業」が良いものとされていた1990年代の教育界の動向が指摘される（市川，2008）。具体的には，単元の導入部から子どもたちに自力発見や協同解決を促し，教師からの解説などをほとんど行わない授業などがそれに該当する。このような授業に対し，教えて考えさせる授業では，基本的な知識は教師から説明し，学んだ知識を用いながら問題解決を行うことを通じて知識の習得を図る。そこには，「思考の材料となる知識があってこそ，質の高い問題解決活動を行うことができる」という考え方が土台にある。

　教えて考えさせる授業は，表9-2に示した左段の段階レベルに沿って進めることが提案されている。まず，予習や教師からの説明を通して，子どもたちに知識や情報を提示する。ここでは，教材や教具，操作活動などを工夫し，わかりやすいインプットを心がける。教師主導で説明する場合も，子どもたちと対話したり，時折発言や挙手を通じて理解状態をモニターしたりする姿勢を持つことが重要である。

　ただし，教師が説明の段階でいくらわかりやすい説明を意識したとしても，学習者にそれが常に期待通り通じるとは限らない。そこで，次にアウトプットを通して理解を確認し，そして深めていく。理解確認の段階では，上の説明で「わかったつもり」の学習者がいることにも留意しながら，それぞれの子どもの理解状態の把握を試みる。ここでは，教科書や教師の説明したことが理解できているか確認するために，子ども同士の説明活動や教え合い活動を行うことが多い。これは，次の段階である理解深化課題で全員に発展的な問題に挑戦させるための土台（レディネス）を整えるために，重要な段階といえる。

　理解深化の段階では，いわゆる問題解決部分として，多くの子どもが誤解していそうな問題や，教えられたことを使って考えさせる発展的な課題を用意する。小グループによる協同的問題解決を用いることで参加意識を高め，コミュニケーションを促すことが推奨されている。

　最後に，自己評価の段階では，「授業でわかったこと」「まだよくわからないこと」を記述したり，リアクションペーパーによって疑問を提出したりすることを促す。これは，子どものメタ認知（第6章）を促すとともに，教師が授業をどう展開していくかを考えることに活用され

表 9-2　教えて考えさせる授業の構築（市川，2020を参考に一部表現を修正）

段階レベル	方針レベル	教材・教示・課題レベル
教える		
（予習） ※必須ではない	授業の概略と疑問点を明らかにさせる	・教科書や資料を通読してわからないところに付せんを貼る ・まとめをつくる／簡単な例題を解く
教師からの説明	教材・教具・説明を工夫する	・教科書の活用（音読／図表の説明） ・具体例やアニメーションによる提示 ・モデルによる提示 ・ポイント，コツなどを明確化する
	対話的な説明を取り入れる	・説明が一方的にならないように，代表児童生徒との対話を取り入れる ・答えだけでなく，その理由を確認する ・挙手による賛成者・反対者を確認する
考えさせる		
理解確認	疑問点の明確化を促す	・教科書やノートに付せんを貼っておく
	生徒自身による説明を促す	・ペアやグループで，お互いに自分の言葉で説明できるか確認する
	教え合い活動を促す	・わかっている児童生徒に教示させる
理解深化	誤りそうな問題に取り組ませる	・経験上，児童生徒の誤解が多い問題を用意する ・ある主張や問題への解答について，間違いを発見・指摘させる
	応用・発展的な問題に取り組ませる	・より一般的な法則への拡張を試みる ・児童生徒による問題づくりに挑戦させる ・個々の知識・技能を活用した課題を出題する
	試行錯誤による技能の獲得を目指す	・実技教科でのコツの体得を目指す ・グループでの相互評価やアドバイスを促す
自己評価	理解状態の表現を求める	・「わかったこと」「わからないこと」を明確化させる

る。

　近年，教えて考えさせる授業は，学習者の理解や動機づけを高める教授法として注目を集めている。こちらも授業実践の具体例や導入へのポイントを解説した参考文献（e.g., 市川，2020）は多いので，ぜひ各自で発展的に調べて具体的なイメージを膨らませ，理解を深めてほしい。

確認テスト②

　以下に書かれている文章の空欄にあてはまる語句を，語群から選択しなさい。
　（ア）が提唱した（イ）では，学習者が主体となって探究的な活動を行うなかで，学習すべき知識を学習者自らが発見していく過程を重視している。それとは対照的に，教師によって知識内容が伝達される形の教授方法が（ウ）である。ここでは，オーズベルによって（エ）という考え方が重要視されている。近年では，（イ）と（ウ）を統合した教授方法の一形態として，（オ）が提案されている。

【語群】
　ブルーム，ブルーナー，発見学習，教えて考えさせる授業，試行錯誤学習，受容学習，有意味受容学習，機械的受容学習，自己調整学習

3．個に応じた学びを促す学習支援

　教室には，多様な個性を持った学習者が存在する。それらは，発達や知能，動機づけ，価値観，パーソナリティなど，様々な観点から捉えることができよう。また，中には特別なニーズを持つ子どももいる。教師は，必要に応じて同僚や他の専門家とも連携しながら，このように多様な背景を持つ子どもたち一人ひとりの学習を支援するという視点を持つ必要がある。そこで本節では，個に応じた学習の支援という観点から教授方法について考えてみよう。

（1）プログラム学習

　従来型の教師主導による一斉指導型の授業に疑問を抱いたスキナー（Skinner, B. F.）は，オペラント条件づけの理論（5章を参照）を応用して，学習者の個人差に対応した教授方法であるプログラム学習を提案した。プログラム学習では，致達すべき教育目標（目標行動）に向けて学習内容を細かく分割し，難易度に応じて系列的に学習課題が1つ1つ提示される。そして，学習者は自分のペースで問題に答えていき，問題を解くと即座に正誤のフィードバックを受ける。このように，難易度の易しいものから小さな下位課題を順番に達成していくことで，学習者は自身のペースで着実に学習を進めていくことができるとスキナーは考えた。プログラム学習における5つの基本原理を表9-3に示す。

　スキナーが当初考案したプログラムは，課題が直線的に並び，すべての学習者が同一の課題系列に沿って進む「直線型プログラム」であった。これに対してクラウダー（Crowder, N. A.）は，学習者の誤答の種類に着目する必要性を指摘した。学習者の誤答には，概念の理解不足や計算力不足，あるいは別の概念との混同など，それぞれ異なる背景がある。そこで彼は，誤答の種類に応じて異なる学習系列へと分岐させる「枝分かれ型プログラム」を提案した（図9-3）。

　プログラム学習は，その後コンピュータが発達するにつれて，学習過程のより細かなプログラムや学習者の反応に応じた多様なフィードバックが可能となった。これは，CAI（Computer Assisted Instruction）と呼ばれるコンピュータを利用した教育や，e-learningに基づく教育システムの構築とも親和性が高く，現在も様々な形で応用されている。ただし，出題の仕方や学習者がフィードバックを受けた後のふりかえりの指導を丁寧に行わないと，先述した機械的学習へと陥り，知識の断片化へとつながりかねない点には注意が必要であろう。

表9-3　プログラム学習の5つの基本原理（児玉，2020）

	原理	内容
1	積極的反応の原理	学習者自身が自発的に目標を達成すること。そのために，学習者が目標とした行動を生起させ，その行動が強化されやすいような学習環境の設定が重要である。
2	即時フィードバックの原理	学習者の反応には，すぐに正誤のフィードバックを返すこと。フィードバックが遅くなるほど，反応の強化が弱まってしまう。
3	スモールステップの原理	簡単な内容から学習させ，徐々に難易度を高めること。なるべく誤答させないようなシェーピングが学習にも動機づけにも重要である。
4	自己ペースの原理	学習者一人ひとりが自分のペースで学習を進めること。学習者の動機づけを維持するためには，学習者の自律性を保障することが重要である。
5	学習者検証の原理	学習プログラムの良し悪しは，学習が成立するかどうかで判断すること。うまく学習ができなければ，学習者の問題ではなく，プログラムの問題である。

直線型（スキナー型）プログラム

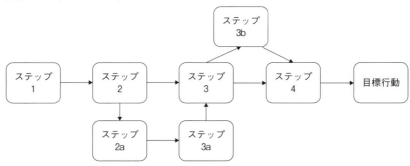

枝分かれ型（クラウダー型）プログラム

図9-3　直線型と枝分かれ型のプログラム系列（中山，2017）

(2) 適性処遇交互作用

　最後に，クロンバック（Cronbach, L. J.）が提唱し，学習者の個人差を考慮した指導の重要性を示す概念として有名な適性処遇交互作用（Aptitude Treatment Interaction: ATI）を紹介する。字面からすぐには意味を理解しにくいかもしれないので，区切りながら説明しよう。適性とは，知能やパーソナリティ，学習への興味や動機づけなど，広く学習効果に関連する心理的個人差を指す（並木，1993）。また，処遇とは，教授方法など学習環境の諸相を指す。そして，交互作用とは，ある要因の効果の大きさが，条件によって異なることを意味する統計学の用語である。すなわちATIでは，学習者の適性によって，同じ指導法でも効果が異なる現象を指摘している。

　ATIの代表的な研究例として，スノーらの研究（Snow et al., 1965）を紹介しよう。この研究では，大学生を2つのグループに分け，片方には教師が対面で教える通常の講義形式の指導法を，もう片方には映像を用いた指導法を行い，いずれも物理学について授業をした。毎回の授業後に教わった内容をどれだけ覚えているか再生テストを行い，その合計点を用いて分析すると，2つの指導法による成績への効果に差は見られなかった。しかし，これらの大学生について，対人積極性の高低によって分けて分析を行ったところ，対人積極性の高い学生は対面による授業を受けた時の成績が高い一方で，対人積極性の低い学生は，映像での授業で高い成績をとっていたことが明らかになった。この研究では，対人積極性というパーソナリティによって，効果的な授業の方法が異なることが示されたといえる。教師は，このように学習者の適性と指導法の間にはある種の「相性」があるという事実を理解し，考慮する必要がある。

　現実的には，多様な個性を持つ学習者それぞれに効果的な教授法を見出すことは，極めて困難である。しかし，ATIという視点を持つことは，子どもたち一人ひとりの個性に向き合いながら柔軟に教授法を工夫したり改善したりする姿勢につながるだろう。このような視点は，学習指導のみならず生徒指導や教育相談の文脈においても，教育上重要な意味を持つと考えられる。

確認テスト③

以下の文章のうち，最も正しいものを 1 つ選びなさい。

1．プログラム学習は，レスポンデント条件づけの原理を利用しながら学習者の個人差に対応した教授方法である。

2．プログラム学習について，クラウダーが当初考案した「直線型プログラム」は，その後スキナーによって「枝分かれ型プログラム」に改良された。

3．クロンバックが提唱したATIでは，学習者の適性によって，同じ指導法でも効果が異なる現象を指摘している。

演習課題

1．冒頭の「良い授業とは」という問いに対して，この章を読み終わった時点で改めて考えてみよう。本章を読む前と比べて，考え方の広がった点や深まった点はあっただろうか。

2．本章の内容は，本書の他の章の内容とそれぞれ有機的なつながりをもつ。本章と他の章で学習した内容を関連づけながら，授業づくりをする際に大切だと思うことをまとめてみよう。

第10章　主体的・協同的学習

導入課題
　「主体的な学び」そして「対話的な学び」それぞれの実践例としてどのようなものを知っているであろうか。あるいは，自分自身が授業を実践するならば，どのようなものが思いつくだろうか。また，教育におけるICT活用の実践例としてはどのようなものが思いつくであろうか。考えてみよう。

　近年の授業改善に関わるもっとも注目を集めるトピックスが，平成29，30年改訂学習指導要領に盛り込まれた「主体的・対話的で深い学び」であろう。では，自らの授業でどうすれば「主体的・対話的で深い学び」を実現できるだろうか。より具体的にいうならば，まず「主体的」な学びを実現するために，どういったところに目を向け，どう働きかければ良いのだろうか。また，「対話的」な学びを実現するために，小グループでの学習が思いつくかもしれないが，その注意点やより良くするための手立てはどのようなものだろうか。そして，急速に広がりを見せている，教育におけるICT活用は，「主体的・対話的で深い学び」を良くするためにどのように進めていけば良いのであろうか。

1．主体的な学びとしてのアクティブ・ラーニングと自己調整学習

(1) 主体的な学びとアクティブ・ラーニング

　主体的・対話的で深い学びという言葉が用いられる前に，それにあたるものとして用いられていたのが，アクティブ・ラーニングという言葉である。アクティブという言葉そのものには対話的という意味はないため，これは主体的という言葉に対応するものと考えられる。このアクティブ・ラーニングという語は様々に定義されているが，よく取り上げられるものが溝上 (2015) による「一方向的な知識伝達型講義を聴くという（受動的）学習を乗り越える意味での，あらゆる能動的な学習のこと。能動的な学習には，書く・話す・発表するなどの活動への関与と，そこで生じる認知プロセスの外化を伴う」というものである。この定義で特にポイントとなるのが，認知プロセスの外化というものである。認知プロセスの外化とは，頭の中で行われる知識理解や思考などの認知プロセスを，書く・話す・発表するなどにより，外に出すということである。認知プロセスを外に出すことにより，自らの認知そのものを客観的に認知することができ，いわゆるメタ認知（第6章）が促進されると期待できる。

(2) 主体的な学びと自己調整学習

　主体的な学びについては，中央教育審議会答申「幼稚園，小学校，中学校，高等学校及び特別支援学校の学習指導要領等の改善及び必要な方策等について」（中央教育審議会，2016）に

おいても論じられている。そこでは「主体的に学習に取り組む態度」の評価に関して，「子供たちが自ら学習の目標を持ち，進め方を見直しながら学習を進め，その過程を評価して新たな学習につなげるといった学習に関する自己調整を行いながら，粘り強く知識・技能を獲得したり思考・判断・表現しようとしたりしているかどうかという，意思的な側面を捉えて評価することが求められる（傍点は筆者による）」と述べられている。これを踏まえると，主体的な学びを考えるにあたっては，自らが目標を持ち，進め方を見直し，その過程を評価するといった「学習に関する自己調整」もポイントになるといえよう。そして，これは心理学において研究が進められてきた「自己調整学習（Self-regulated Learning: SRL）」とも対応するものである。自己調整学習とは「学習者が，自分自身の学習過程に，メタ認知や動機づけ，そして行動の点から，積極的に関わっていること」と捉えられている（Zimmerman, 1989）。

　では，自己調整学習とは具体的にいかなるものだろうか，そして，自己調整学習の過程をより良いものにするにはどうすれば良いのだろうか。これらを考えるため，自己調整学習のサイクルや，学習の自己調整がうまく進められている学習者の特徴，自己調整学習のやり方である自己調整学習方略について考えていきたい。

（3）自己調整学習のサイクル

　私たちが学習に取り組む時，学習中はもちろんのこと，学習前や学習後にも自分自身の学習過程に関わっている。このような学習前，学習中，学習後にわたる学習の過程をまとめたものが，自己調整学習のサイクルモデルである（図10-1）。そこでは，学習の過程として，学習前の段階である「計画段階」，学習中の段階である「遂行／意志的制御段階」，学習後の段階である「自己内省段階」という3つの段階が想定されている（Zimmerman, 1998）。

　このうち，まず「計画段階」では，学習に先立って目標を立てるとともに，目標を達成するための手立てとしての学習方略を選択する。また，この段階には，できそうだという自己効力感や，何を目指して学習に取り組むのかという目標志向性，面白そうだという興味が関連している。

　次の「遂行／意志的制御段階」では，まず学習行動を実際に遂行するための注意の集中が必要である。また，学習を向上させるにあたり，学習をどう進めるのかを自分に指導するという自己指導や，記憶をする時などに心の中でイメージをつくることも重要である。さらに，自らが行っている学習を自分自身で監視する自己モニタリングも重要な役割を果たす。

　最後は「自己内省段階」であり，ここでは自己評価を行うとともに，そこで得られた結果について，なぜそのような結果になったかの原因を考えるという原因帰属が行われる。これらを踏まえて，ポジティブあるいはネガティブな自己反応が生じ，その後に続く学習を，適応的あるいは防衛的に進めていくことになる。

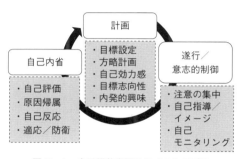

図10-1　自己調整学習のサイクルモデル
（Zimmerman, 1998を一部修正）

　この計画，遂行／意志的制御，自己内省の各段階はサイクルになっており，「自己内省段階」が終わったら，また次の学習に向けての「計画段階」に入っていくというように，循環的に学習過程が進んでいくと考えられている。それでは，望ましい自己調整学習のサイクルとはどのようなものであり，それらを導くにはどうすれば良いのであろうか。

(4) 上達した自己調整学習者の特徴とその指導

　人は誰しも，学習を行う際に，多少なりとも自己調整を行っているはずであるが，それには個人差があり，当然，未熟な人もいれば，長けている人もいるはずである。この点に関して，ジマーマン（Zimmerman, 1998）は初歩の自己調整学習者と上達した自己調整学習者の特徴をまとめている（表10-1）。

　これを見ると，初歩の自己調整学習者は目標が不明確で，動機づけが低く，学習への障害を自分自身でつくるというセルフ・ハンディキャッピングを行い，ネガティブな自己評価を行っている様子が見られる。一方で，上達した自己調整学習者は明確な目標を持ち，動機づけが高い状態で学習に向かっている。また，遂行に集中し，ポジティブな自己評価を行っている様子も見られる。

　学習の自己調整についての指導を行う場合，上達した自己調整学習者の自己調整がより望ましいものであると考えられるため，そのような自己調整につながるような指導が望ましいといえる。例えば，「計画段階」においては，遠い大きな目標ではなく，階層的な目標の設定をさせることが考えられる。こういった階層的な目標の設定によって，自己効力感に関わった「できそうだ」という感覚をより強めることが期待できる。また，「遂行／意志的制御段階」においては，遂行に集中させ，自己指導／自己イメージを行うことを教えるとともに，結果の自己モニタリングではなく過程の自己モニタリングを促すことも重要となるであろう。「自己内省段階」では，積極的に自己評価を行うとともに，得られた結果の良し悪しに関わらず，その結果は能力が原因で得られたのではなく，方略や練習によって得られた（あるいはそれらが不適切であったため得られなかった）と考えさせることが重要である。

　なお，具体的にこれらの指導を行うにあたっては，上達した自己調整学習者の段階の各項目についてワークシートなどを用いながら教師とともに進めていくことに加え，直接的に教示を行い，学習者にこのサイクルそのものについて理解させることも重要であると考えられる。

表10-1　初歩の自己調整学習者と上達した自己調整学習者の自己調整
（Zimmerman, 1998を一部修正）

自己調整の段階	初歩の自己調整学習者	上達した自己調整学習者
計画	定まっていない，遠い目標 遂行目標志向性 低い自己効力感 興味がない	はっきりした，段階的な目標 学習目標志向性 高い自己効力感 内発的な興味
遂行／ 意志的制御	焦点が定まっていない計画 セルフ・ハンディキャッピングを行う方略 結果の自己モニタリング	遂行に焦点が集中している 自己指導／自己イメージ 過程の自己モニタリング
自己内省	自己評価を避ける 能力に原因を帰属する ネガティブな自己反応 不適応的	自己評価を求める 方略／練習に原因を帰属する ポジティブな自己反応 適応的

（5）自己調整学習方略

　実際に学習の自己調整を行うにあたっては，どのように学習を行うのかという学習のやり方である「学習方略」も重要な役割を果たす。ピントリッチら（Pintrich et al., 1993）は自己調整学習において用いられる方略を整理している（表10-2）。そこには，学習内容を整理するなど，学習中の認知における方略である認知的方略が含まれている。それとともに，「『認知』を対象とした認知」であるメタ認知（6章参照）における方略であるメタ認知的方略も含まれている。例えば，自らの理解という「認知」を確認して改善につなげるモニタリングや，自らの将来の学びという「認知」をどのように行うかについての目標を設定する認知であるプランニングといったものがこれにあたる。モニタリングの例としては，「問題について考える」という認知を行いながら，その考えが正しいかを確認すること，プランニングの例としては，「次に何を考えるか」という将来の認知について考えることなどが挙げられる。さらに，自分の外にあるリソースを活用するリソース管理方略もあり，時間や学習環境などの物理的なリソースの管理や，自らの努力といった内的なリソースの管理，そして，他者からの支援などの社会的なリソースの管理がこれに含まれる。

　さて，学習をより良く進めていくことを考えると，それぞれの学習内容に応じた方略を用いるべきである。例えば，国語と数学で学習の際に用いられる学習方略は当然異なるものになる。さらに同じ国語でも，文章読解の時に使われる学習方略と漢字学習の時に使われる学習方略は異なるであろう。このように学習内容ごとに異なる有効な学習方略，あるいは有効ではない学習方略も研究によって示されている。そのため，教科の個別性に応じた自己調整学習を促す上では，教科指導の際に教科内容だけでなく，教科ごとの学習方略も指導していくことが重要となるであろう。

表10-2　**自己調整学習方略の分類**（Pintrich et al., 1993より作成）

全般カテゴリー	下位方略	方略の例
認知的方略	リハーサル	言葉を思い出せるように何度も繰り返して覚える。
	精緻化	言い換えや要約を行う。
	体制化	学習内容を整理する。
	批判的思考	すでに知っていることを新しい状況にあてはめたり，意見について批判的に評価したりする。
メタ認知的方略	プランニング	目標を設定する。
	モニタリング	自らの理解について確認する。
	調整	課題に応じて，読む速さを調整する。
リソース管理方略	時間と学習環境の管理	時間をうまく使う。学習にふさわしい場所を準備する。
	努力調整	退屈な課題や難しい課題でもやり続ける。
	ピア・ラーニング	仲間グループや友人に学習の助力をしてもらう。
	援助要請	必要な時に友人や先生に援助してもらう。

確認テスト①

　以下のような学習行動は，初歩の自己調整学習者に見られるものだろうか，それとも上達した自己調整学習者に見られるものだろうか。また，それぞれの学習行動は，自己調整学習のサイクルモデルにおける計画，遂行／意志的制御，自己内省のどの段階のものであるだろうか。それぞれにあてはまる適切な記号を入れなさい。

	A 初歩の学習者 B 上達した学習者		ア 計画 イ 遂行／意志的制御 ウ 自己内省	
1．良くない結果の原因を「やり方」にあると考え，次はより良い やり方でやろうと考える	(	)	(	)
2．漠然とした大きな目標を立てる	(	)	(	)
3．悪い結果になった時の言い訳にできるようなハンディキャップ を作りながら学習に取り組む	(	)	(	)
4．段階的な目標を立て，自己効力感を持って課題に臨む	(	)	(	)
5．うまく進んでいるか確認しながら学習を進め，必要とあらばそ の進め方を修正する	(	)	(	)
6．学習後にふりかえりを行い，次にうまく進められるように計画 に活かす	(	)	(	)

2．対話的な学びとしての協同学習

(1) 対話的な学びとグループ学習，協同学習

　「主体的・対話的で深い学び」に含まれる「対話的な学び」を実現するために思いつくものが，学級内に小グループをつくり，そこで学習を進めていく，いわゆるグループ学習であろう。しかし，グループ学習を行うことで，良質な対話的な学習が生まれるわけではない。グループをつくり，無策のまま学習者に委ねるだけでは，かえって集団行動によるネガティブな影響を受けることもある。では，そのようなグループ学習ではどのようなネガティブな影響があるのであろうか，また，グループによる望ましい学びを実現するにはどうすれば良いのであろうか。

　集団での行動によるネガティブな影響については，社会心理学の領域において多くの研究知見が積み上げられている。植村（2020）は集団行動によるネガティブな影響として，集団での作業で個人の努力の量が低下してしまう社会的手抜きや，集団での話し合いによってかえって決定の質が低下してしまう集団浅慮といった現象が存在するとまとめている。集団での行動におけるネガティブな影響が出ないよう，小グループを構成して学習を進めるにあたっては，十分な準備が必要である。なお，ここでの集団行動によるネガティブな影響は，集団のサイズが大きくなるほどより強くなるため，集団のサイズを大きくしすぎないことも重要である。この点から考えるならば，いわゆる一斉授業というクラス全体での話し合い学習は，大集団での学習であり，このような影響がより強く働く可能性があることに注意する必要がある。

　さて，杉江（2011）は，形だけのグループ学習を取り入れる問題に関連して，「グループ学習が協同学習ではない」ことに触れながら，協同学習は学びの手法を重ねたものではなく，「協同の考え方」を学習指導の根底に据えるべきであるという「原理」であると述べている。こういった「協同の考え方」にあたるものの1つとして，協同学習において満たされるべき要件が提案されている。ジョンソンら（Johnson et al., 1991）は，互恵的な相互依存関係，対面的で促進的な相互交流，個人の責任，社会的技能の育成と活用，協同活動評価の実施といった要件を掲げている（表10-3）。このうち，最初の3つは互いに関連が強いものであり，積極的な関わりの中で個人とグループに対する責任を持って個人もグループも高め合う関係をつくるために，共通目標の設定，役割分担や資料の共有，個人とグループの評価などの工夫が考えられる。最後の2つも互いに関連するものであり，協同活動の評価を通して，社会的技能の育成が期待される。また，ケーガン（Kagan, 1992）は，ジョンソンらが掲げた互恵的な相互依存関係，個人の責任に加え，参加の平等性，活動の同時性の4つの要件も掲げている。参加の平等性で

表10-3　ジョンソンらによる協同学習の要件 (Johnson et al., 1991を参考に作成)

互恵的な相互依存関係	一人ひとりのメンバーの成功とグループ全体の成功がつながっていて，互いが必要であると自覚できる関係であること
対面的で促進的な相互交流	一人ひとりのメンバーが積極的に目標に向かって取り組むとともに，互いに励まし，取り組みを促し合うような交流を行うこと
個人の責任	個人は自らの目標達成に責任を持つとともに，他のメンバーに必要な援助をすることも含め，グループとしての目標達成にも責任を持つこと
社会的技能の育成と活用	小集団の中での人間関係調整技術であり，質の高い協同ができるための「社会的技能」が身につけられるよう意図的に，明確に指導し，実行できるようにすること
協同活動評価の実施	グループの目標達成や活動に関する評価の機会を設け，次の活動での改善につなげること

は，参加者ができるだけ平等な参加を行うこと，そして，活動の同時性では同じ時間内に同時に活動している人を増やすこと（例えば，30人学級で3人グループの活動をすると，同じ時間に10人が同時に発言できる）の重要性が挙げられている。

　単なるグループ学習ではなく，良質な協同学習を成立させるためには，これらの要件が満たされるよう意識することが大切である。

(2) 集団での相互作用が学習に及ぼす影響とその支援

　集団行動によりネガティブな影響が生まれることがある一方，うまく協同ができることにより，集団での相互作用が多くの効果を生み出すことにもなる。このような，集団での相互作用が学習成果に及ぼす効果に関する研究の知見が，橘・藤村（2010），小田切（2016）においてまとめられている。それらを整理すると，①相互作用の中での他者との食い違い（認知的葛藤）が生まれると認知的な変化が促進される，②他者への説明活動によって，考えがより詳細なものになる（精緻化），③課題を実行する役と監視する役の役割分担が生じることで相互作用によるメタ認知が生じる，④相手と相互的に説明がつくり上げられていく，といったことで学習への効果が生み出されているといえる。協同学習の効果をより高めるためには，教師が協同学習の環境を整備する際に，上記の点が実現されるようにすることが求められる。

　なお，学習成果だけではなく，動機づけや社会性の促進に関しても，良質な協同学習による効果があるという研究の知見も示されている（中西・長濱，2019）。

(3) 協同学習の技法

　協同学習は，言葉の通り，協同による「学習」であり，その学習の主体は学習者である。すなわち，より良い協同学習を進めていくには，教師が学びのハンドルを握るのではなく，学習者に学びのハンドルを握らせる必要があり，教師は学習者の学びがうまく進んでいくようにガイドの役割を果たすことになる。

　先に挙げた通り，形だけのグループ学習を取り入れることには問題があるが，協同学習の研究の中で，協同による学習が活性化されるいくつかの技法が提案されており，適切にこれらを取り入れることで，学習者の学習をうまくガイドすることが可能となる。そこで，ここではいくつかの技法を紹介しておきたい。なお，これらの技法では，協同での活動を行う前に個人思考を行う，ということが大切にされている。個人思考を行ってから協同での活動に臨むことで，話しながら考えることによって考えが浅くなることを避けられ，また，自らの考えをしっかり持つことができる。加えて，いずれの方法についても，どのような道筋（手順・発言者・時間など）によって学習活動が進んでいくかを活動に入る前にしっかりと決め，学習者に伝えることも大切である（これを「構造化」という）。そうしないと，学習者は何をどれくらい行えば

良いかわからず，学習そのものに集中できなくなってしまうためである。

1）ラウンドロビン

ラウンドロビン（Kagan, 1992）は，もっとも基本的な技法と呼べるものであり，以下の手続きで進めていく。1．教員から出された課題について，個人思考を行う。2．グループ内で順番に意見を伝えていく。このやり方に慣れないうちは，グループ内で意見を述べる時の順番や時間配分，役割分担について，教師が指定するのが望ましい。

2）特派員／おでかけバズ

特派員／おでかけバズ（日本協同教育学会，2010：杉江，1999）はグループ内の一部のメンバーが別グループに移動を行い，移動先のグループで聞き取ったものを持ち帰って紹介することで，グループ間での情報を共有する方法である。なお，おでかけバズに含まれているバズという語は，バズ学習から来ているものである。バズ学習とは，フィリップス（Phillips, J. D.）により考案されたバズ・セッションを塩田が学習指導に取り入れたものであり（塩田，1989），全体の討議と小グループの討議によって個と集団の成長を図る考え方である。さて，グループ活動後のクラス全体発表では聞き手の参加度合いが下がるという問題も起きやすいが，この特派員／おでかけバズはクラス全体発表に置き換えられるものである。手順は以下の通りである（図10-2参照）。1．まずはグループ内での意見共有を（ラウンドロビンなどにより）行う。2．グループメンバーの中で他グループに移動する人（特派員）と移動先を指示する。3．移動を行い，移動先で指定された時間，聞き取りを行う。4．時間が終わったら元のグループに戻り，聞き取った内容を報告する。なお，グループ構成等により，他グループに移動させるメンバーの数を変えたり，移動先のグループを変えて3．の活動を複数回行うといったアレンジも可能である。

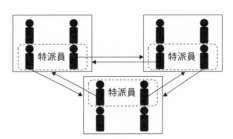

（特派員が別グループに移動しそのグループでの議論を聞き取ってくる。そして，元のグループに戻り，それを説明する。）
図10-2　特派員／おでかけバズの過程

3）ジグソー法

ジグソー法は，もともとはアロンソン（Aronson et al., 1978）により提唱された方法であり，メンバーが教える立場も教わる立場も体験できるように，グループの人数分の資料を準備し，それらをジグソーパズルを組み合わせるように共有して，全体的な理解を目指す方法である。ジグソー法では，個人がそれぞれ資料を担当して共有を行うホームグループでの活動と，その共有を行う前に同じ資料の担当者同士で担当資料の理解を深める専門家グループの2種類のグループを構成して学習活動を行うのが一般的である（図10-3参照）。手順は以下の通りである。1．ホームグループのメンバー数に応じた異なる資料を準備し，担当を決め，まずは個人で資料の検討を行う。2．専門家グループに分かれ，そこで資料の理解を深める。この際，次にホームグループに戻った時にしっかり説明ができるくらいまで，この専門家グループで十分に理解を深めておくことが重要である。3．ホームグループに戻り，担当資料の説明を行う。

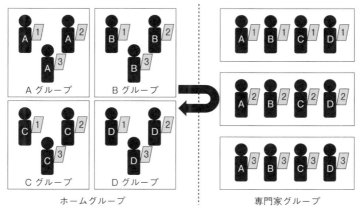

（アルファベットは所属するホームグループを，数字は担当する資料を示している。）

図10-3　ジグソー学習の過程

　なお，1）〜3）で紹介した方法は，グループを決めて，そのグループで協同学習を行うものであった。一方で，教室内を自由に歩き回り，適宜ペアないしグループを構成して情報交換を行い，それが終わったら別のペアないしグループを構成するといった非構造化グループによる，スクランブル（杉江，2011参照）といった技法もある。また，グループでのプロジェクトや問題解決による探究的な学びを行う，グループインベスティゲーション（Group Investigation: GI; Sharan & Sharan, 1992）や PBL（Problem/Project-based Learning; Schmidt et al., 2007）といった技法も存在する。

確認テスト②

　次の文章を読み，内容が正しいものには○，間違っているものには×をつけなさい。

1．（　　）教室内に小グループを設定するだけで対話的な学びが実現する。
2．（　　）クラス全体での話し合い学習はグループ学習や協同学習ではない。
3．（　　）質の高い協同学習を実現するためには，互恵的な相互依存関係が成立することが重要である。
4．（　　）グループでまとめた意見を他のグループに聞き取りに行き，それを持ち帰って説明することでグループ間の意見共有を図る技法はジグソー法という。

3．ICTを用いた主体的・対話的な学び

（1）「令和の日本型学校教育」におけるICT活用

　中央教育審議会答申『「令和の日本型学校教育」の構築を目指して―すべての子供たちの可能性を引き出す，個別最適な学びと協働的な学びの実現―』（中央教育審議会，2021）では，副題にある通り，新しい学校のあり方の中で，個別最適な学びと協働的な学びの実現が求められているが，この実現の手立ての1つとして，ICTの活用が強調されている。また，GIGAスクール構想による一人1台端末の整備やオンライン授業の実施など，教育におけるICT活用は急速に広がっている。それでは，ICTを用いてどのように主体的・対話的な学びを実現する学習環境を整えていけば良いのだろうか。

(2) インストラクショナルデザイン (ID) とは

　教育におけるICT活用を考えた際，ICTシステムを学習に取り入れれば何でも学習効果が上がるわけではない。当然のことながら，学習効果を上げるには，そのICTシステムを使う人に合ったものに設計されている必要がある。そのように，学習に使うシステムを設計する際に用いることができる原理がインストラクショナルデザイン (Instructional Design: ID) である。IDとは「教育活動の効果・効率・魅力を高めるための手法を集大成したモデルや研究分野，またはそれらを応用した学習支援環境を実現するプロセス (鈴木，2005)」であるとされている。ちなみに，IDはICTを利用しない教育場面でも活用されるものである。

(3) さまざまなインストラクショナルデザインモデル

　ここでは具体的なインストラクショナルデザインモデル (IDモデル) を紹介しておきたい。

1) レイヤーモデル

　IDに関するモデルはいくつも提案されているが，それぞれのIDモデルの位置づけを包括的にまとめたものがレイヤーモデル (鈴木，2006；市川・根本，2016) である。このレイヤーモデルでは，「いらつきのなさ (−1)」「ムダのなさ (0)」「わかりやすさ (1)」「学びやすさ (2)」「学びたさ (3)」の5段階のレベルが設定されている。「いらつきのなさ (−1)」では，学びを実現するにあたり，満たされていないと学習者にマイナスの影響を与えるような学習環境の側面を確認するモデル，「ムダのなさ (0)」では学習内容の正確性や妥当性の確認，学びの前提条件の整理，学習の評価を行うようなモデル，「わかりやすさ (1)」ではわかりやすいコンテンツをつくるための情報デザインに関するモデル，「学びやすさ (2)」では学習者の特性に応じながら学習目標を達成するのに的確な方法を追求するようなモデル，「学びたさ (3)」では学びに対する魅力を高めることに関わるモデルがまとめられている。それぞれのIDモデルがどのレベルにあてはまるものかを確かめることで，そのIDモデルで何を目指すのかを考えられるなど，より高次の観点からIDモデルを理解することが可能となる。なお，9章で取り上げられているメーガーの3つの質問については「ムダのなさ (0)」にあたるもの，ADDIEモデルについては「わかりやすさ (1)」にあたるもの，プログラム学習については「学びやすさ (2)」にあたるもの，次に紹介する9教授事象は「学びやすさ (2)」にあたるものと考えられている。また，ここに挙げられていない「いらつきのなさ (−1)」にあたるものとしては，教育の目的や学習活動の詳細，学習者や学習環境の特性，そして経済的・組織的な条件といったものを考慮して，どのメディアを用いるのかを選択する「メディア選択モデル (Moore & Kearsley, 1996)」が挙げられる。「学びたさ (3)」にあたるものとしては，動機づけを高めるためにAttention (注意)，Relevance (関連性)，Confidence (自信)，Satisfaction (満足感) の観点から学習環境を構築していくARCSモデル (Keller, 2010) が挙げられる。

2) 9教授事象

　認知心理学者でもあるガニェ (Gagné, R. M.) は人の学習メカニズムに基づき，効果的に学習を促進する働きかけを9つの事象にまとめている (Gagné et al., 2005；表10-4参照)。これに基づいた学習の流れを考えると，以下のようなものになる。まず学習者の注意を引き (事象1)，次に目標をはっきりと知らせ (事象2)，学習に必要な前提条件や既有の知識を思い起こさせる (事象3)。次に，今回の学習における新たな学習事項を示し (事象4)，これまで学んだことと対比させたり，ヒントとなる情報を与えたりして (事象5)，自ら練習する機会をつくり (事象6)，フィードバックを与える (事象7)。そして，テストなどによって評価するとともに (事象8)，応用できる場面を設定し定着と次の学習への接続を図る (事象9)。教育

表10-4　ガニェの9教授事象

(Gagné et al., 2005を一部修正)

教授事象
事象1　　学習者の注意を喚起する
事象2　　学習者に目標を知らせる
事象3　　前提条件を思い出させる
事象4　　新しい事項を提示する
事象5　　学習の指針を与える
事象6　　練習の機会をつくる
事象7　　フィードバックを与える
事象8　　学習の成果を評価する
事象9　　保持と転移を高める

におけるICT活用に際しても，これら9つの事象を意識したものとすることで，より効果的に学習を促進することが期待できる。

(4) ICTの活用による「協働的な学び」

　学習におけるICTの活用については，一人1台端末を用いて，「個別に」端末に向き合い学習を進めていくというイメージが強いかもしれない。しかし，中央教育審議会答申『「令和の日本型学校教育」の構築を目指して』では，ICTの活用を含んだ「個別最適な学び」の実現が進められる中でそれが「孤立した学び」に陥らないように留意すること，さらに，ICTも活用して，「個別最適な学び」と「協働的な学び」を一体的に充実する重要性が強調されている。

　ICTの活用による「協働的な学び」として，例えば，ある課題について，それに関する議論や情報の共有，制作活動をオンラインで行ったり，個人の成果物を共有して教員が全体に提示したり，さらには学校外の人とつながって学習活動を展開したりすることもできる。こういった学習活動の展開によって，アクティブ・ラーニングで大切に考えられている認知プロセスの外化が行われるとともに，学習成果につながる質の高い相互作用も期待できる。このようにICTの活用は個別の学びだけではなく，協働的な学びにおいても積極的に進められる必要がある。

確認テスト③

　次の文章を読み，内容が正しいものには○，間違っているものには×をつけなさい。
1. （　　）IDのレイヤーモデルは，それぞれのIDモデルの位置づけを包括的にまとめたものである。
2. （　　）ガニェの9教授事象とは，人の学習メカニズムに基づき，効果的に学習を促進する働きかけを9つの事象にまとめたものである。
3. （　　）中央教育審議会答申『「令和の日本型学校教育」の構築を目指して』ではICTを活用した「個別最適な学び」については提案されているが，ICTを「協働的な学び」に活用する必要はないと述べられている。

> **演習課題**
> 　「主体的・対話的で深い学び」を実現するため，自らの授業でどのような工夫ができるか。自己調整学習の支援，協同学習の展開，ICTの活用という観点からそれぞれ述べなさい。

第11章 測定と評価

導入課題
　学力や能力を測定・評価する意義は何か。また，測定・評価を行う方法はどのようなものか。

1．測定・評価の基本概念

　児童生徒の学力や能力を伸ばし発展させていくためには，それらを適確に捉え，子どもが自分の学習をふりかえったり，教師が指導に生かしたり，授業の改善に役立てたりすることが必要である。そのためには，学力や能力を適切に測定するとともに，教育活動全体を的確に評価することが求められる。このように，測定と評価は一体となって児童生徒の発達に寄与するものであるが，領域的に測定は心理学，評価は教育学に含まれることが多く，十分な連携を持たないまま発展してきた感がある。本節では，両者を統合的に理解するために，測定と評価の両方の視点から，教育における測定・評価の基本概念について整理する。

(1) 教育測定と教育評価

　学力や能力を適切に測定するといっても，テストを使う時もあれば，実技を評価したり，授業中の様子を観察するなど，いろいろな方法がある。これらのうち，テストなどを用いて学力や能力を数量的に捉えようとする活動を教育測定（educational measurement）という。数量化することにより，教師の主観などの影響を少なくし，より適切な測定を目指す。つまり，教育測定とは，「学力や能力などに関する客観的な推論を行うために，何らかの尺度を用いて，学習者におけるそれらの特性を数量化すること」である。

　児童生徒の学力や能力には，数量的に捉えられず，かつ非常に重要な意味を持つものも多数存在する。子どもが何につまずいているかを把握したり，指導法を考えたりするには，数量化できるできないに関わらず，また，当該の学力や能力に限らず，関連する様々な情報を収集することが必要である。教育測定よりも広がりのあるこのような情報収集活動はアセスメント（assessment）と呼ばれる。アセスメントとは，「評価や何らかの意思決定を行うために，多様な視点から，対象に関する情報を多面的に収集すること」である。

　児童生徒の学力や能力を伸ばし発展させるためには，教育活動の様々な過程において，教育測定やアセスメントで収集した情報を吟味して，どのような教育・学習が展開されていたかを検証し，改善していくことが求められる。この一連の過程を教育評価（educational evaluation）という。つまり，教育評価とは，「児童生徒の発達のために，教育の様々な過程において，集めた情報を用いて教育活動を検証し改善する営み」である。

　教育評価が扱う領域は広範であり，学力・能力の評価，授業評価，教育方法の評価，カリキュ

ラム評価，教員評価，学校評価，教育制度の評価などを含むが，単に教育評価といった場合は学力・能力の評価を指すことが多い。なお，イギリスにおいては，assessmentは子どもの学力の評価，evaluationは教育プログラムの評価を意味する。

(2) 測定・評価の目的

　学力や能力の測定・評価の目的と形態をまとめると表11-1のようになる。評価の目的は，評価を実施する側（実施主体）と評価結果を利用する側（フィードバック先）それぞれにあり（実施主体とフィードバック先が同一である場合も多い），教育現場では，指導，学習，管理，研究の4つが主な目的となる。指導は教師にとっての目的であり，発問，小テスト，定期テストなどを用いて，学習状況の確認，学習支援，成果の確認をすることにより，指導法の立案・展開・改善を行うものである。学習は児童生徒にとっての目的であり，自身の学習を振り返り，成果を確認するとともに，学習方法を見直すものである。管理は教師，学校，自治体，国にとっての目的であり，成績評価，学校運営，施策の検証・決定などに用いるものである。研究は研究者や実施機関にとっての目的であり，現状の確認や改善のために利用するものである。

　情報収集の形態や規模，範囲を表11-1で確認すると，学習内容の確認は学習したトピックに関する発問，学習支援はトピックや小単元における小テストが用いられており，いずれもクラス内で行われる。成績評価はクラスまたは学校単位の定期テストなどで行われる。一方，自治体や国が施策の検証や決定のために行うテストは大規模テストであり，学習指導要領全体をカバーするものである。このように，評価の目的と使われるテストの形態には一定の関係があり，評価を行う際は適切なテストを選択する必要がある。1つのテストに複数の評価目的を持たせようとしても，結局中途半端なものにしかならない。

表11-1　学力・能力の測定・評価の目的と形態

実施主体	目的（実施主体）		規模	範囲	情報収集法	フィードバック先	目的（フィードバック先）	
教師	状況確認	指導	クラス	トピック	発問	児童生徒 / 教師	学習内容の確認 / 学習状況の確認，指導法の決定	学習
教師	学習支援	指導	クラス	トピック，小単元	発問，小テスト，アセスメント	児童生徒 / 教師	学習の展開 / 指導の展開，学習支援	学習
教師，学校	成果確認		クラス，学校	単元，当該期の学習内容	テスト，定期テスト	児童生徒 / 教師 / 学校	学習した内容の確認，復習 / 成果の確認，指導法の改善，成績評価 / 学校運営の検証・決定	
学校，自治体	選抜	管理	学校，自治体	学習指導要領全体	入試	受検者 / 学校	進路決定 / 入学者選抜，学校運営の決定	
自治体，国	施策検証・決定	管理	自治体，国	学習指導要領全体	大規模テスト	自治体，国	施策の検証・決定	
教師，研究者，実施機関	研究		クラス～国	単元～学習指導要領全体	テスト，大規模テスト	教師，研究者，実施機関	現状の確認，改善	
実施機関	相対評価		受検者集団	実施時までの学習領域全体	模試，共通テスト	受検者	現状確認，進路選択	
認定機関	資格認定		受検者集団	当該資格取得に必要な内容	資格・検定試験	受検者	資格取得	

(3) 測定・評価のプロセス

　測定・評価の一般的なプロセスを書くと次のようになる（e.g., 金丸, 2006）。まず，①何を評価するか（評価対象）を明確にする。評価すべきものがわからなければその評価自体が無益

なものとなる。次に，②どのような観点から評価するか（評価規準）を設定する。当該の教育活動において重要なものを捉える観点を設定する。③観点ごとに段階（評価基準）を設定し，適切な評価方法を選択する。評価方法を選択してから評価基準を設定する場合もある。④テストや課題などを用いて評価資料を収集する（測定，アセスメント）。そして，⑤収集した評価資料から児童生徒の学習状況や改善点などを把握し，情報提供やフィードバックを行う（評価）。

　発問でも定期テストでも，程度の差はあるが，測定・評価のプロセスはおよそこのようになる。そして重要なことは，情報提供やフィードバックの後に，教育や学習を振り返り改善すること，すなわち，評価を指導の改善に生かす「指導と評価の一体化」を実践することである。

（4）アセスメント法の分類

　測定・評価におけるアセスメント法の分類を表11-2に示す。なお，選択枝の「枝」は「肢」と書かれることが多いが，テスト・スタンダード（日本テスト学会，2007）では「枝」を用いるように勧められており，最近では「枝」と書くことも多くなっている。同様に，受検者の「検」も，「験」ではなく「検」とされている。

表11-2　アセスメント法の分類

測定における分類		評価における分類		アセスメント法	
選択式	一枝評価式	筆記	客観テスト	真偽法 二値評価法	ポートフォリオ評価
	多枝選択式			択一法 複数選択法	
	多枝利用式			組合せ法 並べ替え法	
構築式	記述式			穴埋め法 短答法	
			自由記述	短文法 作問法 作図法	
	パフォーマンス式	パフォーマンス	課題	論述法	
				成果物・作品 実技・実演	
			プロセス	口述・面接 活動	

　アセスメント法の分類の枠組は測定と評価で異なる。測定ではまず，与えられた選択枝を用いて回答するか自分で何かを構築するかで，選択式と構築式に分ける。選択式は，選択枝の真偽や二値評価を問う一枝評価式，条件にあてはまる選択枝を選ぶ多枝選択式，選択枝をいろいろな回答形式に用いる多枝利用式に分割される。構築式は，記述によるか否かで，記述式とパフォーマンス式に分割される。一方，評価ではまず，書かれたものによる評価か，それとも成果物，作品，実技などによる評価かで，筆記とパフォーマンスに分ける。筆記は，採点が容易で客観性の高い客観テストと，回答の自由度が高く理解の状況をより反映しやすい自由記述に分割される。パフォーマンスは，何かを作り上げる能力を評価する課題評価と，作り上げる過程に目を向けるプロセス評価に分割される。

　枠組みが異なることにより，いくつかのアセスメント法は，測定と評価で扱いが異なっている。空所補充（穴埋め法）や単語で答える問題（短答法）は，測定では記述による回答であるので記述式として扱うのに対し，評価では採点が容易かつ客観的であるとして客観テストに含

める。また，小論文など一定量の文章を書く論述法は，測定では記述による回答なので記述式であるが，評価では成果物としてパフォーマンスに分類する。

　ポートフォリオは，一定の規準・基準に照らして，学習活動の成果や証拠となるものを系統的・継続的に収集したものである（e.g., 岸本，2005）。そこには様々な種類の資料が含まれることから，ポートフォリオを用いた評価は，種々のアセスメント法にまたがるものとなる。

確認テスト①

教育評価の目的が「学習」になる実施主体として，もっとも適当なものを選びなさい。
　1．教師　　　2．児童生徒　　　3．学校　　　4．自治体　　　5．国

2．テストの作成

　学校など多くの教育現場において，テストは対象者の学力や能力を測るものとして多用されている。定期テストの成績や入試など，結果が進路に直接影響することもある。このようにテストは，好むと好まざるとに関わらず重要な役割を果たしている。本節では，テストの設計，問題作成，性能評価について解説する。

(1) テストの設計
　テストを作成・実施するにあたって事前に明確にしておくべきことは，①テストの目的，②対象者，③単元・領域，④能力（認知様式），⑤解答形式，⑥所要時間，⑦項目数，⑧実施方法，⑨必要機材，⑩採点のルール，などである。これらの内容をまとめたものをテスト仕様書という。定期テストなどではこれらの多くが決まっていて，テスト仕様書など必要ないと思うかもしれないが，そのような場合でも⑩の採点のルールは事前に明確にし，児童生徒と共有するようにする。例えば「必要以上のことが書かれていても減点しない」「漢字の誤りは1文字につき1点減点」などの採点基準を事前に伝える。それにより，児童生徒が安心して解答できるだけでなく，教師にとっても客観的な採点ができるという利点がある。

　④の能力（認知様式）は，問題を解くにあたって必要な能力の種類を特定するものである。従来はブルーム（Bloom, B. S.）の提唱による「知識」「理解」「応用」「分析」「総合」「評価」から適当なものを選んで使用することが多かったが，最近では「知識・記憶」「適用」「応用・問題解決」の3領域に分けて考えることも多くなっている（e.g., Downing & Haladyna, 2006）。

　特に定期テストでは，決まった時間の中で一定範囲の学力を満遍なく測定しなければならない。そのためには，単元，能力，項目数の関係を表にまとめたテストの青写真（test blue print）を作成することが勧められる。表11-3は心理統計学講義の期末テストの青写真の例である。全体の項目数や単元ごとの項目数，また各能力への配分は，試験時間や学習内容，解答

表11-3　テストの青写真

単元	能力（認知様式）			小計
	知識	適用	応用	
記述統計	4	1	1	6
推測統計	4	2	2	8
テスト理論	3	1	2	6
小計	11	4	5	20

形式などを考慮して，テスト作成者が決める。

(2) 問題作成ガイドライン

テスト問題は，領域の専門家が作れば簡単に良い問題ができると考えられることが多いが，

表11-4　問題作成ガイドライン（石井ら，2021）

問題の内容
1　問いたいことは何か，問題を解くために必要な能力は何かが明確であること
2　重要な事柄を問うこと。些末なことや一般的過ぎる問いにならないこと
3　正解が問題作成者の価値観に左右されるような問いにならないこと
4　特定の個人や集団に有利または不利な内容にならないこと
5　ひっかけ問題にならないこと
6　高次の能力を測る問題では，受検者にとって新奇な素材を用いること

問題の形式
7　測りたい能力に見合った問題形式を用いること
8　前の問題に対する解答が，後の問題の正誤に影響しないこと
9　「あてはまるものをすべて選べ」という設問は避けること。使う場合は部分点を与えること
10　読解力や思考力を測る記述式問題では字数制限を設けないこと

問題の記述
11　言語レベルを受検者集団に合わせること
12　教示文・本文・設問・選択枝・図表等の記述量を必要最小限にすること
13　教示文・本文・設問・選択枝・図表等の文言をよく校正すること。他の人にも確認してもらうのが望ましい
14　教示文・本文・設問・選択枝・図表・解答欄等のレイアウトや大きさを適切にすること
15　とくに低学年の児童に対して，選択枝は行を変えて1つずつ並べること
16　空所補充問題について，文意が分からなくなるほどの空所を設けないこと

設問部分
17　問いたいことは何か，どのような形式で解答したらよいかを明確・簡潔に書くこと
18　本文や選択枝など他の部分を読まなくても，設問部分だけで何を問われているかが分かること
19　否定表現を使わないこと。もし使う場合は，**太字**や<u>アンダーライン</u>で強調すること
20　一部の受検者にしか分からないような暗黙の前提を用いないこと

選択枝について
21　いずれの選択枝ももっともらしいこと
22　高得点者と低得点者をよく区別できるような，識別力の高い選択枝を用いること
23　正答枝と誤答枝が明確に区別できること
24　不必要に選択枝を増やさないこと
25　明らかな誤答枝やお遊びの選択枝など，余計な選択枝を入れないこと
26　五十音順，数量の大きさ順など，何らかの法則に従って選択枝を並べること
27　正答枝の位置をランダムにばらつかせること
28　「上記のいずれでもない」「上記すべてあてはまる」などの選択枝を用いないこと
29　「〜でない」「〜以外である」など否定表現を用いないこと
30　「絶対に」「常に」「決して」「完全に」など，強意語を用いないこと
31　選択枝は互いに独立であること。内容に重なりがないこと
32　一方が正答枝であれば他方は誤答枝であると分かるような，両立しない選択枝を入れないこと
33　選択枝の長さをおおむね揃えること
34　選択枝の内容や形式などの構造を揃えること

記述式問題の採点に関して
35　問題作成と同時に，評価の観点，採点基準を設定すること
36　評価の対象とする要素，しない要素を明確にすること（誤表記は減点する，乱筆は減点しない，など）
37　正答となるものについて，基本的な基準を設定し，あまり細かな条件設定はしないこと
38　本格的に採点を始める前に，いくつかの解答を採点して，採点基準を精錬すること
39　最初のほうで採点した解答を後で採点し直すなどして，評定の一貫性を保つこと

必ずしもそうではない。もちろん，良い問題を作るにあたって領域の専門家の知見や能力は必須であるが，良い問題を作るためには，良い問題を作るための知識やスキルも必要であり，その一部がガイドラインとしてまとめられている。表11-4に問題作成ガイドラインを示す（石井ら，2021）。問題を作るにあたって，すべてのガイドライン項目を満たす必要はない。各問題の目的に合わせ重視するガイドライン項目を決め，それらを優先的に満たすようにするのが良い（Haladyna & Rodriguez, 2013）。

　ガイドライン項目のうち，特に注意すべきものについて説明する。まず，「5．ひっかけ問題にならないこと」は案外やりがちなことである。ひっかけ問題とは，その問題で本来測るべき能力とは異なる要素が回答に大きく影響する問題である。例えば，「This wine is made（　　）Grape.」のカッコに入る前置詞の正解はbyであるが（Grapeは人名），一見するとbe made of 〜となるように見え，英語力が高い受検者でもofと誤答する者が続出する。逆に英語力が低い受検者が，受動態だからと単純に考えてbyと答えたとすると，この問題で測っている能力は英語力ではなくなる（坪田・石井，2020）。テスト作成者が「してやったり」と思うような問題は，難しい問題ではなく，悪い問題である。難しい問題とは，全体の正答率は低くても，能力の高い受検者ほど正答できる問題である。

　「9．『あてはまるものをすべて選べ』という設問は避けること。使う場合は部分点を与えること」および「28．『上記のいずれでもない』『上記すべてあてはまる』などの選択枝を用いないこと」について，このような形式や選択枝を用いた選択式問題を見かけることも多いが，受検者の能力を適切に測るという目的に反するので使わない方がよい。このような問題を作れるのであれば，1つ1つの選択枝について真偽を問う問題にした方が，児童生徒の理解の程度を細かく捉え，より正確な評価を行うことができる。完全正答か否かでは，受検者を完全正答者とそれ以外の2群にしか分けられない。また，このような形式の問題では，受検者の不安が高まり十分に能力を発揮できなくなるという問題もある。完全正答か否かで採点すれば正答率は低くなり，思考力を問う良い問題のように思うかもしれないが，実際には受検者の能力を適切に測定できない悪い問題である。

　記述式問題の採点に関して，「35．問題作成と同時に，評価の観点，採点基準を設定すること」も重要である。頭の中で何となく考えるのではなく，具体的に書き出すことが求められる。これらを明らかにしておくことにより，何を評価するかを明確にできるとともに，採点のブレを小さくすることが可能となる。ただし，記述式問題は，当初予想していなかった回答が出てくることも多いので，そのような場合は，観点や基準を途中で修正し，改めて採点し直す必要がある。「36．評価の対象とする要素，しない要素を明確にすること」は，テスト仕様書の採点のルールとして事前に決めておくべきことである。

(3) テストの性能評価

　領域の専門家がテスト仕様書や問題ガイドラインに沿ってテストを作れば，それで良いテストができるとも限らない。作成したテストがどういう性能を持っているかは，実際にテストをやってみないとわからない。ここでは，テストの性能を評価する妥当性と信頼性（e.g., 石井，2014）について説明する。

　測りたい能力をテストがどの程度的確に捉えているかを考える概念を妥当性（validity）という。妥当性は，テストの結果がどの程度適切かを反映する様々な状況証拠を集めることによって確認される。証拠にはいろいろな種類のものがある。内容的妥当性（内容的証拠）は，領域の専門家や受検者などの評価によって確認される妥当性である。内容が適切か，もっともらしく見えるかなどについて確認を行う。基準関連妥当性（基準関連的証拠）は，外的な基準値との関連性を証拠とする妥当性である。例えば，定期試験の英語のテストの妥当性を，標準的な

外部英語試験の成績との相関を用いて検討することにより確認する場合などである。構成概念妥当性（構成概念的証拠）は，関連があると考えられる能力や，逆に関連しないと考えられる能力との相関関係を証拠とする妥当性である。

　テストが測っているものがどのくらい高い精度で測られているかを考える概念を信頼性（reliability）といい，測定結果の安定性の程度で評価される。信頼性を評価する指標としてよく用いられるものにα（アルファ）係数がある。α係数は，テストに含まれる問題に対して，各受検者がどの程度一貫した反応をしているかを表す指標であり，値が1に近いほど信頼性が高い。一般に，英語や理数科目は0.9以上，文系科目は0.8以上の値になれば，信頼性が高いと評価される。

　測定の精度が高くても，測りたいものを測っていなければ意味がない。つまり，信頼性が高くても妥当性が高いとは限らない。信頼性が低い場合は精度が低いのでそもそも妥当な測定は行えない。信頼性が高すぎる場合，例えば国語のテストのはずなのに漢字の読み書き問題だけの場合も，国語のテストとしての妥当性は低い。また，どんなに良い国語のテストでも英語のテストにはなりえない。適切な内容の広がりを持って，測りたいもの全体をほどよくカバーしている状態が信頼性も妥当性も高い状態であり，そのようなテストが良いテストである。

(4) テスト問題の性能評価

　個々のテスト問題の性能を評価する手法として項目分析がある。項目分析では，テストを実施して収集された回答データから，正答率，識別力，選択率，無答率などの値を算出し，テスト問題の性能を分析する方法である（e.g., 石井，2020）。10個の多枝選択式問題からなるテストの項目分析を行った結果を表11-5に示す。

表11-5　項目分析表

項目	受検者数	正答率	D値	I-T相関	α係数	削除α	正答	A	B	C	D	無答
X1	150	57%	76%	0.47	0.70	0.66	A	57%	12%	21%	9%	1%
X2	150	50%	93%	0.51	0.70	0.65	C	18%	10%	50%	22%	0%
X3	150	70%	61%	0.44	0.70	0.66	B	12%	70%	14%	4%	0%
X4	150	24%	-17%	-0.27	0.70	0.77	B	21%	24%	15%	40%	0%
X10	150	69%	56%	0.37	0.70	0.68	D	12%	7%	9%	69%	3%

　ほとんどの人が正答できたり，逆に大多数の人が間違える問題は，テスト問題として機能しない。各問題の正答率は0.5付近に分布するのが良く，広く見積もっても0.1〜0.9の範囲に収まるのが望ましい。

　選択式問題の場合，選択率が極端に小さい選択枝は不必要な選択枝である。誤答枝は機械的に作るのではなく，児童生徒が解法を間違った時に選びやすい誤答枝を作成するようにする。選択率が一定程度以上になる有効な選択枝はたいてい3個程度である。まぐれ当たりを防ぐためとして，いたずらに選択枝を増やすことには，意味がないばかりか，出題ミスの原因となるので，避けるべきである。

　無答率が高い問題は難しい問題と考えられがちだが，必ずしもそうとは限らない。学習していないことを聞いている可能性もあれば，何を解答すれば良いのかが受検者に伝わっていない場合もある。このような問題も，難しい問題ではなく，悪い問題である。難しい問題か悪い問題かは，識別力を見ることによってある程度検討できる。

　識別力とは，能力が高い受検者ほどその問題（項目）に正答し，能力が低い受検者ほど誤答

するという傾向の強さである。識別力が大きいほど，ある能力値を境に，正答する者と誤答する者がはっきり分かれる。識別力を評価する指標として，D値，I-T相関，削除αなどがある。D値はテスト得点に基づいて受検者を上位27％，中位46％，下位27％の3群に分け，上位群の正答率から下位群の正答率を引いた値である。I-T相関は，項目得点（正答＝1，誤答＝0）と，当該項目の得点を引いたテスト合計得点との相関係数である。D値もI-T相関係数も0.2（20％）以上の値であることが望ましい。削除αは，当該項目を除いたテストのα係数である。識別力が大きいほど，D値とI-T相関の値は正に大きくなり，削除αはもとのα係数より小さくなる。難しい問題はD値やI-T相関が正の値になる。一方，悪い問題はD値やI-T相関が0に近いか負の値になる。

　表11-5において，問題X4のD値とI-T相関が負の値，削除αももとのα係数より大きくなっており，負の識別力を持った不適切な問題であることがわかる。図11-1は，上位群，中位群，下位群における問題X4の各選択枝の選択率を直線で結んだものであり，このような図をトレースラインという。正答枝の識別力は正の値で，グラフは右上がりになるのが普通である。図11-1をみると正答枝Bのグラフは右下がりで，能力の高い受検者ほど誤答していること，また，能力の高い受検者ほど誤答枝Dを選択しており，不適切は問題であることがわかる。

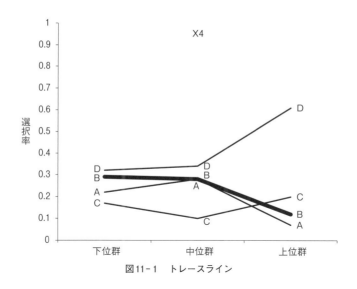

図11-1　トレースライン

確認テスト②

　測りたいものをどの程度適切に捉えているかを考える概念として，もっとも適切なものを選びなさい。
　1．テストの青写真　　2．問題作成ガイドライン　　3．妥当性　　4．信頼性
　5．正答率

3．評価の方法
・・・

　テストやアセスメントによって収集した情報を指導や教育活動の改善に生かすためには，何らかの方法でその情報を分析し，一定の結論を得る必要がある。この過程が教育評価であり，

様々な方法が考えられている。本節では，規準・基準という視点と，目的・時期という視点から，教育評価の方法について解説する。また，評価に影響するいくつかの要因についても整理する。

(1) 規準・基準という視点

　評価における規準および基準とは，例えば「教科への関心」のような評価の観点が規準，「自分から進んで課題を設定し取り組むことができる」「与えられた課題に取り組むことができる」「課題に取り組めないことがある」のような段階設定が基準である。このような評価の観点（規準）と段階（基準）の取り方によって，評価法は，絶対評価，相対評価，個人内評価に大別される。絶対評価はさらにいくつかの方法に分かれており，教育評価の中心的な役割を担っている。

1) 絶対評価

　絶対評価は，あらかじめ評価の観点（規準）および段階（基準）を設定し，それに基づいて対象となるすべての個体を評価する評価法である。絶対評価にはいくつかの方法があるが，いずれにおいても評価の規準や基準の設定の仕方によって結果が変わってくるということに留意する必要がある。

　認定評価は，評価者の中に評価の規準・基準がある評価法である。評価者自身で規準・基準を設定できるので，主観による独断的な判断になりやすいという問題点がある。狭義の絶対評価はこの認定評価を意味する。

　到達度評価は，「〜ができる」「〜がわかる」という到達目標を規準，その到達段階を基準とする評価法である。到達目標には，「繰り上がり計算ができる」など，当該の教育活動で獲得すべき具体的な学力や能力が設定される。学習前の状態の確認（診断的評価），学習過程における理解の状況の把握（形成的評価），学習後の到達度の確認（総括的評価）を行うことにより，教育実践がより効果的になるとされている。到達度評価は，目標が具体的であるのでわかりやすい反面，範囲が狭い，結果しか評価しないなどの問題点が指摘されている。

　目標に準拠した評価は，例えば，ある単元を学ぶことにより身につく学力や能力など，到達度評価よりも大きい教育目標を規準，達成のレベルを基準として評価する方法である。今日の学校教育における通知表は，目標に準拠した評価に基づいて作成されている。複数の目標規準を設定する場合は，評価の規準と基準を一覧表に整理したルーブリックを作成し，それを用いて評価を行う。

　観点別評価は，評価の観点を到達度や目標に限定することなく，評価に必要な多様な観点を設定し評価を行うものである。高次思考力やパフォーマンスの評価など，真正性の高い評価を行う場合に適しており，これらの評価にあたっては，評価基準を詳しく記述したルーブリックを作成する。観点別評価に加え，全体を統合した総合的な評価を行うこともある。

　観点別評価や目標に準拠した評価の問題点は，評価規準や評価基準の設定が容易ではないことである。指導に生かす評価を実践するためには，教育活動に合わせた規準や基準の設定が必要であるが，教育活動ごとにこれらを設定するには多大な労力を要する。かといって機械的に規準・基準を設定すると，個々の教育活動に適さない不適切な評価を行うことになり，教育評価の本来の意味を失う。

2) 相対評価

　相対評価は，広義の絶対評価と対をなすものであり，対象集団を規準，集団の中の相対的位置を基準として評価を行うものである。集団に準拠した評価ともいわれる。相対評価は，集団

の中における相対的な位置を把握できることから，入試などでよく用いられている。かつての通知表の５段階評価は相対評価であったが，個々の児童生徒の成長や教育活動の効果を評価することができないなどの問題点があり，現在は目標に準拠した評価に変わっている。

　偏差値は相対評価の指標であり，対象集団全体の平均を50，標準偏差を10として，個人の得点の相対的な位置を表す値である。偏差値は対象集団に依存するため，同じ個人でも対象集団が違えば偏差値は異なる値になる。また，個人の能力が上昇しても，集団全体の能力も上がっていれば，個人の偏差値は変わらず，学力の伸びが値に反映されないという問題がある。

3）個人内評価

　個人内評価は，対象とする児童生徒ごとに規準・基準を設定し評価する評価法である。児童生徒自身が行う自己評価ではなく，教師などの評価者が，対象とする児童生徒の評価を行うものである。過去の当該児童生徒を基準にして行う評価を縦断的個人内評価，複数の観点から当該児童の得手不得手を検討する評価を横断的個人内評価という。

　絶対評価や相対評価とは異なり個人内評価は，児童生徒ごとに評価の規準・基準を定めるので，当該児童生徒の長所や短所を捉えやすいという特質を持つ一方で，場合によっては認定評価のように主観的，独断的になってしまう危険性がある。個人内評価のみに依拠するのではなく，目標に準拠した評価などを併用して，適切な評価を行うよう心がける必要がある。

（2）目的・時期という視点

　ブルームは，評価を行う目的と時期によって，評価のタイプを，診断的評価，形成的評価，総括的評価に分けた。先に説明した到達度評価は，この考え方を評価の過程に取り入れている。

1）診断的評価

　診断的評価は，単元を学習する前や，学期の始まり，学年の始まり等の時期に，それまでの学習の程度や，今後の学習への準備状況などを確認する評価である。児童生徒の準備状況や学習状況に応じて復習を行ったり，今後の指導計画の立案や授業方法の修正を行ったりする。

2）形成的評価

　形成的評価は，学習の過程で実施され，児童生徒の理解状況を確認する評価である。１つの単元内においては，１回の授業や小単元の後の評価を形成的評価として捉えることもできる。学習の過程において児童生徒の理解状況を確認することにより，指導法を修正したり改善したりして，学習成果の向上を目指す。形成的評価は，評価を指導に生かす「指導と評価の一体化」を実現する重要なアプローチの１つである。

3）総括的評価

　総括的評価は，単元の学習後，学期末，学年末などの時期に，学習の成果を確認するために行われる評価である。学習の成果を児童生徒自身および教師が確認し，学習しきれなかった内容の復習や，指導法の改善などに用いられる。また，成績評価にも利用される。

（3）評価に影響する要因

　相対評価以外の評価は評価者の主観が入る余地が大きい。そこに何らかの要因が影響すると，評価に歪みが生じる可能性がある。そのような要因の例として以下のようなものがある。

　好ましく思っている対象をより好意的に捉える傾向を寛容効果という。普段まじめにしている児童生徒の評価を甘くし，態度が悪いと思っている児童生徒の評価を厳しくすることなどが

あてはまる。

　自分が価値を置くものに優れている対象は他のものにも秀でていると考える傾向を光背（ハロー）効果という。成績の高い児童生徒を性格も良いと考える場合などが考えられる。

　本来は関連のない特性を結びつけて考える傾向を論理的誤謬という。過去に経験したいくつかの事例から，例えば早食いの子は性格が悪いというような強い考えを持つことをいう。

　特定の集団に対する偏った見方を偏見またはステレオタイプという。否定的な見方の場合は偏見，中立的な場合はステレオタイプと使い分けることもある。

　これらの要因は，対象に関する情報が不足している時に発現しやすい。測定・評価にあたっては，十分な量と内容の情報を適切に収集し，目的を明確に意識して，的確な評価を行うことが望まれる。

確認テスト③

「指導と評価の一体化」を実現する評価としてもっとも適切なものを選びなさい。
　1．認定評価　　2．相対評価　　3．診断的評価　　4．形成的評価　　5．総括的評価

演習課題
1．測定，評価の目的および方法について説明しなさい。
2．テストの性能を評価する方法について説明しなさい。
3．「指導と評価の一体化」とはどのようなことか説明しなさい。

子どもの理解と支援

学級経営

> **導入課題**
> 　児童生徒一人ひとりの「主体的・対話的で深い学び」が促進（または阻害）される学級集団の具体的条件を考えてみよう。

1．学級集団を心理学で読み解く

（1）あなたにとって学級集団とは？

　みなさんはこれまでにいくつの学級（クラス）に所属してきただろうか。初等中等教育の12年間，毎年クラス替えがあったという人もいるかもしれない。居心地の良い学級，そうではない学級，きっと様々な状況を経験してきたはずである。最初に，自分自身のこれまでの経験をふりかえって，上の導入課題に取り組んでみてほしい。

　例えば，みなさんが自分自身の経験の中で，学びが促進された経験と阻害された経験のどちらが多いだろうか。学年によって，クラスメートの顔ぶれによって，あるいは1年の中でも人間関係の変化によって異なるかもしれない。また，同じクラスでも，集団から受ける影響は人それぞれだろう。例えば，いじめられた側といじめた側とでは，集団内での立ち位置が異なるので，大人になってふりかえった時にその学級に対する印象も大きく違うことがある。

　そして，この導入課題は，学級集団における居心地の良さをたずねているわけではない。極端な例だが，居心地は良いけれど，決して学習に取り組むような環境ではない場合があるかもしれないし，ある人にとっての居心地の良さが，周囲の児童生徒の学習を妨げているのであれば，それは教育環境として望ましくない。所属しているすべての児童生徒の学習が促進され，同時に，全員にとって安心感のある学級づくりはいかにして可能になるのかを考えてみよう。

　そのために，この章では，子どもたちの「主体的・対話的で深い学び」を支える学級経営という視点から，個と集団の関係，集団の特徴の捉え方などについて，心理学の理論や概念を学ぶことにする。そして，それらの知見に基づく研究成果をもとに，教師としての学級づくりのポイントについて考えてみたい。その際，他の章で学んでいる児童生徒の心身の発達という視点を大事にしながら，教師自身の成長という視点も忘れずに，これからの時代の学級経営の姿を思い描いてほしい。なお，本章の内容を理解する上で重要となるキーワードは「共生社会」である。所属している「すべての児童生徒」にとって，発達および学習の両面でプラスになるような集団づくり（さらには社会づくり）が，ダイバーシティ（多様性）とインクルージョン（包摂）の観点から強く求められている。筆者自身は小学5年から中学1年にかけて約2年間の不登校を経験したが，現在も「いじめ」をはじめ，「排除」されている子どもたちが少なくない。この機会に，これまで学級集団に対してあまり良いイメージを持っていなかった人も，そして良いイメージを持っていた人も，共生社会時代の新しい学級集団の姿を想像しながら，

「排除」ではなく「包摂」のために何が必要なのか考えてほしい。

(2) 集団の分類から考える学級集団

　学級という集団の特徴を捉えるために，集団の分類に関する心理学の知見を見てみよう。クーリー（Cooley, 1909）は，対面での接触がある（face-to-face）親密で協同的な集団のことを「一次的集団（primary group）」と呼んだ。その代表例は家族であり，遊び仲間やクラブ等の友好的な集まりも含まれる。情緒的な結びつきや一体感，協力的な関係などが見られ，社会性の発達（社会化）に重要な役割を果たしている。それに対して，一次的集団ではない集団，例えば，学校や職場等の組織的な集団をはじめ，国という大きな集まりも含めて，全員が顔を合わせるわけではない間接的なつながりを含む集団は「二次的集団（secondary group）」と呼ばれる。二次的集団の特徴は，組織として目的を持っていること，そして，その目的を達成するためには合理的かつ効率的な運営が重視されることにある。

　さて，学級集団は，一次的集団か，それとも二次的集団か。学級集団は公教育制度の中で組織され，児童生徒の発達や学習の促進（教育基本法第一条では「人格の完成」）を明確な目的としているので，二次的集団といえる。もちろん，集団の規模としては，通常学級であれば35〜40人，特別支援学級は 8 人，特別支援学校では 3 〜 6 人が 1 学級の人数の上限として設定されており，対面での交流が可能な規模であるという点では一次的集団としての特徴を同時に持っている。改めて，この章の冒頭にある導入課題を思い出してみると，学級集団が「主体的・対話的で深い学び」を促進する条件について，特に学習面での成果に焦点を合わせるならば，それは二次的集団として学級が機能するための条件を考えることになるが，学習場面で児童生徒間の対話がしっかりできているのか，協同的な関係性が成立しているのかを重視するならば，一次的集団としての側面に焦点を合わせることにもなる。

　ここでもう 1 つ，集団の分類に関する概念として注目されるのは，「インフォーマル・グループ（非公式集団）」と「フォーマル・グループ（公式集団）」である。今日「ホーソン効果」という用語で広く知られているメイヨー（Mayo, 1933）らの研究は，その名の由来となった，ウェスタン・エレクトリック社のホーソン工場における実験等から，職場での作業効率が，照明の明るさ等の物理的な環境よりも，むしろインフォーマルな人間関係に影響されていることを見出した。学級集団に置き換えると，○年○組という学級集団そのものや一定のルールに基づいて組織された生活班や学習班といった集団は，制度的に作られたものである点においてフォーマル・グループとして位置づけられる。そして，その学級集団内に生活班等とは異なる自然発生的な仲間集団（例えば「○○さんグループ」）がインフォーマル・グループとして存在している。よって，フォーマル・グループの目的として掲げられている児童生徒の発達や学習の促進は，インフォーマル・グループのあり方からも大きく影響を受ける。典型的には，折り合いの悪い 2 人がいる学習班のプロジェクトがうまく進まないといった事態が想像される。

　学級経営の難しさは，このように，一次的集団と二次的集団，あるいは，インフォーマル・グループとフォーマル・グループという二重性の両立という課題に由来するのかもしれない。すなわち，ホームルームとも呼ばれるように，時に家族的な親密な集団という側面を持ちつつ，同時に，目的の達成を求められる公的な組織という側面を持つのが学級集団の特徴である。

(3) 一人ひとりの児童生徒から見た学級集団

　集団の分類については，もう 1 つ別の角度からも考えておきたい。上述したのは第三者的な視点から見た場合の集団の特徴と分類であったが，今度は，一人ひとりから見た集団の位置づけを捉える視点である。具体的には「所属集団（membership group）」と「準拠集団（reference group）」という考え方である。所属集団（直訳すると成員集団）は文字通り，自分が所属し

ている（構成員となっている）集団のことを指している。児童生徒にとって，○○小学校，○年○組，○○班，○○係，クラブ・部活動，地域の子ども会，学童保育，そして家族など，所属集団は複数あり多層的である。一方，準拠集団は，ハイマン（Hyman, 1942）が初めて使った用語で，自分の行動を決める態度や価値観など，物事を判断する際の枠組み，すなわち「準拠枠（frame of reference）」を提供してくれる集団のことを指している。

　所属集団と準拠集団は必ずしも一致しない。例えば，好みのアイドルグループなど同一視（服装や言動の模倣など）の対象になる集団は，そこに所属していなくても準拠集団になっている。また，所属集団に馴染めない場合，その人にとってそこが準拠集団とはなりづらい。ゆえに，教師として学級集団のあり方を考える際には，そこに所属する児童生徒一人ひとりにとって準拠集団になっているのか，そこで提供されている「準拠枠」の中身が本当に教育的なものになっているのか留意する必要がある。さらに，児童生徒が所属する準拠枠が，社会の規範から乖離していないかについての留意も必要である。本章の視点で捉えると，仲間集団（インフォーマル・グループ），学級集団，そして学校や地域を取り巻く社会（様々なフォーマル・グループ）というそれぞれの層において規範（準拠枠）があり，ある層の規範が，より大きな層の規範から逸脱している場合，それは子どもたちの発達にとってのリスクとなるからである。例えば，2013年に「いじめ防止対策推進法」が制定され，いじめに関しては，法律という社会のルールに基づいて対応することが現在では必須である。しかし，いじめをめぐって学校が組織的に法律に基づいて対応していないような状態は，教育環境として明らかに問題があるということになる。

　黒川・大西（2009）は，小学生と中学生を対象とした質問紙調査の結果から，いじめに否定的な準拠集団規範がいじめの加害傾向を抑制することを明らかにしている。すなわち，クラスの多くの人たちがいじめについてまずいと思っていると加害者に認知される状況で，かつ加害者にとって学級集団が準拠集団になっていれば，いじめの加害傾向は抑制されると考えられる。一方で，特定の仲間集団（インフォーマル・グループ）が準拠集団となっていて，それが閉じた集団になっている場合には，その仲間集団内でのいじめ加害を増加させる傾向があることも指摘されている。すなわち，学級集団全体の規範がいじめに否定的であっても，仲間集団の規範が仲間内でのいじめに許容的であるような場合（準拠枠の中身にズレがある場合）には注意が必要である。この場合，仲間集団をいかに学級集団に開かれた関係としていくか，仲間集団と学級集団の準拠枠の中身が調和するような関係を形成していくかが課題となる。

　今日，平成29，30年改訂学習指導要領に謳われている「社会に開かれた教育課程」の意味するところは，より良い学校教育を通じてより良い社会を創るという理念を社会と共有することにあり，その実現は学級集団が公共の社会にふさわしい準拠枠を提供できるかどうかにかかっている。すなわち，異質な他者を「排除」するのではなく，多様な人々を「包摂」する「共生社会」を実現するために，その異質な他者と対話しながら日々学び続けるという価値観を学級集団の準拠枠として構築していくこと，そして，所属するすべての児童生徒にとって学級集団が準拠集団として機能するような関係性を育んでいくことが今日的課題であると考えられる。

確認テスト①

　所属集団と準拠集団の関係について述べた文章のうち，適切なものを１つ選びなさい。
　１．児童生徒にとって，学級集団は一次的集団であるが，二次的集団であってはならない。
　２．児童生徒にとって，学級集団は二次的集団であるが，一次的集団であってはならない。
　３．児童生徒にとって，所属集団とは，必ず準拠集団にもなっているものである。
　４．児童生徒にとって，準拠集団は，必ず所属集団でなければならない。
　５．児童生徒にとって，所属集団以外の集団であっても，準拠集団になることがある。

2．友人関係の発達と学習活動

(1) 友人関係のアセスメント

　前項で見てきたように，学級集団というフォーマル・グループの中には，複数のインフォーマル・グループが存在する。社会心理学では，集団内での人と人とのつながりやまとまり，一人ひとりの集団内での地位など，小集団の構造を科学的に捉えようとする方法が開発されてきた。その代表例は，集団心理療法の1つである心理劇（サイコドラマ）でも有名なルーマニアの精神科医モレノ（Moreno, 1942）による「ソシオメトリー（sociometry）」という理論体系である。その代表的な技法は「ソシオメトリック・テスト」と呼ばれる。

　例えば，「一緒に勉強したいと思う人」などと場面を設定した上で，学級内で該当する人を5人まで「選択」して挙げさせる。また，逆に，該当しない（一緒に勉強したくない）人を挙げさせ，それを「排斥」として解釈するといった形で実施されてきた。この「選択」と「排斥」について一覧表にしたものを「ソシオマトリックス」と呼ぶ。そして，相互に選択している者同士による下位集団を特定しながら，全体の構造を図にまとめたものを「ソシオグラム」と呼ぶ（図12-1）。こうした分析により，集団内で他の児童生徒からの選択が集中する「人気児（スター）」，誰からも選択されない「周辺児」（自分からは選択あり）や「孤立児」（自分からの選択もなし），さらには多くの人から排斥が集中している「排斥児」などの特徴が描き出されてきた。また，選択・排斥ではなく，特定の性格にあてはまる人を思い浮かべて答えさせる「ゲス・フー・テスト（guess-who test）」も，その発展形として有名になった。

　しかしながらソシオメトリック・テストは，1990年代後半以降，他の児童生徒に対する排斥や否定的な特徴に焦点を当てることが教育的な観点から疑問視され始め，現在では研究を目的として実施する場合でも選択のみをたずねるなど，倫理面で細心の注意を払う必要がある。したがって，学校教育の場でソシオメトリック・テストが使われることは極めて少なくなっているが，こうした他の児童生徒の個人名を挙げて回答する方法に代わって，近年用いられるようになってきたのは，多面的な尺度構成に基づく質問紙である。

　例えば，栗原・井上（2019）の「学校適応感尺度アセス（ASSESS: Adaptation Scale for School Environments on Six Spheres）」では，①生活満足感，②教師サポート，③友人サポート，④向社会的スキル，⑤非侵害的関係，⑥学習的適応の6因子（6つの下位尺度）から質問項目が構成されている。②〜⑤は対人的適応としてまとめられ，⑥学習的適応とともに，全体的適応を捉えている①生活満足感に関わっているという下位尺度間の関係が想定されている。ここで捉えられているのは「適応感」であり，客観的な「適応」そのものではないが，主観的な観点から「本人が感じているSOSの度合い」を十分に考慮して支援を行う必要性が考慮されている。また，上記①〜⑥の間の統計的な相関関係から，いじめなどを受けていないことを示す⑤非侵害的関係は，②教師サポートよりも③友人サポートとの関係が強いことがわかって

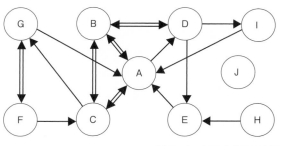

選　択

相互選択

相互選択でつながる「A・B・C・D」と「F・G」がグループを構成し，人気児（スター）のA，周辺児のH，孤立児のJなどが可視化される。

図12-1　ソシオグラムの例

おり，教師が直接的に支援を行うよりも友人関係の調整を図るなど，支援を必要とする児童生徒に効果的にアプローチする指針も示されている。

　なお，どのような心理学的な測定ツールを用いるとしても，質問紙法には回答の歪曲可能性もあることを忘れてはならない。つまり，出力された結果だけを鵜呑みにすることなく，児童生徒の実際の様子を観察したり，定期的に面談を行ったりするなど，多面的・多角的なアセスメントにより，児童生徒理解を深めることが大切である。

　さて，3章で学んだように，児童期から青年期にかけての仲間関係の発達は，ギャング・グループ（gang-group），チャム・グループ（chum-group），そしてピア・グループ（peer-group）という視点から質的に捉えられることがある。もちろん，こうした関係性の発達もまた，発達段階の概念と同様に，全員一律に同じ年齢だから同じ特徴を示すということではない。アタッチメント（愛着）のスタイルに個人差が見られるように，集団の中での振る舞いや他者との距離感などにも個人差がある。そのことを踏まえた上で，特に学習場面では，ピア・グループのように自分と違う考えを持つ人の意見も尊重しながら，必要な時にはお互いに助け合えるような関係を築くことが期待される。近年は，そうした関係づくりのために，特別活動の時間等を活用して，心理学的な考え方や援助技法について学習する機会が計画的・組織的に提供されている学校もある。具体的には，構成的グループ・エンカウンター（SGE: Structured Group Encounter）のエクササイズ（課題）をテーマとして取り上げることをはじめ，社会性と情動の学習（SEL: Social and Emotional Learning）と総称される取り組み，すなわちソーシャル・スキルや態度，価値観を育てるための学習機会を提供すること，そしてピア・サポーター等の名称で学級内での（時に異学年交流等を含む）助け合いを日常的に組織化して実践することなどが挙げられる。各教科の学習において「主体的・対話的で深い学び」を実現するには，このように教科以外の時間における集団づくりの取り組みも重要な役割を果たす可能性がある。

(2) 学級集団と学習活動

　本章の冒頭に示した導入課題「児童生徒一人ひとりの『主体的・対話的で深い学び』が促進（または阻害）される学級集団の具体的条件を考えてみよう」に直結する学習活動と学級集団との関係について掘り下げてみたい。注目されるのは塩田ら（1962）によって提唱された「バズ学習」である。もとになっているのは，企業等での討議法として創案されたフィリップス（Phillips, 1948）の「バズ・セッション（buzz session）」で，6人程度のグループで6分間の話し合いを行うことから6・6討議（discussion 66）とも呼ばれていたものである。バズ（buzz）は蜂の羽音（日本語の「ブンブン」）のことで，にぎやかに話し合う様子を表現している。

　実践の発展についてまとめた杉江（1998）によると，バズ学習の実践は「学校の学習は本来集団学習である」「指導の一貫性を重視する」「人間関係を高めることと学力を伸ばすことは本来一つのことがらでなければならない」という3つの考え方に基づいており，愛知県内の中学校において1956年頃に始まった。人間を個人的な存在であると同時に社会的存在でもあると捉えていることに特徴があり，習熟度の違いや性別など多様な成員によって構成される小集団の中で，児童生徒間の関係づくりとともに学習が促進されることが目指されている。すなわち，単なる教科指導の技術として学習場面に導入されたのではなく，生徒指導的な観点を教科学習の指導と融合させた点で画期的な実践理論である。アロンソンら（Aronson et al., 1978）の「ジグソー学習」も，各班員が分担した課題の学習成果を持ち寄ることで班全体の学びを進める仕掛け（10章図10-3参照）により，人種間の融合を目指していた点が，教科指導にとどまらないバズ学習の発想と重なる。その後，バズ学習の実践は1980年代にかけて，中学校のみならず，幼児教育から高校・大学まで広がりを見せ，今日でいうところの「協同学習」や「アクティブ・ラーニング」等に関する先駆的な実践研究として評価できる。

　さて，近年では，所属する構成員の行動に影響を及ぼす集団の特徴について理解する視点として「学級風土」に関する研究も注目される。大谷ら（2016）は，小学 5・6 年生を対象に調査を行い，「このクラスでは，相手の気持ちを考えることが大事にされています」「このクラスでは，他の人がいやだと思うことはしない，ということが大事にされています」といった向社会的目標が共有されている学級では，「おたがいの得意な勉強内容を教え合う」「興味のある勉強内容について話し合う」といった相互学習を通して，内発的動機づけや自己効力感を高めることが示された。また，向社会的目標は，生徒間の親密さ（項目例「このクラスではお互いにとても親切だ」），学級満足度（項目例「このクラスは，心から楽しめる」），そして規律（項目例「このクラスは，規則を守る」）といった学級風土の諸側面と正の関連を示していた。一方で，「先生は，授業中はまわりのことを考えてしずかにしようといいます」「先生は，ほかのクラスの迷惑になるようなことをしないように，といいます」といった規範遵守目標は，上述した向社会的目標ほどの効果は見られなかった。

　こうした学級風土に関する知見から，温かい学級の雰囲気と「主体的・対話的で深い学び」との間には密接な関係があると推測される。友人関係は，単に仲が良ければいいということではなく，深い学びを可能にする関係性が育まれているかどうかという視点が必要である。小学校における国語，社会，算数，理科の各教科の授業づくりの過程を学級経営と結びつけて論じている宍戸ら（2019）は，「それぞれの教科の本質へと向かう授業の中でこそ，学級経営ができる」と提案した上で，4 人の筆者が各教科の視点で共通して「一人ひとりの子どもが安心して自分の意思を表せる，互いの存在を大切にして認め合える学級をつくること」を大切にしている。このように，各教科等の授業づくりと学級づくりを車の両輪として捉えるような発想が，共生社会時代の今，切実に求められている。

確認テスト②

　学級集団の理解について述べた文章のうち，適切なものを 1 つ選びなさい。
　1．児童生徒間の関係理解のため，ソシオメトリック・テストを毎日実施すべきである。
　2．ゲス・フー・テストは，教師から見えにくい問題行動を秘密裏に発見するツールである。
　3．インフォーマル・グループとは，学習を促進するために意図的に組織された集団である。
　4．バズ学習では，教科学習の成果を最大化するため，習熟度別の小集団で討議を行う。
　5．温かい学級風土の形成には，日々の各教科等の授業づくりのプロセスが関わっている。

3．教師と児童生徒との関係

(1) 教師のリーダーシップ

　1 節で見てきたように，学級集団は一次的集団と二次的集団あるいはインフォーマル・グループとフォーマル・グループという二重性を帯びている。このことを，リーダーシップの視点から捉え直しているのが，三隅（1966）の PM 理論である。目標達成（Performance）と集団維持（Maintenance）の 2 つの機能に着目し，その高低の組合せにより 4 つのリーダーシップ，すなわち，両方とも高い PM 型，P 機能が高い Pm 型，M 機能が高い pM 型，両方とも低い pm 型に分類される。具体的には，P 機能は目標を明確に提示してメンバーを引っ張っていく側面であり，M 機能は目配りや気配りによりメンバー間の関係を良好に保つ側面である。

　一般には，両方を兼ね備えた PM 型のリーダーが望ましいと考えられ，教師の場合は，学習指導や行事等の機会に明確な目標を示しながら児童生徒を導き（P 機能），ちょっとした児童

生徒の変化にも目を向けて声をかけるなどの配慮をしたり，日常的なトラブルにも丁寧に向き合ったり（M機能）しているような担任像が思い浮かぶ。ちなみに，藤原・大木（2008）による小学生と教師を対象とした調査の結果，児童による教師評価や学級モラール（集団としての意欲的・積極的な態度・行動）等の得点は，PM型の教師のクラスが他の3類型よりも有意に高かったが，教師の自己評価に限ってはpm型が一番高かった。すなわち，リーダーシップを発揮できていないpm型の教師は，そのことに自分では気づいていないが，児童は教師の振る舞いをよく見ていて，結果として教師の自己評価と児童の教師評価のズレが大きくなっている。逆に，PM型の教師は児童による評価とのズレがもっとも小さかった。

さて，ここでもう少しPとMの2つの機能を掘り下げて，PM型として両立するとはどういう姿であるのかを考えてみたい。参考になるのは，ゲシュタルト心理学者として知られるレヴィンら（Lewin et al., 1939）によるリーダーシップ理論の3類型，具体的には，民主型，専制型，放任型という分類である。放任型は，三隅のPM理論でいえばどちらの機能も果たしていないpm型に相当すると考えられ，専制型はその名の通り，メンバーに対して独裁的・強権的に命令する権威主義的なリーダーであり，目標達成のみを強調するPm型に相当すると考えられる。そして，レヴィンらの理論でもっとも理想的とされている民主型は，重要なことについてはメンバーと事実に基づく客観的な議論をしながら目標を定め，その実現方法についていくつかの選択肢を示して見通しを持たせ，必要なアドバイスを行うなど適切な支援をするPM型のリーダー像と重なる。すなわち，民主型のリーダーは，メンバーと話し合うという民主的な手続きの中で，P機能とM機能の両方を融合的に発揮しているのだと考えられる。

ちなみに，同調圧力が強いといわれる日本の場合，一見M機能の発揮にも思える「相手の気持ちを考えよう」という働きかけが，P機能の目標の中身に置き換わり，それがうまく達成できない子どもが排除されるという本末転倒を招くおそれもある。P機能とM機能の両方を融合的に発揮するためには，目標の内容のみならず，その目標を形成・共有するプロセスのあり方も大事になる。もし「相手の気持ちを考える」のが苦手な子どもがいるならば，教師がその困難さを理解して寄り添いながら，周囲の子どもたちとの関係を調整し，その困難さを代弁する子どもが現れたり，周囲の子どもたちが自分の気持ちをわかりやすく伝えようとしたりするような展開を試み，相互理解が促進される学級風土を醸成していくことが期待される。

(2) 学級経営のユニバーサルデザイン化

どの子どもにとっても安心感のある学級づくりは，単なる理想論ではなく，すでにグローバルな政策的課題となっている。現在の学校教育では，日本が2014年1月に批准した国連の障害者権利条約を受けて，インクルーシブ教育システムの導入により，いわゆる通常学級であっても，多様な児童生徒がともに学ぶことが基本とされている。その理念がまさに「共生社会」の実現である。そして，障害者差別解消法（2016年4月1日施行）により，個別の支援ニーズに基づく「合理的配慮」の提供が法的な義務として定められている。実際には，未診断のケースなど本人や保護者が支援ニーズに気づいていない児童生徒が様々な困難に直面していることもあり，また，障害以外にも性の多様性（LGBTQ+・SOGIESC等の視点）や外国につながりのある児童生徒の生きづらさなど，何らかの教育的な支援が必要な児童生徒は少なくない。そんな時，すでに特定の児童生徒に提供されている合理的配慮をクラス全員に提供するなど，他の人にとっても有益な環境を整える「ユニバーサルデザイン（UD）」の考え方が有効である。

近年は，教育委員会や学校がユニバーサルデザインに関するリーフレットやチェックリストを作成したり，児童生徒や保護者に「○○学校スタンダード」などという形でユニバーサルデザイン的なルールが提示されたりすることも広く見られるようになってきた。しかしながら，赤木（2017）が指摘するように，日本の学校教育におけるユニバーサルデザインが，標準や枠

などの「同質性」を強調する役割を果たしてしまっており，結果として「考えなくなる」教師が増えることも懸念される。チェックリストに書かれていることを機械的に適用するだけで終わらせてしまったり，本来はインクルージョン（包摂）のために制定されたはずのスタンダードやルールから逸脱した児童生徒に対して，厳しく叱責するなどして結果として排除してしまったりする本末転倒に陥っていないか，スクールカウンセラー等の専門職や特別支援教育コーディネーターおよび管理職等との連携も図りながら，教師として考え続けなければならない。

村田（2006）は，ユニバーサルデザインの考え方として，1つのデザインにこだわらない多様性とともに，あらかじめ全部を決めておくのではなく，使いながら先に進めていくプロセスと使用者の参加が重要であること，ユニバーサルデザインの思想には民主主義が宿っていることを指摘している。「主体的・対話的で深い学び」の「対話」は，まさに民主主義的な話し合いに児童生徒と教師がともに参加することが不可欠である。そこでは，多様な児童生徒が相互理解の上で異質な他者ともコラボレーションできるようになること，例えば，スクールカーストの上位にいる声の大きな人の意見だけで決まることなく，クリティカル・シンキング（批判的思考）に基づく議論ができるよう教師が導いていくことが期待される。すべての児童生徒の発達と学習を保障するためには，「誰が正しいか」ではなく「何が正しいか」を大切にできる集団づくりが必要であり，教師がその導き役になることが求められるだろう。

(3) 教師の役割としての「世代性」

児童生徒と向き合う教師としての発達課題は，1章において紹介されているエリクソン（Erikson, E. H.）の心理社会的発達理論における第Ⅶ段階「世代性 対 自己陶酔（停滞）」に当たる。「世代性」とは，次の世代の利益や幸福に関心を持つことにあり，家族における保護者と子どもの関係，地域の人々と子どもたちの関係，そして職場等で後輩を育てることなど，幅広い領域にあてはまる。特に教師の場合は，専門職として「世代性」を発揮することが日々の実践の中で求められている存在である。子どもの権利条約に掲げられている「子どもの最善の利益」がすべての多様な子どもたちに保障されるために期待される教師の役割は極めて大きい。

学校教育の場では，児童生徒が学級集団に所属しながら生活しているのと同様に，教師もまた，事務職員，スクールカウンセラー，スクールソーシャルワーカーとともに，職員としての集団，校内外の連携まで含め「チームとしての学校」という集団に所属している。そして，大人の集団の姿は，様々な場面で子どもたちからも見える。例えば，困難に直面している児童生徒への教職員による支援の様子は，困っている人にどのように手を差し伸べたら良いのかを考える際のロールモデルになる。また，教師が「チームとしての学校」の中で管理職や先輩教師からどのように支えられているのかによって，その教師が子どもたちに行う指導や支援の形も変わってくる。

このように，教師にとって「世代性」は二重の意味を帯びている。教師－児童生徒関係における世代性と，先輩教師－後輩教師という関係における世代性のどちらも，教師としての専門性が基盤になければならない。担当する教科の専門性とともに，集団や組織に関する専門的知識と継続的な研修も必要であり，特に集団づくりに関する知識は，教師が同僚性を発揮するためにも生かすことが期待される。教師間も単に仲が良ければそれでいいというわけではなく，それぞれの教師にとって学びと成長につながる関係性にあるかどうかが今日問われている。

確認テスト③

集団づくりのあり方について述べた文章のうち，適切なものを1つ選びなさい。

1．PM理論では，Ｐ機能とＭ機能のどちらか１つに絞ってリーダーシップを発揮することが期待される。
2．PM理論では，Ｐ機能とＭ機能をそれぞれ別々の場面で厳密に切り分けてリーダーシップを発揮することが期待される。
3．ユニバーサルデザインは，専門家が開発したチェックリストやマニュアルに従って，決められた規則を遵守することによってのみ達成できる。
4．ユニバーサルデザインには多様性があり，実際にそれを使う人が参加しながら，対話を通して作り上げていくプロセスが大切である。
5．教師間の同僚性は，児童生徒間の関係性と同様に，仲良くさえしていれば自然と育まれるものである。

演習課題

　近年は，学級担任を固定せず，児童生徒が学年に所属する教員に誰でも相談等ができる「学年担任制」を導入する例も見られる。これからの学校教育において「学級」の姿はどのように変わっていくだろうか。また，それは教師をはじめとする「チーム学校」のあり方とどのように関係しているだろうか。子どもたちと大人の学習および安心・安全を保障する集団・組織の条件について考えてみよう。

第13章 特別支援教育

> **導入課題**
> 　子どもたちが学校で過ごす中で生じる困り感には，どのようなものがあるのだろうか。
> 学習，友人関係，運動，生活習慣，それぞれについて考えてみよう。

　2012年に文部科学省から報告された「通常の学級に在籍する発達障害の可能性のある特別な教育的支援を必要とする児童生徒に関する調査」によると，小中学校の通常学級に在籍する児童生徒の中で，知的な遅れはないものの学習面・行動面で著しい困難を示す児童生徒は，6.5％であることが示された。しかし，この6.5％の児童生徒のうち，個別の指導計画を作成した上で対応がなされた児童生徒は11.7％に過ぎず，これまで何らかの個別支援を受けたことがないという児童生徒は，38.6％にも上った。このような現状から，通常学級においても，障害特性を理解し，集団の中で適切に対応をすることが求められている。本章では，特別支援教育の考え方を理解した上で，障害特性に基づいた支援におけるポイントを解説する。

1．障害とは

　障害とは，どのような状態をいうのだろうか。1980年，世界保健機関（WHO）により，国際障害分類（International Classification of Impairments, Disabilities and Handicaps: ICIDH）が制定された。この中で，障害とは，疾患・変調が原因となって，機能・形態障害が起こり，それに伴って能力障害が生じ，社会的不利がもたらされるという考え方であり，障害を階層的に捉えるという点で画期的なものであった。

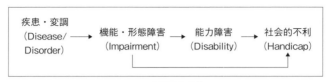

図13-1　ICIDH：国際障害分類（WHO, 1980)

　しかし，ICIDHの障害構造モデルは，障害を客観的に捉えることにとどまっており，また障害のマイナス面に注目した表現が用いられているという指摘を受けて，2001年にその改訂版として，国際生活機能分類（International Classification of Functioning, Disability and Health: ICF）が採択された。
　ICFは，障害が社会的不利を招くというマイナス面からではなく，心身機能・身体構造，活動，参加といったプラスの視点から，生活機能そのものを捉えることを前提としており（上田，2003)，その中で問題が見られる場合，機能障害，活動制限，参加制約が生じると考えた。そ

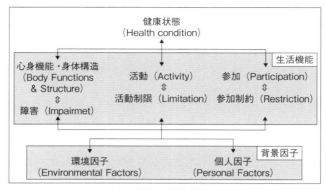

図13-2　ICF：国際生活機能分類（WHO，2001）

して，障害に伴って生じる困難さは，機能障害や能力低下によるものに限らず，その人を取り巻く環境因子や障害とは関連しない個人因子による影響も含めた背景因子についても考える必要があるとした。

　2つのモデルの違いについて，例を挙げて説明する。ICIDHモデルでは，脳性麻痺（疾患）により下肢を動かすことができない（機能障害）場合に，一人で移動することが困難となる（社会的不利）。しかし，ICFモデルでは，脳性麻痺（健康状態）があるけれども，車いすやエレベーターが利用できること（環境因子）により，一人でも行きたいところに行くこと（活動）ができるのである。つまり，ICFは，障害があったとしても，活動や参加ができる方法を環境因子や個人因子から見出し，障害とともに生きていくことを目指したものとなっている。

　そして，どのような状況を障害と捉えるのかは，環境や社会によって変化する。もしも，視力が低下し裸眼では見えないならば，メガネやコンタクトレンズで矯正する。このような支援が当たり前となった今，私たちは視力の低下を障害だと感じる場面は少なくなった。また，恐竜への興味関心が強い子どもの場合，全般的な知識吸収が求められる小中学生の頃は，その強い興味関心が学業の「妨げ」となり，障害と受けとられてしまうかもしれない。しかし，大学で考古学を専攻したならば，その強い興味関心は探究心として好意的に評価されるだろう。このように，障害はその人にあるものという医学モデルとしてではなく，社会（モノ，環境，人的環境等）の受け止め方によって，障害は生み出されるものという社会モデルとして捉えることが重要である（WHO，2001）。

確認テスト①

　ICFモデルにおいて，設備や装具といった「物的支援」，友だちや支援者といった「人的支援」，福祉や法律といった「制度的支援」にあたるものはどれか。
　　1．活動　　2．参加　　3．環境因子　　4．個人因子

2．特別支援教育とは

　障害による特性が影響して，日常生活の中で何らかの困り感が生じる。それに対して，特別な支援をするということは，どのようなことなのだろうか。
　文部科学省（2007）は，特別支援教育とは，「障害のある幼児児童生徒の自立や社会参加に向けた主体的な取組を支援するという視点に立ち，幼児児童生徒一人一人の教育的ニーズを把

握し，その持てる力を高め，生活や学習上の困難を改善又は克服するため，適切な指導及び必要な支援を行うもの」とした。その対象は，発達障害を含む特別な支援を必要とするすべての子どもであるとしている。そして，特別支援教育が目指すのは，困り感のある子どもが自立や社会参加できるように働きかけることであり，すべてを代わりにやってあげることで困り感をなくそうとするものではない。

「自立」とは，「自分のことは自分でやる」という印象があるが，増田・生田（2015）は，「自分でできることは自分でする」という「自立」の捉え方や，「自分のことは自分で決めることができる」という「自律」の意味も含めて，両面から支援のあり方を考える重要性を指摘している。障害の状態によっては，自分一人の力で自分のことをすることが困難な場合がある。それを「自立ができない」と捉えるのではなく，自分ができない部分に対して支援を受けるという決断すること（自律）ができたのなら，他者の支援や社会的資源を活用しながらの「3 人称による自立」といえると増田・生田（2015）は述べている。支援を考える際には，本人の意思を確認し，自己決定していけるように促していくことが大切である。なお，特別な支援は，通常学級だけでなく，特別支援学校や特別支援学級，または通級による指導という形で受けることができる。特別な支援を受けている児童生徒数は，2009 年度は約 25 万 1000 人で，義務教育段階の全児童生徒数の 2.3％であったが，2019 年度は約 48 万 6000 人に増加し，その割合は全児童生徒数の 5.0％まで高まった（表13-1 参照）。

表13-1　学びの場と対象障害種

	特別支援学校	特別支援学級	通級による指導
目的	幼稚園，小学校，中学校又は高等学校に準ずる教育を施すとともに，障害による学習上又は生活上の困難を克服し自立を図るために必要な知識技能を授ける	小学校，中学校等において，障害による学習上又は生活上の困難を克服するために，少人数での指導を行う	主に各教科の指導を通常学級で行いながら，障害に基づく学習上又は生活上の困難の改善・克服に必要な特別の指導を個別に行う
対象障害種	視覚・聴覚・知的・肢体不自由又は病弱（身体虚弱を含む。）	知的・肢体不自由・病弱及び身体虚弱・弱視・難聴・言語・自閉症・情緒	言語・自閉症・情緒・弱視・難聴・LD・ADHD・肢体不自由・病弱および身体虚弱
児童生徒数	約 7 万 5000 人（0.8％）	約 27 万 8000 人（2.9％）	約 13 万 3000 人（1.4％）

（児童数は，2019 年 5 月 1 日現在）（内閣府「令和 3 年版障害者白書」より）

確認テスト②

以下の（ア）〜（ウ）にあてはまる言葉を答えなさい。

文部科学省（2007）によると，特別支援教育とは，「障害のある幼児児童生徒の（ア）や社会参加に向けた（イ）な取組を支援するという視点に立ち，幼児児童生徒一人一人の（ウ）を把握し，その持てる力を高め，生活や学習上の困難を改善又は克服するため，適切な指導及び必要な支援を行うもの」である。

3．発達障害とは

発達障害とは，知的能力障害，自閉症スペクトラム障害，注意欠如・多動性障害，限局性学習障害，発達性協調運動障害等を指す。その原因は保護者の育て方によるものではなく，神経発達の不具合により生じるものであり，①発達早期にその症状が明らかになる，②個人的，社会

的，学業または職業において，認知・社会性・運動面で機能不全を引き起こすという特徴を持つ。

　発達障害を英語で表記する場合，Developmental Disability ではなく，Developmental Disorder を用いることが示すように，発達障害とは，発達が不可逆的な状態である障害（disability）と捉えるのではなく，発達の順序や経過が部分的に乱れている障害（disorder）であると考えられている（石黒，2019）。例えば，自閉症スペクトラム障害児の場合，はじめての言葉が「ワンワン」「ブーブー」等の繰り返しのある言いやすい言葉ではなく，大好きなキャラクター名やミニカーの車種名等，言いにくいけれども興味の強い言葉から獲得していく傾向がある。このように，発達障害を持つ子どもたちは，一般的といわれる発達とは異なる独自のルートやペースで進むことがあるため，その子の興味関心や障害特性に合わせた発達支援が求められる。そのために，まずは障害特性を正しく理解することが支援の第一歩となる。そこで，アメリカ精神医学会による「精神疾患の診断・統計マニュアル第5版（Diagnostic and Statistical Manual of Mental Disorders）」（DSM-5）をもとに，各障害の特性と支援方法を紹介する。

(1) 知的能力障害（ID; Intellectual Disability/ Intellectual Developmental Disorder）
1) 診断基準と理解のポイント

　知的能力障害とは，知的機能と適応機能の両面における認知能力の低下により，日常生活や社会生活を送る中で困難が生じている状態を指す。知的機能は，田中ビネー知能検査，ウェクスラー式知能検査といった個別化，標準化された検査により算出される知能指数（IQ; Intellectual Quotient）から評価する（第7章）。IQ の平均は100とされており，知的能力障害に該当するIQ は，以前は70またはそれ以下と明記されていた。しかし，DSM-5では測定誤差も考慮して基準を65～75とし，数値から自動的に判断するのではなく，①読み書きや計算等の学習技能に関する概念的領域，②コミュニケーションや仲間関係といった社会的領域，③家事や金銭管理，健康維持等の実用的領域にわたる適応機能の評価も合わせて重要視されるようになった。

2) 支援方法

　知的能力障害のある子どもは，短期記憶が弱く，抽象的思考や計画的な行動が苦手であることが多い。そのため，指示はできるだけ簡潔に，文字で書き記す，お手本を見せる等，視覚的なサポートが有効である。また，学習や生活習慣の定着には時間を要するため，一度にすべてを覚えるのではなく，スモールステップで繰り返し取り組むことで，「できた」という自信が育っていくだろう。なかには，わからないことがあっても，その困り感をどう伝えたらいいのかがわからず，その結果困っていることに気づかれないことがある。わからないことを主張することが苦手な子どもの場合は，机間指導の際に習得度を確認していくことが求められる。

　特に，学習や生活において抽象的な理解が求められる小学3年生以降，わからないまま進む状況が続くと，不登校等の二次障害につながる場合もある。年齢と能力を考慮した上で，保護者と相談しながら適切な支援や，学級選択を検討していくことも重要である。

(2) 自閉症スペクトラム障害（ASD; Autism Spectrum Disorder）
1) 診断基準と理解のポイント

　以前は，自閉性障害やアスペルガー障害等の下位分類を包括して広汎性発達障害（PDD; Pervasive Developmental Disorders）とされていたが，DSM-5では下位分類はなく，「自閉症スペクトラム障害」に統合された。有病率は，1％程度である。

　その特徴の1つは，社会的コミュニケーションおよび対人的相互反応に関するもので，①適

度な距離感や会話のやりとり，感情の共有といった対人的・情緒的関係の欠陥，②アイコンタクトやジェスチャー，表情の理解などの非言語的コミュニケーション行動を用いることの欠陥，③遊びや人間関係の発展，維持，理解の欠陥である。いずれにおいても欠陥と記されているが，これは関わりを持とうとしないというだけではなく，関わり方が過剰になってしまう場合も含む。例えば，視線がなかなか合わせられないという子もいるが，なかには一度視線を合わせてしまったら外し方がわからなくて見過ぎてしまうという子もいることを考慮に入れておく。

　もう 1 つは，行動，興味，活動の限局された反復の様式に関するもので，①一列並べやくるくる回るなどの常同行動，②予定の変更を嫌うなどの同一性への固執，習慣へのこだわりや儀式的行動，③特定のものへの強い興味，④音や光といった感覚刺激への過敏・鈍麻である。②に含まれる行動特性は，想像力の弱さの影響として起こる。いつも通り進むはずのことに対して予定変更が生じると，その先どうなるかを予想することができずに，不安が高まりパニックになってしまう。そうならないように回避するための対策として，習慣にこだわったり，儀式的行動が強化されていくのである。また，④感覚過敏・鈍麻は，DSM-5 から新たに加わった項目である。過敏というのは，日常生活の中で生じる音や光，触れるものの刺激が，他の人よりも強く届いてしまうため，苦痛に感じてしまうことであり，その刺激を避ける傾向が見られるため，周囲も気が付きやすい。しかし，痛みや温感に対する鈍麻については，本人も無自覚であるため，周囲も対応することが難しい。実際に，骨折しているような怪我であっても，本人が痛みを訴えることなく，翌日大きく腫れあがってきたために，ようやく受診につながったという事例もあるため，留意すべきである。

2）支援方法
①状況把握を促す対応
　自閉症スペクトラム障害の子どもは，対人的な理解の苦手さにより，言葉から相手の意図をくみ取ることや，状況を把握することに弱さがあるため，抽象的な指示を理解して，行動に移すことができないことがある。例えば，先生が「机の上をきれいにして」と指示をした後，全く動こうとしない児童に，周囲の人が先生は何と言ったのかとたずねると，「机の上をきれいにしてと言った」と答えることはできる。しかし，きれいにするために自分が何をすればいいのかが推測できないために，動けなかったといった話は，保護者からの相談でも多く聞かれる。「教科書を机に片付けて」等，すべきことを具体的に示すことで状況を掴むことができ，自分で判断して行動することにつながるだろう。

②過剰な刺激への対応
　感覚過敏のある子どもの場合，全校集会のように多くの人が集まり，ざわざわする場所は，視覚的，聴覚的にも負担が大きい。自分の閾値を超える刺激が届くと，それを排除するために，飛び跳ねる，独り言をつぶやく等，自分が発する刺激で落ち着こうと試みる。このように，一見不適応ととられる常同行動にも，彼らなりの意味があることが多い。だからこそ，ただ常同行動をやめさせるように働きかけるのではなく，原因となる過剰刺激を回避できる方法を提案する必要がある。サングラスやノイズキャンセラー等を用いて刺激そのものを軽減する，列から少し離れたところで参加するといった方法を提案するなど，本人が安心してその場にいられるように，児童生徒と教員が環境設定について話し合っていくことが大切である。

(3) 注意欠如・多動性障害（ADHD; Attention-deficit/hyperactivity disorder）
1）診断基準と理解のポイント
　ADHD は，DSM-5 より神経発達障害群に含まれた。その特徴は，①注意を対象に向けること，持続させることを含む不注意，または②多動や衝動性といった行動制御の困難さである。有病

率は，子どもの場合約5％，成人の場合約2.5％である。

　不注意の症状は，細かな部分を見逃してしまう，すぐに気が散る，忘れ物が多いといったものであるが，注意が維持できないことから，活動を順序立てて行うことや，時間がかかる作業をやり遂げることの困難さにつながることも多い。多動・衝動性の症状は，常にそわそわする，授業中に立ち歩いてしまう，思いついたらすぐに言葉に出す，順番を待てないなど，集団場面では目立つ行動であるため，発達早期で気づかれることが多い。いずれの症状も，学校のみというように単独の場面で見られる場合は該当せず，学校と家庭，塾というように，複数の場面で生じていることが条件となる。

2）支援方法
①不注意への対応

　ADHDの子どもは，学校生活では，物の管理や整理整頓の苦手さの問題が指摘されることも多い。もらったプリントを適当に机の中に入れてぐちゃぐちゃにしてしまったり，連絡帳に持ち物を書いたのに，連絡帳そのものを持ち帰り忘れてしまったりする。忘れ物をしないように，「帰りの会で机の中をチェックして空にする」といった適切な方法を事前に決めておいても，帰りの会の時に忘れてしまっている場合もあるため，その場で「今から机の中をチェックしましょう」「お道具箱も見てください」など，声をかけて気づきを促していく必要がある。

　また，刺激にとらわれやすい点を解消するには，環境面での配慮も効果が高い。例えば，黒板の周囲には，学級目標や時間割表を含む様々な掲示がされていることが多いが，授業を聞くために前方を見ると，その掲示が視界に入り，注意がそれてしまう場合がある。そこで，掲示をカーテン等で隠せるようにして，必要な時にだけ見られるようにするといった工夫をすることで，より集中しやすい環境となるだろう。

②多動・衝動性への対応

　これらの行動は，脳の神経物質の伝達不全の影響で生じているにもかかわらず，周囲には彼らの困り感が伝わらず，「自分勝手」「我慢ができない」と本人の性格の問題と受けとられやすい。周囲と同じようにできていないことを指摘するのではなく，維持することができている時間や行動に注目し，「できている」と実感できるようにフィードバックしていくことにより，自己肯定感を保つことにつながるだろう。

　また，認められる形で動いても良い場面を設定する支援もある。ある学校では，授業時間中ずっと座っていることが難しい児童に，授業プリント回収係や授業に必要な道具の準備・片付け係を依頼していた。その場面になると，すぐに立ち上がり，素早く作業を終えるのである。その後，「ありがとう！　先生がやるより早いね」といった言葉をもらい，嬉しそうな笑顔で着席していた。このように，ADHD児の症状は強みになることもある。多動・衝動性の高さは，積極性や瞬発力があるということ，また物怖じすることなく飛び込む勇気があると捉えることができる。学校生活においても，彼らの強みが発揮される場面を設定することも重要である。

③薬物療法

　ADHDでは，心理教育的支援に加えて，薬物療法が効果を示す場合がある。現在，ADHDの治療に使用されているものは，コンサータ，ストラテラなどであるが，それぞれ効果発現期間や，効果の特徴が異なるため，適切な診断評価に基づき，標的症状を明確にした上で使用していく（太田，2019）。なお，薬物療法が有効であった場合，すべて「薬」の効果であると捉えてしまうと，自尊心を傷つけてしまう可能性がある。あくまでも薬物は症状の緩和に過ぎず，集中しやすくなった時にすべき活動に取り組めているのは，本人の意思・選択によるものであることに留意したい。

（4）限局性学習障害（SLD; Specific Learning Disorder）

1）診断基準と理解のポイント

　DSM-5では，学習障害（Learning Disorder）から限局性学習障害に診断名が変更された。限局性というのは，全体的な知的能力は年齢相応に獲得しているにもかかわらず，特定の領域に関して，困難さがあることを示している。よって，全般的な能力に遅れがあるとされる知的能力障害と限局性学習障害が併存することはない。なお，限局性学習障害は，就学後学習に取り組むなかで困難さが明らかになることが多い。5歳から11歳までの子どもの有病率は，5〜6％である。

　その特徴は，①読み，②書き，③計算の困難さである。読みの問題は，音読の際に同じ行を何度も読んでしまう，行を飛ばしてしまうなど，眼球運動のぎこちなさによることがある。また，書きの問題は，目で見たものを手で操作するため，協調運動が関連しており，約50％が後述する発達性協調運動障害を合併しているといわれている。計算の問題は，指折りで足し算する，繰り上がり，繰り下がりの理解ができないなどである。

2）支援方法

　読み書きが困難である場合，そもそも「文字がかすむ」「文字が波立って見える」といった独特の見え方をしていることもある（阿子島ら，2014）。しかし，彼ら自身は正常な見え方との比較ができないため，見えにくさに気づかなかったり，人とは違うことがわかっていても理解されないと感じて伝えようとしなかったりする。無論書字にも影響を及ぼし，正確に文字を書き取ることが困難となっていく。支援方法を検討する前に，まずは見え方等の困難さを確認しておくことが必須である。

　見え方の困難さが明確になると，具体的な支援も提案していくことができる。例えば，読みに関して，文字に白いモヤがかかりかすんで見える場合，白黒反転させることで見えやすくなる。また，文字が波立って歪んで見える時には，行間を広くとることで影響は少なくなる（図13-3）。同様に，書きに関して漢字を視覚的に見て覚えることの苦手さがあるならば，「木の上に立って見る→親」というように，繰り返し唱えることで聴覚記憶を働かせて記憶するという方法もある。このように，困難さを軽減したり，得意な力で補ったりすることで，学習に取り組みやすくなるだろう。

図13-3　かすみを軽減する支援と歪みを軽減する支援

（5）発達性協調運動障害（DCD; Developmental Coordination Disorder）

1）診断基準と理解のポイント

　DSM-5で神経発達障害群に含まれたことで，認識が広がってきているのは，発達性協調運動障害である。協調運動とは，姿勢保持のように，全身でバランスをとることや，目と手を使ってボールをキャッチする，手と足を使って縄跳びをするというように，複数の動きを調整しな

がら同時に行う運動のことを指す。その困難さは，「できない」というだけではなく，同年齢に比べて不器用であったり，やり遂げるまでに時間がかかったりすることで明らかになる。

2）支援方法

　学校生活全般にわたって影響するのは，姿勢保持のことである。一時的に良い姿勢をつくることはできても，学習しながらそれを維持することは困難であるため，椅子にもたれたり，机に伏せてしまったりする。その結果，周囲に「やる気がない」「だらしない」という印象を与えてしまう。しかし，意欲の問題ではなく，協調運動の問題であることを理解しておかなければならない。また，姿勢保持に関する支援として，学校の椅子に取り付けることができる姿勢保持クッションやパッドが開発されており，無理なく過ごせるように環境を整えることが大切である。そして，学習場面で必要となる手先を使う運動に対して，正しく鉛筆を持つための矯正グリップや，指を通さなくてもタップすることで切ることができるハサミ等，不器用さを補う支援ツールの利用も有効である。

確認テスト③

（1）知能指数（IQ）の平均値は，次のうちのどれか。
　　　1．50　　　2．75　　　3．100　　　5．125
（2）以下の選択肢のうちADHDの症状に含まれるものを，すべて選択しなさい。
　　　1．こだわり　　　2．不注意　　　3．衝動性　　　4．不器用　　　5．多動

4．自己理解と連携

（1）支援の中心は子ども自身に

　特性による行動が適切に理解されず，誤解や叱責を受け続けると，「どうせ僕なんて…」と自己肯定感が低下し，不登校や心身症といった二次障害が生じてしまうことがある。二次障害に陥らないためには，支援を組み立てていく際に，本人の想いや困り感に寄り添うことが大前提である。しかし，本人に困り感をたずねてみても，「やりたくない」「面倒くさい」と適切に表現できないことが多い。そのため，教員が行動を観察し，困り感の原因を探る必要がある。例えば，板書をノートに書き写すことを嫌がる児童の書字の様子を観察したところ，筆圧が強すぎて何度も鉛筆の芯が折れるほどであった。そこで，児童に対して〈書きたくないんじゃなくて，鉛筆を持つ時に力が入りすぎて，すぐに疲れてしまうんじゃないかな〉とたずねたところ，「そうなの。手が痛くなって…。みんなみたいにたくさん書けないの」と教えてくれた。そこから，筆圧のコントロールの難しさが書字の負担になっていることが明らかになり，筆記用具の変更により負担を軽減することができた。このように，「やりたくない」といった言葉の裏にある表現できない困り感を見出し，本人に問いかけていくことが，自身の特性への気づきにつながるだろう。

　また，学校現場では，保護者と教員によって，本人の意向が反映されないまま支援方針が決定されてしまうこともある。本人の願いを聞き，本人にとって取り組みやすい支援方法になっているか等，本人・保護者・教員の三者で話し合っていくことが重要である。自分の特性に合った支援方法を見つけることは，彼らにとって「困り感があるからできない」と諦めるのではなく，「方法次第でできることが増えていく」と感じられる体験となる。こういった体験の積み重ねが，自己理解を促し，自己肯定感の支えとなるだろう。

（2）校内の支援体制

　困り感への支援は，一時的な取り組みで解消に至ることは少なく，長期的な見通しを持って進めていくことになるため，担任一人が抱え込むのではなく，学校全体が「チーム」となり，柔軟にサポートに入ることができる体制づくりが必要である。その体制の1つが，校内委員会の設置である。校内委員会の役割は，特別な教育的支援が必要な児童生徒の①早期発見，②実態把握，対象児童の③「個別の教育支援計画」と④「個別の指導計画」の作成，⑤校内研修の推進，⑥専門家チームへの支援要請，⑦保護者の相談窓口となって連携をとることである（文部科学省，2004）。そして，校内委員会で推進役となっているのは，特別支援教育コーディネーターであり，校内や関係機関との連絡調整や連携，担任への支援，保護者の相談窓口としての対応等といった多様な役割を果たすことが求められている。

　「個別の教育支援計画」とは，学校や地域での子どもの生活全般を踏まえた長期的な視点での計画であり，家庭や学校，医療や福祉といった関係機関が連携をとり作成するものである。そして，「個別の指導計画」とは，「個別の教育支援計画」を受け，年間の目標や指導方法，評価などを具体的に示した計画であり，校内委員会での協議を経て作成するものである。これらの計画は校内で共有され，一貫した支援となることを目指している。通常学級における支援のなかで，より細かな対応が必要となる場合に，特別支援教育支援員は，校長や教頭，特別支援教育コーディネーターや担任と連携した上で，担任等の指導の補助として，日常生活動作の介助や発達障害児への学習支援といった役割を担うことがある。

（3）保護者との連携

　新しいことに多く取り組む学校と，ゆっくり過ごす自宅では，子どもたちが見せる姿も大きく異なる。そのため，学校で課題だと感じる部分を，同じように保護者も感じているとは限らない。見えている姿が違うことを念頭に置いた上で，どういう状況の時に困り感が強まるのかを，一緒に考えていくような姿勢で話し合うことが大切である。

　また，通級指導教室の利用や，特別支援学級への転籍等に関しては，保護者だからこそ受け入れるまでに時間がかかることがある。早期に支援を開始することも重要だが，保護者の気持ちを置き去りにすることなく，今の状況下で受け入れられる支援を提案していくように心がけたい。

確認テスト④

　以下の（ア）〜（ウ）にあてはまる言葉を答えなさい。

　（ア）とは，学校や地域での子どもの生活全般に関する長期的な視点での計画であり，家庭や学校，医療等の関係機関が連携して作成するものである。一方，（イ）とは，年間の目標や指導方法，評価などを具体的に示した計画であり，（ウ）での協議を経て作成するものである。

> **演習課題**
> 　困り感のある子どもたちの支援をする際に，どのような配慮が必要だろうか。配慮する理由とそれに対する具体的な支援方法について説明してみよう。

第14章 教育相談

導入課題
　あなたが「教育相談」という言葉を聞いて浮かぶイメージをいくつか書いてみよう。

　上記の問いに対して，カウンセリング，スクールカウンセラー，悩みを抱えた児童生徒，話を聞いてアドバイスする…などのイメージが浮かんだのではないだろうか。自分は教育相談を受けてきたのかな？とイメージがない人もいるかもしれない。これらのイメージは正しいのだろうか。

　教育相談とは，平成29年改訂中学校学習指導要領によると「個々の生徒の多様な実態を踏まえ，一人一人が抱える課題に個別に対応した指導を行う」ことであり，教育相談の機能を充実させることで「生徒一人一人の教育上の問題等について，本人又はその保護者などにその望ましい在り方についての助言を通して，子供たちのもつ悩みや困難の解決を援助し，生徒の発達に即して，好ましい人間関係を育て，生活によりよく適応させ，人格の成長への援助を図る」ことが目指されている。教育相談は，児童生徒が学校生活を送る上で，自らの得意なことや苦手なことなどの自分自身を理解し，その過程で悩みや迷いを持ちながらも成長していくための支援であるといえる。スクールカウンセラーや医療関係者などの専門家だけが関わっているものではなく，日頃から教師が学校教育全体を通じて行うことのできる教育活動なのである。

1．心理教育的援助サービス

　教育相談は，日本における「心理教育的援助サービス」の実践として代表的に行われてきた歴史がある。「心理教育的援助サービス」とは，学校教育の一貫として，一人ひとりの子どもが発達し，学校で生活する上で出会う問題状況の解決を援助することを指す（石隈，1999）。児童生徒が発達上の課題や教育上の課題に取り組むなかで学習面，心理・社会面，進路面，および健康面において問題状況が現れる。その際，それぞれの児童生徒の援助ニーズは異なるため，心理教育的援助サービスは，3段階に分けて考えられている。

　「一次的援助サービス」は，すべての児童生徒が発達上の課題や教育上の課題に取り組む上で，何らかの援助を必要としていると考え，対応するものである。学校行事や授業，特別活動を通して児童生徒を援助していくことの意義を学校全体で理解しておく必要がある。生徒指導提要（文部科学省，2010）では「新たな教育相談の展開」として，構成的エンカウンターグループ（グループエンカウンター）やソーシャルスキルトレーニングなどの活動が挙げられている。構成的エンカウンターグループでは，グループ活動を通しながら人間関係づくりや相互理解，問題解決力などを育成する。例えば，1学期が始まった時にはクラス替えをしたばかりで，児童生徒の人間関係は一部のつながりしかなく，クラスへの所属意識も低い。そこで，遊びの要素を入れながら自己紹介や他己紹介を行うなど，お互いの緊張や不安を和らげて，関わり合うきっ

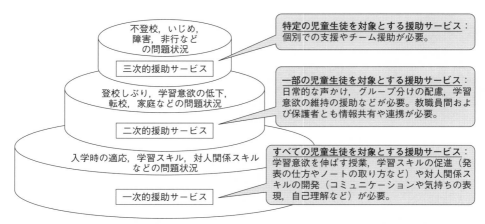

図14-1　3段階の心理教育的援助サービス，その対象，問題状況および教師が担うサービスの例

（石隈，1999をもとに作成）

かけをつくる。ソーシャルスキルトレーニングは，様々な社会的スキルについて学級やグループで練習（トレーニング）することで高める方法である。「話し方，聞き方のスキル」「友だちと上手に付き合うスキル」「自分の意見や気持ちを伝えるスキル」などの獲得を目標とした活動を行う。この他にも，ピアサポート，アサーショントレーニング，アンガーマネジメント，ストレスマネジメント，ライフスキルトレーニングなどの活動も注目されている。

　また近年，学校現場で導入が進められているSOSの出し方に関する教育も，新たな教育相談の展開の1つといえる。SOSの出し方に関する教育では，悩みや問題を抱えた際に他者に援助を求めることのできる（援助要請・援助希求）スキルや態度，知識を身につけることを目的とした取り組みとして行われている（e.g., 桑名市教育委員会，2019；東京都教育委員会，2018）。永井・新井（2007）によれば，他者に相談することを肯定的に捉えている人ほど，悩みや問題を抱えた際に相談しようとする傾向がある。クラスの児童生徒が相談することを肯定的に捉えていると，自分も肯定的に捉えるようになることも明らかにされている（後藤・平石，2013）。SOSの出し方に関する教育を行うことで，児童生徒は悩みや問題を抱えることは自分が弱いからではないことや自分の成長のために大事なことであることを知り，教師が自分の悩みや問題を一緒に考えてくれようとしていることを感じ，相談することを肯定的に捉えやすくなると考えられる。

　「二次的援助サービス」は，発達上の課題や学習の取り組みにすでに困難を示しており，今後さらに困難を示すことが予測される一部の児童生徒を対象とするものである。スクールカウンセラーと連携し，日常の学校生活の中で援助を必要と予測される児童生徒を早期に発見・対応することが必要である。児童生徒に普段と異なる言動や様子が見られないか，授業への取り組みに変化が見られないか，友人関係に変化が見られないかなど，教師の観察力が求められる。児童生徒の小さな変化や小さなSOSを感じた際にはもう少し様子を見ようとするのではなく，児童生徒に関わっていくことが有効である。教師に声をかけられることで児童生徒が援助を求めやすくなるだけでなく，その時には援助を必要としなかったとしても児童生徒にとって教師が自分を気にかけてくれていることが伝わり，今後援助を求めやすくなると考えられる。

　「三次的援助サービス」は，特別な援助を必要とし，個別対応が求められる特定の児童生徒を対象とするものである。不登校やいじめなどの問題状況を改善するための援助や，児童生徒自身の障害のために学校生活に不利益が生じないようにするための援助をしていかなくてはならない。学級担任，養護教諭，教育相談担当，特別支援担当，スクールカウンセラー，保護者などからなるチームを組み，「チームとしての学校」（15章）として援助していく必要がある。

次の文章を読み，内容が正しいものには○，間違っているものには×をつけなさい。
1.（　　）　心理的援助サービスとは，担任教師が児童生徒に対して行うものである。
2.（　　）　生徒指導提要には，「新たな教育相談の展開」として，構成的エンカウンター
　　　　　やソーシャルスキルトレーニングなどの学級全体で行う活動が挙げられている。

2．カウンセリングマインド

　すべての児童生徒を援助するにあたって，教師が身につけておくべきものがカウンセリング
マインドである。カウンセリングマインドは，教育現場では，教師が児童生徒に対して援助的
に関わる態度として捉えられ，教師と児童生徒との信頼関係を築くために重要なものとされて
いる。教師がどのような態度であると児童生徒にとって相談しやすく，教師に相談してよかっ
たと思ってもらえるだろうか。その具体的な態度としては，ロジャーズ（Rogers, 1957）が挙
げた，「カウンセリングで相談者に変化をもたらすカウンセラーの必要にして十分な条件」を
意識すると良い。その中でも以下に挙げる「純粋性（自己一致）」「無条件の積極的関心（無条
件の肯定的配慮）」「共感的理解」の3条件は教育相談を行う上で求められる態度である。
　「純粋性（自己一致）」は，教師が児童生徒との関係の中で，教師が体験する様々な感情を教
師自身が素直に感じ，受け止め，必要ならば表現することができることである。例えば，児童
生徒が強い口調で教師に話をしたり，教師の言動を否定したりすることもある。この時，教師
であっても児童生徒にイライラしたり，悲しくなったりするのは当然のことと考える必要があ
る。教師がイライラした感情や悲しい感情に揺り動かされて「なんだ，その言い方は！　そん
な風な言い方だから，周りのみんなともうまくいかないんだ」，「そういう態度をまずは直すべ
きだ」などと言ってしまってはならない。一方で，教師の中に生まれた感情を押し殺しながら
対応するべきものでもない。教師が自分の感情を押し殺そうとしても，表情や口調に出てしま
うことは大いにあり，児童生徒に敏感に感じとられてしまう。ここで大切なのは，教師自身が
自分の中に生じた感情をありのままに感じ受け止め，その上で自分の感情にふりまわされずに，
「これだけのことを言ってしまうほど，辛い気持ちを持っているのかもしれない」「どういう気
持ちから，このような態度をとったのだろう」と児童生徒の話を聴いていくことである。また，
児童生徒の悩みや問題について，教師にとって理解しにくい場合もあるだろう。その時に教師
はわかったつもりになって話を進めるのではなく，「〜した時には何を考えてしたのか，もう
少し教えてもらってもいいかな」と質問するなど，教師がわからない状態を恐れず児童生徒に
わからないことを伝えられると良い。このような教師の姿を見て，児童生徒は教師が自分を理
解しようとしてくれていること，自分の感情を素直に表現して良いことを感じとっていくので
ある。
　次に，「無条件の積極的関心（無条件の肯定的配慮）」がある。児童生徒は教師個人の価値観
や考え方などに沿わない言動や態度を示すことがある。たとえそのような時であっても，児童
生徒に対して，受容的で積極的な関心を向けることが大切である。児童生徒のありのままの姿，
今のままの姿を認めていくのである。これは，児童生徒を過剰にほめることでもなく，どんな
ことをしても許すということでもない。例えば，最近になって学習意欲が低下し学習課題が未
提出だった生徒の指導を行う際に，あなたはどのような言葉をかけて指導するだろうか。「最近，
気が緩んでるんじゃないか。成績が下がると高校受験が大変だ」などと否定的な言葉で注意し
ても，生徒が次の学習課題をがんばろうという思いにはならないかもしれない。生徒の学習意

欲が低下した背景や学習課題が提出できなかった状況を生徒に聴き，生徒の気持ちに寄り添い，生徒を理解していく必要がある。具体的には，家庭状況が変わったことや友人関係で悩みを抱えていた場合には「課題に取り組めないほど，辛い思いをしていたんだね」などの言葉をかけることが有効である。課題を提出しない行動自体はクラスや授業のルールを守れてはいないことであり指導すべきであるが，教師がその背景を理解しようとする態度を示すことは，児童生徒にとって自分を見てくれている，認めてくれているという感覚や経験となり，児童生徒を精神的に支えるのである。

　最後に，「共感的理解」は，児童生徒が抱える悩みや問題を聴き，児童生徒が抱いた感情を教師はあたかも自分自身であるかのようにその感情を感じることである。ただし，ロジャーズが「あたかも～であるかのように」と示しているように，児童生徒と教師自身は異なる存在であることを念頭に置いた上で，児童生徒の感情を理解する必要がある。例えば，いじめを受けたことのある教師だからこそ，いじめを受けた児童生徒の気持ちが理解できると一般的には考えられているかもしれない。しかし，ロジャーズの「共感的理解」に基づけば，教師が受けたいじめや教師が感じた気持ちなどは目の前の児童生徒のものとは異なるものであるため，かえってわかったつもりになる可能性もある。教師のわかったつもりの言動が児童生徒を傷つけることもある。児童生徒が悩みや問題を抱えた際に「そんなことでくよくよしないで」「もっとがんばろう」「そういうことは，よくあるよ」「先生も経験したよ。先生はね……」などの言葉を教師はかけることがあるだろう。教師は励ますつもりであっても，これらの言葉は教師の価値観や考え方に基づいて発せられた言葉である。児童生徒も教師と同じく独自の価値観や考え方を持って生きている。目の前の児童生徒の価値観や考え方に沿って，児童生徒の基準から，児童生徒の悩みや問題を理解しようとすることが共感的理解なのである。

　このように，ロジャーズの「カウンセリングでクライエントに変化をもたらすカウンセラーの3条件」は，教師が教育相談を行うにあたって必要な姿勢である。カウンセリングマインドを持ち，児童生徒が今ここで何を感じているのかを理解しようと努力をすること，その姿勢を児童生徒に示すことが大切である。カウンセリングマインドを持つためには，教師が自分自身の価値観や考え方，弱さや苦手なことも含めて，自分自身を理解し肯定できていることが求められる。さらに，児童生徒を多様な見方で捉える意識を持つことも大切である。児童生徒は様々な悩みや問題を抱えながら学校生活を送っている。そこには児童生徒の持つ「リソース（資源・強み・能力などの児童生徒ががんばることができる要因）」が必ず隠されている。普段から教師が児童生徒の「リソース」に着目し「リソース」を認めたり支えたりすることは，児童生徒の今すでにある強みやがんばりをさらに増やし，児童生徒の困難な状況やしんどい思いに向き合う力を高めるためにも有効である。

確認テスト②

　次の文章を読み，内容が正しいものには○，間違っているものには×をつけなさい。

　1．（　　）ロジャーズによるカウンセリングで相談者に変化をもたらすカウンセラーの3条件は，「純粋性」「無条件の積極的関心」「共感的理解」である。

　2．（　　）「純粋性」とは教師が純粋な子どもの心を忘れないようにいることが，児童生徒と関わるなかで大切であることを示している。

3．児童生徒の問題行動とその援助

　学校現場では児童生徒たちの「問題行動」と呼ばれる行動に教師は日々対応している。「問題行動」と呼ばれる行動を起こさざるをえない児童生徒の背景や状況を理解し，対応していくことが大切である。

(1) 不 登 校
　文部科学省の定義によれば，不登校とは，「何らかの心理的，情緒的，身体的，あるいは社会的要因・背景により，児童生徒が登校しないあるいはしたくともできない状況にある者（ただし，「病気」や「経済的理由」による者を除く。）」とされている。この定義に基づき，「令和元年度児童生徒の問題行動・不登校等生徒指導上の諸課題に関する調査」では年度間に連続または断続して30日以上欠席した児童生徒について調査し，小学生の不登校者数は50,100人，中学生の不登校者数は127,922人であることが報告されている（文部科学省，2020）。高校では多少の増減はあるものの，5万人前後を推移している。中学生の在籍者数における不登校者の割合は3.9％となっており，計算上は中学校ではどのクラスにも1人はいることになる。不登校の児童生徒への対応は，教師としては避けては通れないものである。

　また，この調査では，不登校の要因の主たるものとして「無気力・不安（39.9％）」「いじめを除く友人関係をめぐる問題（15.1％）」「親子の関わり方（10.2％）」が挙げられている。ただし，多くの場合，不登校の要因は1つではなく，心身の健康状態，生活リズムの乱れ，学業不振，友人との関係，教師との関係，家庭環境など，いくつもの要因が複合的に重なっている。「無気力・不安」という要因の背景にも，児童生徒に発達障害があるものの個々に適した支援が行われていないために無気力になっている可能性，これまでの学習経験の中で失敗経験を積んできたことで無気力になっている可能性（学習性無力感，8章参照），精神疾患の症状として無気力になっている可能性など，不登校の要因の背景も児童生徒それぞれで異なるのである。加藤（2001）が指摘するように，不登校が長期間継続することで学校に登校していない期間の学習機会や対人経験が不足となり，それが次なる不安や緊張を生み，不登校を維持させるという要因も生じてくる。

　どのような要因があるとしても，基本的な対応としては，①児童生徒の思いを聴くこと，②児童生徒のリソースに注目して支えていくこと，③児童生徒と保護者を常に気にかけていることを言葉，態度，行動で示すこと，④学校内外と連携をすること，が挙げられる。不登校の児童生徒は自分でもどのようにしたいのかわからない，言葉にできない気持ちを持っている。その言葉にできない気持ち自体を受容することが大切である。児童生徒のリソースに注目して児童生徒そのままの存在を認めたり，児童生徒の好きなものや興味のあるものに教師が関心を示したりすることも，児童生徒が受容された感覚を抱くだろう。教師と児童生徒との信頼関係を軸に，スモールステップで学校に関わらせて自信を持たせていくという対応が有効である。そして，チームとしての学校として，管理職や学年団の教師たち，スクールカウンセラーやスクールソーシャルワーカーなどを含んだ学校全体で，児童生徒の不登校の要因や経過，対応方針を共有していくこと，外部機関とも連携していくことが必要である。チームとしての学校として不登校支援を行うことは，不登校の児童生徒を支える担任教師を支えるためにも求められる。

　不登校の児童生徒はそれぞれのペースで変化・成長していくため，その変化に即した対応も求められる（かしま・神田橋，2006；佐藤ら，2017）。児童生徒の欠席が3日続いた場合には，家庭と連絡がとれていたとしても本人に直接会う，電話するなどの関わりが有効である。児童生徒が困っていることを教師が早期に気づくことができるとともに，教師が自分を気にかけて

くれていると感じられることが心理的な支えになる児童生徒もいる。欠席が続き始めた不登校の状態の初期段階では，腹痛や頭痛などの身体症状を訴える，気持ちがイライラしたり落ち込んだりする，生活リズムが崩れるなどの様子が見られやすい。家族が学校に関することを話題にすると，顔つきが変わる，機嫌が悪くなる，自室に閉じこもるなどの行動も見られる。これらは登校に向けての心理的葛藤が表れているといえるが，近年ではこのような心理的な葛藤が少ない児童生徒も見受けられる。また，家庭訪問の際には，必ずしも本人に会うことを目的としないこと，長時間関わろうとしないことが注意点として挙げられる。不登校の児童生徒にとって，教師という存在は学校そのものであり心理的葛藤を感じさせるものである。家庭訪問の時間を保護者から児童生徒に事前に伝えてもらい児童生徒に心の準備をする余裕を持たせること，児童生徒に会えなかった場合には教師が帰ったことを保護者より児童生徒に伝えてもらうことなど，児童生徒の緊張状態が続かないような配慮も有効である。

　中期段階には，児童生徒も保護者も教師も，学校に行かないという状態に慣れてくる。家庭では落ち着いて生活できるようになったり，児童生徒の好きな生活リズムで過ごして昼夜逆転していたりすることもある。保護者や教師の目からは，自分のペースで生活できるようになったために，児童生徒がそろそろ登校できるのではないかと期待してしまう時期でもある。しかし，ここで焦らずに児童生徒の心身のエネルギーが十分にたまるのを待ち，教師との関係を改めて構築していくことを目指すと良い。認知行動療法の技法を用いて学校との接触を少しずつ増やしていく行動活性化（神村，2019）が有効になってくる時期でもある。

　後期段階には，これまで学校の話題には関心のなかった児童生徒が，教師が家庭訪問をした際に行事内容の詳細を尋ねるなど，学校に興味関心を抱き始める様子が見られる。これまでは教師が話しても「そうなんだ」の一言であった返答が「私のクラスは何をするの？　リレーには誰が選ばれたの？」という質問になったとすれば，それは大きな変化である。児童生徒の発する言葉や態度には児童生徒自身の心理的変化が表れていることが多い。家庭で勉強をし始めたり積極的に外出するようになったり，登校に向けて何かしらの行動が見えるようになる。ただし，このような変化が見られた際であっても決して焦らず，児童生徒がどのように学校復帰をしたいか，学校としてどのような準備ができるかなどを話し合うことが大切である。進級や進学の時期，学校行事などは，再登校のきっかけとなりやすい。保健室や相談室などの別室登校から始める，学校内で仲の良いクラスメートと話す，短時間の登校から始めるなど，児童生徒と教師で話し合って決めた登校に向けての目標をスモールステップでクリアしていくことは，児童生徒の自信や自己肯定感を高めていく。

　また，近年では学校に登校することの意味が問い直されている。2017年2月に「義務教育の段階における普通教育に相当する教育の機会の確保等に関する法律」が施行され，「義務教育の段階における普通教育に相当する教育の機会確保等に関する基本方針」が文部科学省（2017）より示されている。この基本方針では，不登校児童生徒に対する多様で適切な教育機会の確保の1つとして，特例校や教育支援センターの設置促進等が挙げられている。特例校とは「不登校児童生徒の実態に配慮した特色ある教育課程を編成し，教育を実施する学校」であり，2021年時点で全国に17校が設置されている（文部科学省，2021）。教育支援センターについてもこれまで行ってきた通所する児童生徒への支援だけでなく，通所を希望しない不登校児童生徒に対する訪問支援の実施など，児童生徒の支援の中核となることが目指されている。「不登校児童生徒への支援の在り方について（通知）」（文部科学省，2019）には，不登校支援の視点として「不登校児童生徒への支援は，『学校に登校する』という結果のみを目標にするのではなく，児童生徒が自らの進路を主体的に捉えて，社会的に自立することを目指す必要があること。また，児童生徒によっては，不登校の時期が休養や自分を見つめ直す等の積極的な意味を持つことがある一方で，学業の遅れや進路選択上の不利益や社会的自立へのリスクが存

在することに留意すること」が挙げられている。教師は不登校の児童生徒に対し，今後の社会で生きていく，今後の社会をつくっていく者として，それぞれにあった支援を行っていくことが求められている。

（2）いじめ

　2013年6月に施行された「いじめ防止対策推進法」において，いじめは「児童生徒に対して，当該児童生徒が在籍する学校に在籍している等当該児童生徒と一定の人的関係にある他の児童生徒が行う心理的又は物理的な影響を与える行為（インターネットを通じて行われるものを含む。）であって，当該行為の対象となった児童生徒が心身の苦痛を感じているもの」と定義されている。

　特に近年では「パソコンや携帯電話等で，ひぼう・中傷や嫌なことをされる」いじめの割合が高まってきている（表14-1）。2019（令和元）年度では全体で82.7%の学校が，インターネットを通じて行われるいじめの防止および効果的な対処のための啓発活動を実施しており（文部科学省，2020），その割合が年々増加しているところから学校現場の関心の高さもうかがえる。新しいSNS（ソーシャルネットワーキング）サービスやオンラインゲームが次々に生まれると同時にその仕組みを用いた新たないじめも起きているのが現状である。例えば，LINEのグループをつくったふりをして一部の人を外したグループを作り直すことや，ケンカをした相手の写真を同じクラスの児童生徒あるいは知り合いでない人に送信するなど，もし悪意がなかったとしても利用方法を間違えたり冗談のつもりで気軽に行ってしまったりしたことが深刻ないじめにつながりやすい。インターネットを通じたいじめは簡単に加害者になってしまうため，今後は児童生徒が被害者にならない指導だけでなく，むしろお互いに加害者にもならない指導が求められる。インターネットを通じてのいじめは教師の見えないところで行われるため，「これはいじめかもしれない」と感じて，教師や周囲に相談してくれる児童生徒を育成する必要があるだろう。

表14-1　いじめの態様

（「令和元年度　児童生徒の問題行動等生徒指導上の諸問題に関する調査結果」（文部科学省，2020）より作成）

いじめの内容	小学校 件数（件）	小学校 構成比（%）	中学校 件数（件）	中学校 構成比（%）	高等学校 件数（件）	高等学校 構成比（%）	特別支援学校 件数（件）	特別支援学校 構成比（%）	計 件数（件）	計 構成比（%）
冷やかしやからかい，悪口や脅し文句，嫌なことを言われる。	295,652	61.0	70,760	66.4	11,331	61.7	1,674	54.4	379,417	61.9
仲間はずれ，集団による無視をされる。	67,220	13.9	13,256	12.4	2,971	16.2	224	7.3	83,671	13.7
軽くぶつかられたり，遊ぶふりをして叩かれたり，蹴られたりする。	114,138	23.6	14,615	13.7	1,801	9.8	678	22.0	131,232	21.4
ひどくぶつかられたり，叩かれたり，蹴られたりする。	27,488	5.7	4,764	4.5	655	3.6	213	6.9	33,120	5.4
金品をたかられる。	4,455	0.9	1,154	1.1	480	2.6	71	2.3	6,160	1.0
金品を隠されたり，盗まれたり，壊されたり，捨てられたりする。	27,314	5.6	5,549	5.2	964	5.3	138	4.5	33,965	5.5
嫌なことや恥ずかしいこと，危険なことをされたり，させられたりする。	40,810	8.4	7,823	7.3	1,237	6.7	259	8.4	50,129	8.2
パソコンや携帯電話等で，ひぼう・中傷や嫌なことをされる。	5,608	1.2	8,629	8.1	3,437	18.7	250	8.1	17,924	2.9
その他	22,112	4.6	3,326	3.1	947	5.2	206	6.7	26,591	4.3

注）構成比は各区分における認知件数に対する割合。

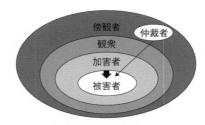

図14-2　いじめの4層構造 (森田・清永，1986をもとに作成)

　図14-2で示すように，いじめは加害者，被害者，はやしたてる観衆，見て見ぬふりをする傍観者，仲裁者によって構成される（森田・清永，1986）。国立教育政策研究所（2016）の2013年から2015年の3年間の追跡調査によると，3年間の調査期間の間に「仲間はずれ，無視，陰口」を経験していない児童生徒の割合は小学生（4～6年在籍）で11.5％，中学生（1年～3年在籍）で31.5％，「仲間はずれ，無視，陰口」を行ったことのある児童生徒の割合は，小学生（4～6年在籍）で21.4％，中学生（1年～3年在籍）で34.2％と報告されている。ある年の前半にいじめを受けた児童生徒のうち3分の1が同じ年の後半にはいじめを受けておらず，新たな児童生徒が入れ替わって，いじめを受けていることも明らかにされている。これらから，児童生徒の誰もがいじめに巻き込まれながら，被害者，加害者，観衆，傍観者になりうることがうかがわれる。

　この4層構造の中で，被害者が誰かに相談することは非常に難しいことが指摘されている。誰にいじめられているのかわからず，誰も頼れないという周囲への不信感，相談をすることでいじめがさらに悪化することや相談した相手に迷惑をかけることへの心配，相談してもいじめが解決しないという否定的な考えなどを被害者は持つからである（木村・濱野，2010）。なかには，保護者を悲しませたくない，心配をかけたくないという気持ちから，家庭では明るく振る舞う児童生徒もいる。周囲にいじめを受けていることを相談することは，自分がいじめを受けていることを自分自身で認めることになるため，その辛さから誰にも相談できない児童生徒もいるだろう。被害者は誰かに相談するエネルギーや意欲さえもだんだんと失っていくため，教師は早期発見・早期対応をすることが求められる。

　ここで，いじめ対応において，教師は被害者だけでなく，加害者も観衆も傍観者も支援が必要な児童生徒であることを覚えておかなくてはならない。いじめという行為自体はどのような理由があったとしても許されないものであるが，加害者はいじめをせざるをえないほどの背景や問題を抱えていることも多い。家族関係や友人関係の中で自分を認めてもらえないことや，学業面での不適応感や競争意識を感じていることなどのストレスがあり，いじめをすることで味わうことのできる優越感や満足感で自分の存在価値を得ている可能性がある。保護者による厳しい叱責や体罰などを受けた小学生ほど，いじめの被害者・加害者となるリスクが高いことが報告されている（村山ら，2018）。被害者だけでなく加害者も抑うつや攻撃性，ストレスが高いことも明らかにされている（村山ら，2015；岡安・高山，2000）。観衆や傍観者についても，自分が代わりにいじめられると思って何もできない，いじめであるのかいじめでないのかわからない，いじめを止める方法がわからないなどと感じている可能性もある。いじめを見聞きした時に自分がいじめを直接止めるだけでなく，悪口を聞いた時にどのような反応をするか，独りぼっちでいる子に気づいた時にどのように関わるか，教師にどうやって相談するかなど，自分にできる多様ないじめ予防・解決行動を学級全体で考えるなどの機会が必要だと考えられる。4層構造のどの立場であっても児童生徒は傷つき，辛い気持ちを経験しうる。教師が「いじめを許さない」という学級の雰囲気を児童生徒とともに形成しておくことは，いじめの早期発見・早期対応だけでなく予防的対応としても有効である。クラスや学校には多様な性格や考

え方，価値観の児童生徒がおり，その中でお互いにお互いを尊重して気持ちよく付き合うことを目指す学級づくりが求められる。

確認テスト③

次の文章を読み，内容が正しいものには○，間違っているものには×をつけなさい。

1. （　　）　文部科学省の定義では，不登校とは，「何らかの心理的，情緒的，身体的あるいは社会的要因・背景により，児童生徒が登校しないあるいはしたくともできない状況にある者」とされており，「病気」や「経済的理由」による者は含まない。
2. （　　）　生徒指導上の問題のある一部の児童生徒がいじめを行いやすいため，加害者になりやすい児童生徒と被害者になりやすい児童生徒がいる。

演習課題

以下の文章を読んで，問いに答えてみよう。

あなたは中学校の教師であり，AさんとBさんの所属する部活動の顧問をしている。今日の部活後に「Aさんがいじめを受けている」と，Bさんが打ち明けてくれた。BさんはAさんとは別のクラスに所属しているが，Aさんから相談を受けたとのことだった。Bさんはあなたに相談する時に周囲に生徒がいないか非常に気にしている様子が見られた。また，自分が伝えたことをAさんにも誰にも明かさないでほしいとのことだった。

さて，あなたは教師として，AさんやBさん，Aさんの保護者などへの対応，学校内での情報共有と対応などについて，どのようにしていくか。それぞれについて考えてみよう。

第15章 地域との連携とチームとしての学校

　今日の学校教育には，家庭や地域，そして教師以外の専門家の支援は欠かせないものとなっている。家庭や地域からは，運動会や修学旅行などの学校行事，学習補助，ふるさと学習，広報活動，登下校の見守り，自然と触れ合う活動など，様々な面で支援を受けている。他方で，地域清掃や市民運動会，公民館での催しなど，地域の活動に子どもたちが参加するのを学校が支援する場合もあり，学校と地域とは互いに協力し合う関係を築いている。また，連れ去り防止教室や防災活動に地元の警察や消防団などの協力を仰いだり，いじめや不登校などの問題に

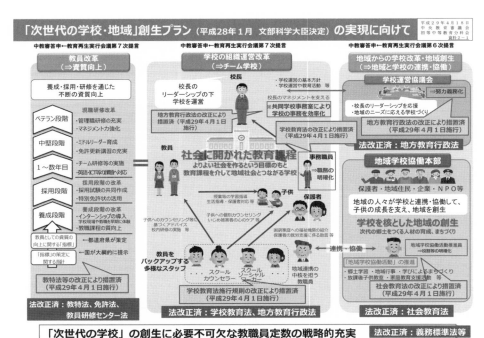

図15-1　「次世代の学校・地域」創生プラン

（中央教育審議会　初等中等教育分科会（第111回）配布資料2-1より）

スクールカウンセラーやスクールソーシャルワーカーが対応したりと，様々な専門家も学校に携わっている。例えば公立の小中学校に週4時間以上勤務するスクールカウンセラーの割合は，2020年度では，小学校で22.5%，中学校で66.9%であった（文部科学省，2021）。

　家庭や地域，各種専門家との協力関係は，「社会に開かれた教育課程」という教育理念と密接に関わっている。「社会に開かれた教育課程」の全体像をつかむためには，近年の主要な教育政策を体系的に理解しておく必要がある（図15-1）。そこで本章では，まず近年の主要な教育政策を概観した上で，地域連携とチームとしての学校に焦点を当てて見ていくこととする。なお，「チームとしての学校」は「チーム学校」と呼ばれることも多いが，本章では中央教育審議会（2015b）の答申に合わせて「チームとしての学校」との呼称を用いることとする。

1．近年の日本における教育政策

　中央教育審議会がまとめた「答申」を確認すると，日本で重視される教育政策をうかがい知ることができる。中央教育審議会とは，文部科学省内に設置された機関である（以後はよく使われる「中教審」という略称を用いる）。中教審は文部科学大臣の諮問（見解を求めること）を受け，教育に関する重要事項についての意見をまとめ，「答申」という形で報告する。2010年以降だけでも70を超える答申がまとめられている（2021年3月31日現在）。中教審の委員は30人以内で任期は2年と定められており（再任可），教育・行政・企業経営などに携わる有識者から構成される。中教審がまとめた答申に基づいて学習指導要領や法律・法令が改訂・改正されていくため，答申はその後の教育政策を方向づけるものといえる。

　2014年以降，教育制度の見直しに直結する重要な答申が立て続けにまとめられた。それらの答申に登場する主なキーワードとして，社会に開かれた教育課程，学習指導要領の改訂，Society 5.0，働き方改革，学校と地域の連携，チームとしての学校などが挙げられる。本節では社会に開かれた教育課程，学習指導要領の改訂，Society 5.0，働き方改革について順に紹介し，学校と地域の連携とチームとしての学校については節を改めて説明する。

(1) 社会に開かれた教育課程

　「社会に開かれた教育課程」は，学習指導要領の改訂の方針を示した答申（中央教育審議会，2016）に登場した理念である。この理念は以下の3つの目標に大別される。

> ①社会や世界の状況を幅広く視野に入れ，よりよい学校教育を通じてよりよい社会を創るという目標を持ち，教育課程を介してその目標を社会と共有していくこと。
> ②これからの社会を創り出していく子供たちが，社会や世界に向き合い関わり合い，自らの人生を切り拓いていくために求められる資質・能力とは何かを，教育課程において明確化し育んでいくこと。
> ③教育課程の実施に当たって，地域の人的・物的資源を活用したり，放課後や土曜日等を活用した社会教育との連携を図ったりし，学校教育を学校内に閉じずに，その目指すところを社会と共有・連携しながら実現させること。
> （中教審の答申「幼稚園，小学校，中学校，高等学校及び特別支援学校の学習指導要領等の改善及び必要な方策等について」より）

　①～③を読んで，教師としてのどのような実践が「社会に開かれた教育課程」に相当するのかイメージできるだろうか。この理念を十分に理解するためには，複数の答申に目を通す必要があるだろう（答申は文部科学省のホームページで閲覧することができる）。①の「社会や世界の状況」を表す特徴の1つが「Society 5.0」である。②の「子供たちに求められる資質・能力」

がどのようなもので，いかに育んでいくかは「学習指導要領の改訂」に反映されている。③にある「地域の人的・物的資源」の活用および社会との「連携」は，教師の「働き方改革」，「コミュニティ・スクール」「地域学校協働事業」「チームとしての学校」といった教育政策と関係している。

　「社会に開かれた教育課程」を編成する主体は各学校であり，各学校は学習指導要領等を受け止めつつ，子どもたちの姿や地域の実情を踏まえて教育課程を編成し，各学校が設定する学校教育目標の実現に向けて教育課程を実施，評価，改善していくことが求められる。この一連のプロセスは「カリキュラム・マネジメント」と呼ばれる。

(2) 学習指導要領の改訂

　「学習指導要領」とは，学校教育法の施行規則に基づき定められた，各学校で教育課程を編成する際の基準となるものである。小学校，中学校，高等学校別に，教科の目標や学習内容が記載されている。なお，幼稚園の場合は学習指導要領とは呼ばず，「教育要領」という。学習指導要領や教育要領は1989年以降では4回，およそ10年に1度のペースで全面改訂されている。

　平成29・30年改訂学習指導要領は，「何ができるようになるのか」「何を学ぶか」「どのように学ぶか」という大きく3つの方向性を打ち出している。すなわち，（1）学校での学びを通して子どもたちが「何ができるようになるのか」という観点から，育成を目指す資質・能力を整理し，（2）整理された資質・能力を育成するために「何を学ぶか」という観点から必要な指導内容等を検討し，（3）その指導内容を「どのように学ぶか」という，子どもたちの具体的な学びの姿を踏まえて，学習指導要領が構成されている。

　「何ができるようになるか」に関連して，「育成すべき資質・能力の三つの柱」が据えられた。1つ目の柱は，生きて働く「知識・技能」の習得である。各教科等において習得する知識や技能を，社会の中で活用できることが重視される。学校で身につけた知識を実社会で活用できるようになるため，総合的な学習の時間などを使って教科横断的な学習を促進することが推奨されている。なお，科学技術分野を重視した教科横断的な学習は，Science, Technology, Engineering, Art, Mathematicsの5つの分野の頭文字をとって「STEAM教育」と呼ばれる。2つ目の柱は「思考力・判断力・表現力等」である。教科の特性に応じて必要な情報を収集・整理して自分の考えをまとめたり，新たな問題や価値を見出したり，多様な考えを理解したり，表現の仕方を工夫したりすることができる力などが含まれる。3つ目の柱は「学びに向かう力，人間性等」である。学びに向かう力とは，主体的に学習に取り組む態度，自己の感情や行動を統制する能力，自らの思考過程を客観的に捉える力などが含まれる。人間性には，リーダーシップやチームワーク，感性，優しさや思いやりなどが含まれる。

　「何を学ぶか」については，教科等を学ぶ本質的な意義，各教科等の特質に応じた「見方・考え方」の習得が重視される。例えば算数・数学科においては，事象を数量や図形およびそれらの関係などに着目して捉え，論理的，統合的・発展的に考えること，国語科においては，対象と言葉，言葉と言葉の関係を，言葉の意味，働き，使い方等に着目して捉え，その関係性を問い直して意味づけることなどと整理できるとされる（中央教育審議会，2016）。「見方・考え方」とは，それぞれの教科の特質に応じて物事を捉える視点や考え方のことであり，「資質・能力の三つの柱」を活用・発揮するなかで「見方・考え方」が育まれていく。

　「どのように学ぶか」については，「主体的・対話的で深い学び」という観点が重視される。「主体的・対話的で深い学び」とは，次ページの①〜③の視点に立った授業を展開するなかで子どもの資質・能力を育むことを意味する。これらの視点を踏まえると，「主体的・対話的で深い学び」と，「何ができるようになるのか」および「何を学ぶか」という観点とが密接に関連していることが読み取れるだろう。

> ①学ぶことに興味や関心を持ち，自己のキャリア形成の方向性と関連付けながら，見通しを持って粘り強く取り組み，自己の学習活動を振り返って次につなげる「主体的な学び」が実現できているか
> ②子供同士の協働，教職員や地域の人との対話，先哲の考え方を手掛かりに考えること等を通じ，自己の考えを広げ深める「対話的な学び」が実現できているか
> ③習得・活用・探求という学びの過程の中で，各教科等の特質に応じた「見方・考え方」を働かせながら，知識を相互に関連付けてより深く理解したり，情報を精査して考えを形成したり，問題を見いだして解決策を考えたり，思いや考えを基に創造したりすることに向かう「深い学び」が実現できているか
> （中教審の答申「幼稚園，小学校，中学校，高等学校及び特別支援学校の学習指導要領等の改善及び必要な方策等について」より）

（3）Society 5.0

　「Society 5.0」とは，政府が2016年に策定した第5期科学技術基本計画の中で提唱された用語である。これからの社会は，狩猟社会（Society 1.0），農耕社会（Society 2.0），工業社会（Society 3.0），情報社会（Society 4.0）に続く新たな社会に位置づけられるという意味で「Society 5.0」と呼ばれる。具体的には，人工知能（AI）や仮想現実（VR），Internet of Things（IoT）などの先端技術が様々な産業や社会生活に取り入れられ，サイバー空間（仮想空間）とフィジカル空間（現実空間）を高度に融合させたシステムにより，経済発展と社会的課題の解決を両立する人間中心の社会を指す。

　2021年にまとめられた答申（中央教育審議会，2021）では，Society 5.0時代の到来を見据えて，情報通信技術（Information and Communication Technology，以下ICTとする）を活用し，子どもだけでなく教師の情報活用能力を育む必要性が謳われている。

　ICTを活用し情報活用能力を育むための具体的な方策として代表的なのは，「GIGAスクール構想」と「プログラミング教育」の充実である。GIGA（Global and Innovation Gateway for All）スクール構想とは，学校内の通信環境を整え，児童生徒に一人1台のタブレット端末を普及させ，子どもの持つ力に応じて学習内容を柔軟に変えられるよう公正に個別最適化された，創造性を育む学びの実現を目指す構想のことである。本来は2021年度から2023年度の3か年で実現する計画だったが，新型コロナウイルスの影響によりこの政策は前倒しして推進され，2021年4月には全国のほとんどの義務教育段階の学校において，児童生徒の一人1台の端末，高速大容量の通信環境が整った。タブレット端末には，デジタル教科書や電子ノートを利用できる，手軽に撮影や録音ができる，配布資料や児童生徒の回答を瞬時に共有できる，動画や音声データを一人ひとりが利用できる，プレゼンテーション資料を作成できる，児童生徒それぞれの進度に応じた個別化された学習課題に取り組むことができる，といった利点がある。こうした利点を生かすことで，より効率的な授業を展開することが可能となる。

　「プログラミング教育」の充実は，平成29・30年改訂学習指導要領で定められた。小学校では，総合的な学習の時間も活用しつつ，教科等における学習内容と関連づける形でのプログラミング教育が必修化された。中学校では，もともとプログラミング教育が組み込まれていた「技術・家庭」科目の技術分野の中に，「ネットワークを利用した双方向性のあるコンテンツのプログラミング」について学ぶ内容が追加された。高等学校では，プログラミングを含む「情報Ⅰ」が2022年度より必修科目として新設されることとなった。

　プログラミング教育は，単なる技術の習得に主眼を置いているわけではなく，プログラミング的思考や情報モラル，情報セキュリティ，統計等に関する資質・能力を育むことを目的としている。プログラミング的思考とは，自分が意図する一連の活動を実現するために，どのよう

な動きの組み合わせが必要であり，1つ1つの動きに対応した記号を，どのように組み合わせたらいいのか，記号の組み合わせをどのように改善していけば，より意図した活動に近づくのか，といったことを論理的に考えていく力を意味する（中央教育審議会，2016）。

（4）働き方改革

　文部科学省が公表している2016年度の教員勤務実態調査によると，1日あたりの学内勤務時間の平均は小学校で11時間15分，中学校で11時間32分であった。週60時間以上の勤務がいわゆる「過労死ライン」といわれるが，これを超える教師が小学校教諭で33.4％，中学校教諭で57.7％に及ぶことも明らかになった。また，経済協力開発機構がまとめた国際教員調査「TALIS 2018」によると，日本は先進国の中でもっとも勤務時間が長い一方で，授業時間は平均よりも短いという結果であった。国際的に見ても，日本の教員は授業以外の業務に多くの時間を割いているといえる。

　こうした現状を踏まえ，2019年にまとめられた答申（中央教育審議会，2019）では，教師の働き方改革を求めている。この答申で主張されている働き方改革の主なポイントは，勤務時間の管理，校務分掌の見直し，そしてスタッフの充実の3点である。勤務時間の管理は，校長や服務監督権者である教育委員会等の責務であり，タイムカードなどICTも活用しながら，すべての教職員の勤務時間を把握し，教員一人ひとりが自らの働き方を見直すことにより，労働時間の適正化を実現するよう求めている。「校務分掌」とは，学校を運営するために必要な，授業以外の教員の業務の分担を指し，教員が配置される委員会等を整理統合したりするなど，校務分掌の見直しを求めている。教員の過重労働の改善のため，校務分掌の見直しとともにスタッフの充実も推奨される。英語専科や生徒指導，通級による指導や日本語指導などのための教員の加配や，事務職員，部活動指導員，スクールカウンセラーやスクールソーシャルワーカーなどの専門職員，学習補助を担うサポートスタッフなど，教師以外の専門職員や地域人材の活用を求めている。

確認テスト①

　以下の（ア）〜（イ）にあてはまる言葉を埋めなさい。
　週4時間以上勤務するスクールカウンセラーは，全国の公立小学校のうち（ア）割以上，公立中学校の（イ）割以上の学校に配置されている。

2．学校と地域の連携

（1）学校と地域の連携のこれまでの展開

　学校が地域と関わりを持つことは以前から重視されてきた。「開かれた学校」という用語が初めて使われたのは，1984年に内閣によって設置された臨時教育審議会が発表した教育改革に関する答申である（増田，2009）。この時の最終答申では学校・家庭・地域の協力関係を確立するための具体的な提言まではなされなかったが（臨時教育審議会，1987），1998年の中教審答申（「今後の地方教育行政の在り方について」）では「学校評議員制度」が提言され，2000年に同制度がスタートする。「学校評議員」とは，保護者や地域住民，有識者などから構成され，学校運営の状況などの周知を図り，校長の求めに応じて学校運営について意見を述べることができる存在である。2009年3月時点で全国の9割以上の小・中・高等学校にこの制度が設置されるに至った。しかしこの制度は校長が保護者や地域住民の意見を「聞く」ことを

推奨するにとどまることから，実質的な地域連携の深まりには結びつかず，形骸化が指摘されるようになった。

　そこで2004年に「地方教育行政の組織及び運営に関する法律」が改正され，コミュニティ・スクールが制度化された。2008年には「地域学校協働本部」の前身といえる「学校支援地域本部事業」がスタートした。以下でこれら2つの制度について見ていく。

（2）コミュニティ・スクール

　コミュニティ・スクールとは，地域住民や保護者の代表が参加する「学校運営協議会」が，学校の運営方針の決定に中核的な役割を担う学校を指す。学校運営協議会は「地方教育行政の組織及び運営に関する法律」で定められており，（1）校長が作成した教育方針や教育課程を承認する，（2）学校運営に関して教育委員会や校長に意見を述べる，（3）教職員の人事に関する意見を教育委員会に述べる，といった権限を持つ。学校運営協議会の承認を得なければその年度の教育課程を実施できないわけであるから，その1点だけからも学校評議員制度よりも保護者や地域住民の権限が強化されたことが読み取れるだろう。佐藤（2018）が2015年に全国の小中学校を中心に行った調査によると，学校運営協議会の委員数の平均は13.4人，年間の会議数は4.9回であり，学校評価や学校行事，地域人材の活用に関する事項が中心的な議題となっている。

　2015年の中教審答申（「新しい時代の教育や地方創生の実現に向けた学校と地域の連携・協働の在り方と今後の推進方策について」）には，コミュニティ・スクールの設置によって，子ども，地域住民，保護者，教師それぞれに利点があると記載されている。子どもへの効果としては，学びの充実，豊かな心や地域の担い手としての自覚の育成，子どもの命や安全の確保，などが挙げられている。地域住民にとっては，生きがいの自覚や，地域づくりの輪が広がるといった利点が挙げられる。保護者にとっては，子どもが地域の中で育てられているとの安心感，保護者同士のつながりや地域の人々とのつながりが生まれるといった利点が挙げられている。教師にとっては，教員としての意欲の向上，子どもと向き合う時間の確保といった利点が挙げられている。

　2015年の答申での提言を受け，2017年には「地方教育行政の組織及び運営に関する法律」が改正され，「教育委員会は，教育委員会規則で定めるところにより，その所管に属する学校ごとに，当該学校の運営及び当該運営への必要な支援に関して協議する機関として，学校運営協議会を置くように努めなければならない」との条文が加わった（第47条の5）。これはすなわち，コミュニティ・スクールの設置が努力義務化されたことを表す。この法改正を契機に，コミュニティ・スクールの設置数は近年，飛躍的な増加を見せている（表15-1）。

　また，第47条の5には「二以上の学校の運営に関し相互に密接な連携を図る必要がある場合として文部科学省令で定める場合には，二以上の学校について一の学校運営協議会を置くことができる」とも記載されている。「二以上の学校について一の学校運営協議会を置く」のは，

表15-1　コミュニティ・スクールの設置数の推移

(年)

	2005	2006	2007	2008	2009	2010	2011	2012	2013	2014	2015	2016	2017	2018	2019	2020
幼稚園	0	3	2	17	22	36	42	55	62	94	95	109	115	147	197	237
小学校	10	24	109	243	331	428	539	786	1028	1240	1564	1819	2300	3265	4618	5884
中学校	7	6	30	76	114	157	199	329	463	565	707	835	1074	1492	2099	2721
義務教育学校	0	0	0	0	0	0	0	0	0	0	7	24	39	50	76
高等学校	0	2	0	3	3	3	4	6	9	10	13	25	65	382	507	668
中等教育学校	0	0	0	0	0	0	0	0	0	0	0	1	1	3	3
特別支援学校	0	1	3	4	5	5	5	7	8	10	10	11	21	106	127	199
累計	17	53	197	343	475	629	789	1183	1570	1919	2389	2806	3600	5432	7601	9788

中学校区を単位に学校運営協議会を設置する場合が該当する。2020（令和2）年7月現在，全国に設置された8,495の学校運営協議会のうち，10.5％にあたる895の協議会は複数校で1つの協議会を設置している。2014年の中教審答申（中央教育審議会，2014）において小中一貫教育の制度化が提唱されたことから，今後，こうした形態の学校運営協議会の割合は増えていくかもしれない。

（3）地域学校協働本部

　「地域学校協働本部」の前身として，まず2008年に「学校支援地域本部事業」がスタートした。この事業では学校，公民館，教育委員会などに配置された「地域コーディネーター」が，地域の学校支援ボランティアと学校との連絡調整を務める。つまり地域コーディネーターには，地域住民と学校との橋渡しの役割が期待されている。地域の学校支援ボランティアは，子どもの学習支援や部活動指導，登下校の見守りや学校行事の支援などにあたる。地域コーディネーターは，ボランティア経験者，PTA関係者・PTA活動経験者，地域の自治会等でネットワークを持っている人，社会教育も経験している元校長・教職員などから選ばれる。

　2015年の答申（中央教育審議会，2015a）では，コミュニティ・スクールの推進とともに，「地域学校協働本部」の設置が提言された。地域学校協働本部とは，従来の学校支援地域本部のコーディネート機能を強化し，幅広い層の地域住民や団体が参画し，緩やかなネットワークを形成することにより，「地域学校協働活動」を推進する体制である。地域学校協働活動とは，放課後や学校休業日に学校や社会教育施設などの施設を利用して行う学習活動（放課後子供教室や自然学校など）や，社会奉仕体験や自然体験などの体験活動，学校での学習支援，郷土学習，学校と地域の行事の共催，登下校の見守り，家庭教育支援などを，地域住民その他の関係者と学校が協働して行うものを指す。地域学校協働本部は，コミュニティ・スクールとは違って設置に関する法律上の規定はないものの（2021年3月現在），社会教育法が2017年に改正され，地域学校協働活動に関する連携協力体制の整備や「地域学校協働活動推進員」に関する規定が整備された。

　ここまでの説明で，地域学校協働本部と，前節のコミュニティ・スクールとの違いは理解できただろうか。実際には学校運営協議会の委員として地域コーディネーターが参加し，地域ボランティアの実働部会が協議会の下部組織に組み込まれている場合があり，コミュニティ・スクールと地域学校協働本部は区別をつけにくい面がある。実際に答申の中でも，地域の実情に即してコミュニティ・スクールと地域学校協働本部が一体的に機能できるような整備が推奨されている（中央教育審議会，2015a）。制度の名前にこだわりすぎず，協議の機能と実働の機能の両輪をうまく回して学校と地域の連携の実現を心がけることが大切だろう。

確認テスト②

　以下の選択肢のうち，学校運営協議会が持つ権限ではないものはどれか。該当するものをすべて選びなさい。
　1．学校の予算の使い道の承認
　2．教職員の人事に関して教育委員会に意見を述べる
　3．学校の教育方針の承認
　4．教職員に対する懲戒処分

3．チームとしての学校

　今日の学校では教職員以外の専門家との連携が求められる。これまで文部科学省の事業に組み込まれ，都道府県・指定都市によって学校に配置され，活動してきたのは，心理の専門家であるスクールカウンセラーと，福祉の専門家であるスクールソーシャルワーカーである。

　スクールカウンセラーの配置は，1990年代前後に不登校・いじめ・校内暴力などが問題視されたことを背景に，1995年から「スクールカウンセラー活用調査研究委託事業」として始まった。この事業は，2001年に「スクールカウンセラー活用事業」，2009年からは「スクールカウンセラー等活用事業」に名称を変更して継続している。スクールカウンセラーを務めるのは，主に1988年より資格認定が始まっていた臨床心理士の資格を持つ者である。事業の趣旨は，公立の小学校，中学校，高等学校，中等教育学校および特別支援学校にスクールカウンセラー等を配置するとともに，24時間体制の電話相談を実施し，教育相談体制を整備することにある。

　2008年にはスクールソーシャルワーカー活用事業が始まる。事業の趣旨は，教育分野に関する知識に加えて，社会福祉等の専門的な知識や技術を有するスクールソーシャルワーカーを活用し，問題を抱えた児童生徒に対し，当該児童生徒が置かれた環境へ働きかけたり，関係機関等とのネットワークを活用したりするなど，多様な支援方法を用いて課題解決への対応を図っていくことにある。

　2015年の答申（中央教育審議会，2015 b）では，看護師や部活動指導員など，より多様な専門性を持つ専門家を活用することが求められた。これと連動する形で，2013年度以降の文部科学省の事業としてスタートした「補習等のための指導員等派遣事業」が年々拡充し，学習支援などの子どもの補助や，学習プリントの準備などの教師の補助（スクール・サポート・スタッフ），中学校の部活動支援（中学校部活動の支援が予算に組み込まれたのは2018年度から）などの人材確保のための予算が割り当てられている。

　こうした動きは教師の働き方改革とも連動していることは容易に想像できるだろう。チームとしての学校の目的は，専門性に基づくチーム体制の構築と組織力の強化である（図15-2）。様々な専門家がそれぞれの見地から多角的な視点で子どもを理解し，教員が担うべき業務や役割を見直し，多職種による連携によって複雑化・多様化した問題の解決を目指そうとしている。

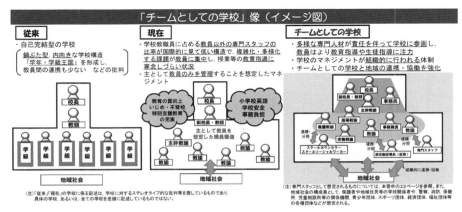

図15-2　チームとしての学校像

（中央教育審議会，2015 b より）

「チームとしての学校」として，教員との連携が望まれるのは以下のうちどれか。該当するものをすべて選びなさい。

　　1．スクールカウンセラー　　　2．スクールソーシャルワーカー　　　3．看護師
　　4．部活動指導員

4．チームワークの概念的理解──良いチームをつくるために

　これまで見てきたように，地域との連携，チームとしての学校のいずれにおいても，必要なのは関係者同士の協力関係の構築である。こうした協力関係のことを心理学では「チームワーク」と呼ぶ。

　チームワークを発揮するには，そもそもその集団が「チーム」としての要件を満たしている必要がある。チームとは，メンバーが特定の目標を共有し，メンバーそれぞれに固有の役割があり，資源を共有し，変化に適応するためにコミュニケーションをとる2人以上からなる集団を指す（Brannick et al., 1995）。保護者や地域住民，各種専門家と教師との関係は，子どもの成長の促進や安全安心な環境づくりのためという大きな目的を共有しており，そこに役割分担とコミュニケーションが発生していれば，チームと呼ぶことができる。

　チームに求められる課題は，タスクワークとチームワークの2種に大別される。タスクワークがチームの目標を達成するのに必要な具体的な課題を表すのに対し，タスクワークの達成のためにどのチームにも普遍的に必要な，成員間で共有された行動，態度，認知を表すのがチームワークである（Salas et al., 2015）。

(1) チームワークの構成要素

　良いチームをつくるためにも，チームワークがどのような行動要素から成り立っているかを理解しておくと良いだろう。チームワークの構成要素についてこれまで多くの理論モデルが提唱されているが，大まかには，リーダーシップに関する有名な理論であるPM理論と同様の整理をすることが可能である（Rousseau et al., 2006）。PM理論とは，リーダーシップの機能を，目標達成を促す課題達成機能と，メンバーをまとめる集団維持機能に大別するものである（12章参照）。チームワークも同様に，課題達成と集団維持の2つの側面を持つ。

　チームワークの課題達成機能としては，準備（preparation），実行（execution），評価（evaluation），修正（adjustment）の4つのフェーズがある。準備のフェーズでは，チームとしての目標を明確にし，メンバー全員が目標を理解し共有し，利用可能な資源をどのように活用するかを考える。実行のフェーズでは，チームで協力しながら目標の達成に向けての計画を実行に移す。時間的な制約があるなかで課題を確実に達成するために，役割分担や情報共有への配慮が必要である。評価のフェーズでは，実行のフェーズと並行して進捗状況をリアルタイムでモニターし，社会からの要請や状況の変化など環境条件もモニターしながら，目標達成のために何をする必要があるかを判断する。修正のフェーズでは，評価の結果に応じてメンバー間の役割変更を柔軟に行い，メンバー同士の相互チェックや，メンバーが集まって解決策を考えることにより，課題遂行のための方法を工夫する。

　チームワークの集団維持機能とは，心理的なサポートが充実しているか，そして統合的な葛藤調整ができているかという要素からなる。心理的なサポートとは，不安やストレスを抱えているメンバーを支え，動機づけや自信を強めることを意味する。統合的な葛藤調整とは，チー

ムの目標，目標達成に向けた進め方，メンバー同士の関係性について，不満や誤解を解いていくことを表す。集団維持機能を発揮するには，お互いが信頼関係を築き，チームの中に相談しやすい雰囲気があることが大切である（Salas et al., 2015）。

　以上の説明から，教員生活の中でチームワークを実践していくための具体的なイメージをつかめただろうか。例えば教員間での情報共有が求められる縦割り班活動や，学校の教育方針を伝える機会である保護者会などにおいて，チームワークの発揮が求められるといえる。課題達成機能については，PDCA サイクルや自己調整学習と似た考え方であると感じた人もいるかもしれない。学校ではよく Plan-Do-Check-Action（PDCA）サイクルという用語が用いられる。これはもともと生産技術の分野で1950年代から使われてきた用語で，業務を計画して実施した結果を確認し，改善策を立てて次の計画に生かすという好循環を目指す考え方である。また，10章で紹介されている自己調整学習（Schunk & Greene, 2018）も，見通し（forethought）を立てて遂行（performance）した結果や学習プロセスを省察する（reflection）という，ふりかえりのプロセスを経て向上を図る点はPDCAサイクルと共通している。PDCAや自己調整学習と比べると，チームワークは当然ながらチームとしての成果が問われるため，メンバー間の役割調整やコミュニケーションがより重視されるのが特徴である。

　なお，幼稚園，小学校，中学校，高等学校，特別支援学校のいずれにおいても，学校教育法により「学校評価」を行うことが定められている。教職員による自己評価や，児童生徒および保護者対象のアンケート，学校関係者評価が年度末に行われ，次年度の目標に反映される。こうした「学校評価」も上記の評価のフェーズに含まれるが，こうした総括的な学校評価はあくまで評価の一部であることに注意が必要である。年度の途中で当初の目標を変更することは現実的に難しい面もあるが，例えば新型コロナウイルスの影響により 2020 年 2 月末から始まった全国一斉臨時休校がそうであったように，状況に応じて当初の目標を変更すべき場合がある。評価と修正をリアルタイムで進めていくことも，チームワークの重要な要素である。

（2）チームにおけるリーダーシップ

　社会に開かれた教育課程の実現，子どもの成長の促進や安全安心な環境づくりといった目標を達成するための「良いチーム」を作り上げる上では，前述のチームワークの構成要素のそれぞれが十分に実行されているのみならず，リーダーシップの発揮が求められる。中教審の答申でも，チームとしての学校を実現する上で「校長のリーダーシップ」が強調されている（中央教育審議会，2015 b）。リーダーシップに関する理論として，ここでは 12 章で紹介されているPM 理論に加えて，「変革型リーダーシップ」と「分散型リーダーシップ」の考えを紹介したい。

　変革型リーダーシップ（transformational leadership）とは，理想的な影響（idealized influence），やる気の鼓舞（inspirational motivation），知的刺激（intellectual stimulation），個別的配慮（individualized consideration）という 4 つの要素からなるリーダーシップである（Bass & Riggio, 2006）。理想的な影響とは，忍耐力と決断力を持ち，首尾一貫した態度を示すことで人々から尊敬され信頼される，メンバーにとってモデルとなるような行動を示すことである。やる気の鼓舞とは，メンバーの仕事を価値づけ挑戦的なものとし，魅力的な将来のビジョンを示すことにより，メンバーのやりがいを高める行動を示すことである。知的刺激とは，慣習にとらわれない新しい考えによって問題解決を目指し，革新的で創造的であろうと努力するようにメンバーに刺激を与える行動を表す。個別的配慮とは，個々のメンバーが求める達成や成長に注意を払い，メンバーの個性を認めて親身に対応することで潜在能力を最大限に引き出すよう振る舞うことを表す。

　変革型リーダーシップはメンバーの創造性や自律性を重んじることから，変化していく社会に対応するための「社会に開かれた教育課程」を実践する上でも，メンバー同士のコミュニケー

ションが重要となるチームワークを発揮する上でも，有用なリーダー像を示しているといえよう。ただし，変革型リーダーシップは，組織としての高いパフォーマンスを引き出す一方で（神谷，2011；Wang et al., 2011），刺激を受けたメンバーが働き過ぎてストレス反応を高めてしまう危険もある（王ら，2016）。教員の働き方改革の実現もチームとしての目標にきちんと含めた上で，校長が変革型リーダーシップを発揮することが望まれる。

　ただし，リーダーシップを発揮するのは校長ばかりとは限らない。地域との連携やチームとしての学校には，地域の自治会長や各種団体の長，PTA 会長など，他にもリーダーとしての役割を持つ人物が参加している。学校と地域が連携するためには，時として校長は敢えて主導的な役割を発揮すべきでない状況もあるだろう。こうした状況におけるリーダーシップを理解する上では，「分散型リーダーシップ」の考え方が参考になるだろう。

　分散型リーダーシップ（Spillane, 2006）の考え方によれば，リーダーは肩書きによって固定されたものではなく，リーダーシップは人々の間に分散されている。リーダー，フォロワー，状況の 3 つの構成要素の間の双方向の関係により，誰がリーダーとなるかは流動的に決まってくる。フォロワーとはリーダー以外の人物のことで，リーダーへの協力，意欲的な参加，情報の提供などが求められる。状況によってリーダーやフォロワーの行動が規定されるだけでなく，リーダーやフォロワーの行動によって状況が変化する場合もある。

　特に学校では，複数のリーダー同士が団結しているかどうかが分散型リーダーシップのポイントになる。ハルピアらは，校長・副校長・指導教諭といった複数のリーダーの間での役割分担が明確で，目標が共有され団結している学校ほど，教員の学校に対する前向きな姿勢（organizational commitment）が強いとの研究結果を報告している（Hulpia et al., 2012）。ハルピアらの研究は肩書きに固定された教師のリーダーのみを扱っているという限界はあるものの，複数のリーダー同士の関係がメンバーの取り組みに影響するという知見は，学校と地域との連携やチームとしての学校のあり方を考える上でも示唆に富むといえよう。

　以上，チームワークとリーダーシップの観点を中心に，地域との連携やチームとしての学校という教育政策と関連する理論的枠組みを見てきた。若手教員の立場ではリーダーといえば校長や教頭などの管理職のイメージが強いかもしれないが，特に分散型リーダーシップの考えに基づけば，若手教員もリーダーとなりうる機会があるといえる。そしてチームワークの概念を学ぶことにより，リーダー以外のメンバーも主体的に動かなければ良いチームになりえないことも理解できただろうか。子どもたちが育むべき資質・能力は，当然ながら教員にも必要とされるものである。教師を目指す学生には，良いチームづくりに貢献できる「人間性」を磨かねばという自覚が求められるだろう。

確認テスト④

　教員の職務のうち，チームワークの要素が強いものはどれか。以下の選択肢から 2 つ選びなさい。
　1．指導案の作成　2．縦割り班活動　3．保護者会　4．学級担任による通知表の作成

> **演習課題**
> 　社会に開かれた教育課程，学習指導要領の改訂，Society 5.0，働き方改革，学校と地域の連携，チームとしての学校という教育政策上のポイントが，相互にどのように関わっているかを説明してみよう。

引用・参考文献

■第 1 章

安藤寿康（2016）．日本人の 9 割が知らない遺伝の真実　SB クリエイティブ

東　洋（1969）．知的行動とその発達　桂　広介ほか（監修）　認識と思考　児童心理学講座 4 （pp.1-22）金子書房

Baltes, P. B., Reese, H. W., & Lipsitt, L. P. (1980). Life-span development psychology. *Annual Review of Psychology, 31*, 65-110.

Bigelow, B. J. (1977). Children's friendship expectations: A cognitive-developmental study. *Child Development, 48*, 246-253.

Erikson, E. H. (1950). *Childhood and society*. New York: W. W. Norton.（仁科弥生（訳）（1977）．幼児期と社会　みすず書房）

Gesell, A., & Thompson, H. (1929). Learning and growth in identical infant twins: An experimental study by the method of co-twin control. *Genetic Psychology Monographs, 6*, 1-124.

Havighurst, R. J. (1953)．*Human development and education*. New York: Longmans, Green.（荘司雅子（訳）（1995）．人間の発達課題と教育　玉川大学出版部）

Jensen, A. R. (1967). The culturally disadvantaged: Psychological and educational aspects. *Educational Research, 10*（1）, 4-20.

Lorentz, K.（1949）．*Er redete mit dem Vieh, den Vogeln und den Fichen*. Deutscher Taschenbuch.（日高敏隆（訳）（1975）．ソロモンの指輪—動物行動学入門　早川書房）

Stern, W. (1935). *Allegmeine Psychologie auf personalitischer Grundlage*. Dordrecht, The Netherlands: Nijoff.

Vygotsky, L. S. (1956). *Thought and language*. The MIT Press.（柴田義松（訳）（1962）．思考と言語　明治図書）

■第 2 章

Akhtar, N., Carpenter, M., & Tomasello, M. (1996). The role of discourse novelty in early word learning. *Child Development, 67*（2）, 635-645.

Alexander, R., Boehme, R., & Cupps, B. (1993). *Normal development of functional motor skills*. Tucson, Arizona: Communication Skill Builders.（高橋智宏（監訳）（1997）．機能的姿勢：運動スキルの発達　協同医書出版社）

Baillargeon, R., & DeVos, J. (1991). Object permanence in young infants: Further evidence. *Child Development, 62*（6）, 1227-1246.

Bar-Haim, Y., & Bart, O. (2006). Motor function and social participation in kindergarten Children. *Social Development, 15*（2）, 296-310.

Bowlby, J. (1988). *A secure base: Clinical applications of attachment theory*. London, England: Routledge.（二木　武（監訳）（1993）．母と子のアタッチメント：心の安全基地　医歯薬出版）

DeCasper, A. J., & Spence, M. J. (1986). Prenatal maternal speech influences newborns' perception of speech sounds. *Infant Behavior and Development, 9*（2）, 133-150.

遠藤利彦（1997）．愛着と発達　井上健治・久保ゆかり（編）　子どもの社会的発達（pp.8-31）　東京大学出版会

遠藤利彦（2005）．アタッチメント理論の基本的枠組み　数井みゆき・遠藤利彦（編）　アタッチメント：生涯にわたる絆　ミネルヴァ書房

Erikson, E. H. (1963). *Childhood and society*（2 nd ed.）. New York: Norton.（仁科弥生（訳）（1977）．幼児期と社会 1　みすず書房）

Flavell, J. H. (1986). The development of children's knowledge about the appearance-reality distinction. *American Psychologist, 41*（4）, 418-425.

Flavell, J. H. (1993). The development of children's understanding of false belief and the appearance-reality distinction. *International Journal of Psychology, 28*（5）, 595-604.

Flavell, J. H., Lindberg, N. A., Green, F. L., & Flavell, E. R. (1992). The development of children's understanding of the appearance-reality distinction between how pope look and what they are really like. *Merrill-Palmer Quarterly, 38*（4）, 513-524.

Goswami, U. (1998). *Cognition in children*. East Sussex, England: Psychological Press.（岩男卓実・上淵　寿・古池若葉・富山尚子・中島伸子（訳）（2003）．子どもの認知発達　新曜社）

針生悦子（2019）．赤ちゃんはことばをどう学ぶのか　中央公論新社

Hay, D. F., Payne, A., & Chadwick, A. (2004). Peer relations in childhood. *Journal of Child Psychology and Psychiatry, 45*（1）, 84-108.

鹿子木康弘（2016）．発達早期のミラーニューロンシステム：他者の動きの意味を理解する　発達, *148*, 53-58.

北村晋一（2013）．乳幼児の運動発達と支援：気になる動きと弱さへの指導—発達障害児も視野に　群青社

Kosugi, D., Ishida, H., & Fujita, K. (2003). 10-month-old infants' inference of invisible agent: Distinction in causality between object motion and human action. *Japanese Psychological Research, 45*（1）, 15-24.

子安増生（2016）．心の理論研究 35 年—第 2 世代の研究へ　子安増生・郷式　徹（編）　心の理論：第 2 世代の研究へ（pp.1-14）新曜社

Ladd, G. W. (2005). *Children's peer relations and social competence: A century of progress*. New Haven, CT: Yale University Press.

Legerstee, M., Barna, J., & DiAdamo, C. (2000). Precursors to the development of intention at 6 months: Understanding people and their actions. *Developmental Psychology, 36*（5）, 627-634.

Lipsitt, L. P. (2003). Crib death: A biobehavioral phenomenon? *Current Directions in Psychological Science, 12*（5）, 164-170.

Meltzoff, A. N. (1995). Understanding the intentions of others: Re-enactment of intended acts by 18-month-old children.

Developmental Psychology, 31（5），838-850．

Moll, H., & Tomasello, M.（2004）. 12- and 18-month-old infants follow gaze to spaces behind barriers. *Developmental Science, 7*（1），F 1-F 9．

中野尚子（2016）．新生児・乳児期に観察されるジェネラルムーブメント　発達，*148*，26-31．

落合正行（2002）．乳幼児期における素朴理論の発達　梅本堯夫（監修）　認知発達心理学：表象と知識の起源と発達（pp. 152-177）　培風館

小椋たみ子・小山　正・水野久美（2015）．乳幼児期のことばの発達とその遅れ：保育・発達を学ぶ人のための基礎知識　ミネルヴァ書房

大藪　泰（2020）．共同注意の発達：情動・認知・関係　新曜社

Parten, M. B.（1932）. Social participation among pre-school children. *The Journal of Abnormal and Social Psychology, 27*（3），243-269．

Piaget, J., & Inhelder, B.（1966）. *La psychologie de le'enfant*. Paris: Presses Universitaires de France.（波多野完治・須賀哲夫・周郷　博（訳）（1969）．新しい児童心理学　白水社）

Sorce, J. F., Emde, R. N., Campos, J. J., & Klinnert, M. D.（1985）. Maternal emotional signaling: Its effect on the visual cliff behavior of 1 -year-olds. *Developmental Psychology, 21*（1），195-200．

Wellman, H. M., & Liu, D.（2004）. Scaling of Theory-of-Mind tasks. *Child Development, 75*（2），523-541．

■第 3 章

Bigelow, B. J.（1977）. Children's friendship expectations: A cognitive developmental study. *Child Development, 48*, 246-253．

Kohlberg, L.（1971）. Stage of moral development as a basis for moral education. In B. Munsey（Ed.），*Moral development, moral education and Kohlberg*. Birmingham, AL: Religious Education Press.（岩佐信道（訳）（1987）．道徳性の発達と道徳教育—コールバーグ理論の展開と実践　麗澤大学出版会）

文部科学省（2010）．学校保健統計調査（平成 22 年度）

文部科学省（2020）．学校保健統計調査（令和元年度）

野呂　正（1983）．思考の発達　野呂　正（編）幼児心理学　朝倉書店

Piaget, J.（1932）. *The moral judgment of the child*. Grencoe: Free Press.（大伴　茂（訳）（1957）．児童道徳判断の発達　黎明書房）

Piaget, J., & Inhelder, B.（1948）. *La représentation de l'espace chez l'enfant*. Paris: Presses Universitaires de France.

Selman, R. L.（1976）. Social cognitive understanding. In T. Lickona（Ed.），*Moral development and behavior*（pp.299-316）. New York: Holt.

Selman, R. L.（2003）. *The promotion of social awareness: Powerful lessons from the partnership of developmental theory and classroom practice*. New York: Russel Sage Foundation.

スポーツ庁（2001）．平成 12 年度体力・運動能力調査報告書

スポーツ庁（2020）．令和元年度体力・運動能力調査報告書

渡辺弥生（2001）．VLF による思いやり育成プログラム　図書文化

山岸明子（1976）．道徳判断の発達　教育心理学研究，*24*（2），97-106．

山中一英（2001）．児童・生徒の友人関係　速水敏彦・吉田俊和・伊藤康児（編）　生きる力をつける教育心理学（pp.155-168）ナカニシヤ出版

■第 4 章

遠藤由美（2000）．青年の心理—ゆれ動く時代を生きる　サイエンス社

藤井恭子（2009）．友人関係の発達　松島公望・橋本広信（編）ようこそ青年心理学（pp.54-65）　ナカニシヤ出版．

日野林俊彦・清水真由子・大西賢治・金澤忠博・赤井誠生・南　徹弘（2013）．発達加速現象に関する研究・その27—2011 年 2 月における初潮年齢の動向—　日本心理学会第 77 回大会発表論文集，1035．

Jensen, F. E., & Nutt, A. E.（2015）. *The teenage brain: A neuroscientist's survival guide to raising adolescents and young adults*. New York: HarperCollins Publishers.（野中香方子（訳）（2015）．10代の脳—反抗期と思春期の子どもにどう対処するか　文藝春秋）

甲斐睦郎他（編）（2020）．国語（6）創造　光村図書　p80．

正木大貴（2020）．なぜわれわれは SNS に依存するのか？：SNS に"ハマる"心理　現代社会研究科論集（京都女子大学大学院現代社会研究科紀要），*14*，161-170．

文部科学省（2020）．学校保健統計調査（令和元年度）Retrieved from https://www.mext.go.jp/content/20200319-mxt_chousa01-20200319155353_ 1 - 3 .pdf（2021 年 4 月 1 日）

内閣府（2020）．令和元年度 青少年のインターネット利用環境実態調査報告書 Retrieved from https://www 8 .cao.go.jp/youth/youth-harm/chousa/r01/net-jittai/pdf-index.html（2021 年 4 月 1 日）

Piaget, J.（1970）. Piaget's theory. In P. H. Mussen（Ed.），*Carmichael's manual of child psychology*（3 rd ed.）: Vol. 1 . New York: John Willy and Sons.（中垣　啓（訳）（2007）．ピアジェに学ぶ認知発達の科学　北大路書房）

白井利明・都筑　学・森　陽子（2002）．やさしい青年心理学　有斐閣

総務省統計局（2021）．労働力調査（基本集計）2021 年（令和 3 年）2 月分　Retrieved from https://www.stat.go.jp/data/roudou/sokuhou/tsuki/zuhyou/05416.xlsx（2021 年 4 月 1 日）

スポーツ庁（2020）．令和元年度体力・運動能力調査報告書　Retrieved from https://www.mext.go.jp/sports/b_menu/toukei/chousa/04/tairyoku/kekka/k_detail/1421920_00001.htm（2021 年 4 月 1 日）

Stockdale, L. A., & Coyne, S. M.（2020）. Bored and online: Reasons for using social media, problematic social networking site use, and behavioral outcomes across the transition from adolescence to emerging adulthood. *Journal of Adolescence, 79*, 173-183．

鑪幹八郎（2002）．アイデンティティとライフサイクル論　ナカニシヤ出版

山本　力 (1984). アイデンティティ理論との対話　鑪幹八郎・山本　力・宮下一博 (編)　アイデンティティ研究の展望 (pp. 9 - 38) ナカニシヤ出版

■第 5 章

Abbott, D. W., & Price, L. E. (1964). Stimulus generalization of the conditioned eyelid response to structurally similar nonsense syllables. *Journal of Experimental Psychology, 68*, 368 - 371.

American Psychological Association (2020). APA resolution on violent video games. Retrieve from https://www.apa.org/about/policy/resolution-violent-video-games.pdf (2022 年 3 月 5 日)

Bakhshi, H., Downing, J., Osborne, M., & Schneider, P. (2017). *The future of skills: Employment in* 2030. London: Pearson and Nesta.

Bandura, A. (1965). Influence of models' reinforcement contingencies on the acquisition of imitative responses. *Journal of Personality and Social Psychology, 1*, 589 - 595.

Bandura, A. (1977). *Social learning theory*. Englewood Cliffs, NJ: Prentice-Hall.

Bandura, A., & Menlove, F. L. (1968). Factors determining vicarious extinction of avoidance behavior through symbolic modeling. *Journal of Personality and Social Psychology, 8*, 99 - 108.

Bandura, A., Ross, D., & Ross, S. A. (1963). Imitation of film-mediated aggressive models. *Journal of Abnormal and Social Psychology, 66*, 3 - 11.

Bloom, K. C., & Shuell, T. J. (1981). Effects of massed and distributed practice on the learning and retention of second-language vocabulary. *Journal of Educational Research, 74*, 245-248.

Briggs, G. E., & Brogden, W. J. (1954). The effect of component practice on performance of a lever-positioning skill. *Journal of Experimental Psychology, 48*, 375 - 380.

Cepeda, N. J., Vul, E., Rohrer, D., Wixted, J. T., & Pashler, H. (2008). Spacing effects in learning: A temporal ridgeline of optimal retention. *Psychological Science, 19*, 1095 - 1102.

Dunlosky, J., Rawson, K. A., Marsh, E. J., Nathan, M. J., & Willingham, D. T. (2013). Improving students' learning with effective learning techniques: Promising directions from cognitive and educational psychology. *Psychological Science in the Public Interest, 14*, 4 - 58.

Hiroto, D. S., & Seligman, M. E. (1975). Generality of learned helplessness in man. *Journal of Personality and Social Psychology, 31*, 311 - 327.

実森正子・中島定彦 (2000). 学習の心理学　第 2 版：行動のメカニズムを探る　サイエンス社

Kornell, N., & Bjork, R. A. (2008). Learning concepts and categories: Is spacing the enemy of induction? *Psychological Science, 19*, 585 - 592.

Lovaas, O. I., Berberich, J. P., Perloff, B. F., & Schaeffer, B. (1966). Acquisition of imitative speech by schizophrenic children. *Science, 151*, 705 - 707.

Mawhinney, V. T., Bostow, D. E., Laws, D. R., Blumenfeld, G. J., & Hopkins, B. L. (1971). A comparison of students studying-behavior produced by daily, weekly, and three-week testing schedules. *Journal of Applied Behavior Analysis, 4*, 257 - 264.

Meltzoff, A. N., & Moore, M. K. (1977). Imitation of facial and manual gestures by human neonates. *Science, 198*, 75 - 78.

Okamoto, T., Endo, S., Shirao, T., & Nagao, S. (2011). Role of cerebellar cortical protein synthesis in transfer of memory trace of cerebellum-dependent motor learning. *Journal of Neuroscience, 31*, 8958 - 8966.

Pavlov, I. P. (1927). *Conditioned reflexes*. Oxford: Oxford University Press.

Poulson, C. L., Kymissis, E., Reeve, K. F., Andreatos, M., & Reeve, L. (1991). Generalized vocal imitation in infants. *Journal of Experimental Child Psychology, 51*, 267 - 279.

Rice, M. L., Huston, A. C., Truglio, R., & Wright, J. (1990). Words from "Sesame Street": Learning vocabulary while viewing. *Developmental Psychology, 26*, 421 - 428.

Seligman, M. E. P. (1975). *Helplessness: On depression, development, and death*. New York: Freeman. (平井　久・木村　敏 (監訳) (1985). うつ病の行動学―学習性絶望感とは何か―　誠信書房)

Seligman, M. E. P., & Maier, S. F. (1967). Failure to escape traumatic shock. *Journal of Experimental Psychology, 74*, 1 - 9.

Simon, D. A., & Bjork, R. A. (2001). Metacognition in motor learning. *Journal of Experimental Psychology: Learning, Memory, and Cognition, 27*, 907 - 912.

So, J. C. Y., Proctor, R. W., Dunston, P. S., & Wang, X. (2013). Better retention of skill operating a simulated hydraulic excavator after part-task than after whole-task training. *Human Factors, 55*, 449 - 460.

Thorndike, E. L. (1898). Animal intelligence: An experimental study of the associate processes in animals. *Psychological Review Monograph Supplement, 2*, 8.

Watson, J. B., & Rayner, R. (1920). Conditioned emotional reactions. *Journal of Experimental Psychology, 3*, 1 - 14.

■第 6 章

Atkinson, R. C., & Shiffrin, R. M. (1968). Human memory: A proposed system and its control processes. In K. W. Spence & J. T. Spence (Eds.), *The psychology of learning and motivation: Advances in research and theory* (Vol. 2, pp. 89 - 195). New York: Academic Press.

Flavell, J. H. (1979). Metacognition and cognitive monitoring: A new area of cognitive-developmental inquiry. *American Psychologist, 34*, 906 - 911.

Veenman, M. V. J., Kok, R., & Bloete, A. W. (2005) The relation between intellectual and metacognitive skills in early adolescence. *Instructional Science, 33*, 193 - 211.

Resnick, L. B. (1989). Introduction. In L. B. Resnick (Eds.), *Knowing, learning, and instruction: Essays in honor of Robert Glaser* (pp. 1 - 24). Hillsdale, NJ: Lawrence Erlbaum Associates.

Duncker, K. (1945). On problem-solving (L. S. Lees, Trans.). *Psychological Monographs, 58*（5）, i-113.

開 一夫・鈴木宏昭（1998）．表象変化の動的緩和理論：洞察メカニズムの解明に向けて　認知科学, *5*（2）, 69-79.

Takahashi, K., & Hatano, G. (1994). Understanding of the banking business in Japan: Is economic prosperity accompanied by economic literacy? *British Journal of Developmental Psychology, 12*（4）, 585-590.

Weinstein, C. E., & Mayer, R. E. (1986). The teaching of learning strategies. In M. C. Wittrock (Ed.), *Handbook of research on teaching*（3rd ed., pp. 315-327). New York: Macmillan.

■第7章

Blackwell, L. S., Trzesniewski, K. H., & Dweck, C. S. (2007). Implicit theories of intelligence predict achievement across an adolescent transition: A longitudinal study and an intervention. *Child Development, 78*（1）, 246-263.

Cattell, R. B. (1963). Theory of fluid and crystallized intelligence: A critical experiment. *Journal of Educational Psychology, 54*（1）, 1-22.

Dutton, E., van der Linden, D., & Lynn, R. (2016). The negative Flynn effect: A systematic literature review. *Intelligence, 59*, 163-169.

Dweck, C. S., & Leggett, E. L. (1988). A social-cognitive approach to motivation and personality. *Psychological Review, 95*（2）, 256-273.

Dweck, C. S., & Master, A. (2008). Self-theories motivate self-regulated learning. In D. H. Schunk & B. J. Zimmerman (Eds.), *Motivation and self-regulated learning: Theory, research, and applications*（pp. 31-51). New York: Lawrence Erlbaum Associates.

Flynn, J. R. (1987). Massive IQ gains in 14 nations: What IQ tests really measure. *Psychological Bulletin, 101*（2）, 171-191.

Gardner, H. (1999). *Intelligence reframed: Multiple intelligences for the 21st century*. New York: Basic Books.（松村暢隆（訳）(2001). MI：個性を生かす多重知能の理論　新曜社）

Getzels, J. W., & Jackson, P. W. (1962). *Creativity and intelligence: Explorations with gifted students*. New York: Wiley.

Guilford, J. P. (1967). *The nature of human intelligence*. New York: McGraw-Hill.

Heckman, J. J. (2013). *Giving kids a fair chance*. Cambridge: MIT Press.（古草秀子（訳）(2015). 幼児教育の経済学　東洋経済新報社）

Herrnstein, R. J. & Murray, C. (1994). *The bell curve: Intelligence and class structure in American life*. New York: Free Press.

Hong, Y. Y., Chiu, C. Y., Dweck, C. S., Lin, D. M. S., & Wan, W. (1999). Implicit theories, attributions, and coping: A meaning system approach. *Journal of Personality and Social Psychology, 77*（3）, 588-599.

市村祐樹・井田政則（2019）．2因子暗黙の知能観尺度の信頼性・妥当性　立正大学心理学研究年報, *10*, 31-36.

McGrew, K. S. (2009). CHC theory and the human cognitive abilities project: Standing on the shoulders of the giants of psychometric intelligence research. *Intelligence, 37*, 1-10.

Mednick, S. A. (1962). The associative basis of the creative process. *Psychological Review, 69*（3）, 220-232.

中山芳一（2018）．学力テストで測れない非認知能力が子どもを伸ばす　東京書籍

Preckel, F., Holling, H., & Wiese, M. (2006). Relationship of intelligence and creativity in gifted and non-gifted students: An investigation of threshold theory. *Personality and Individual Differences, 40*（1）, 159-170.

Resnick, M. (2017). *Lifelong kindergarten: Cultivating creativity through projects, passion, peers, and play*. Cambridge: MIT Press.（ミッチェル・レズニック・村井裕実子・阿部和広（著）酒匂寛（訳）(2018). ライフロング・キンダーガーテン—創造的思考力を育む4つの原則　日経BP社）

Silver, D., Huang, A., Maddison, C. J., Guez, A., Sifre, L., Van Den Driessche, G., … Hassabis, D. (2016). Mastering the game of Go with deep neural networks and tree search. *Nature, 529* (7587), 484-489.

Sligh, A. C., Conners, F. A., & Roskos-Ewoldsen, B. (2005). Relation of creativity to fluid and crystallized intelligence. *Journal of Creative Behavior, 39*（2）, 123-136.

Spearman, C. (1904). "General intelligence," objectively determined and measured. *American Journal of Psychology, 15*（2）, 201-292.

Sternberg, R. J. (1996). *Successful intelligence: How practical and creative intelligence determine success in life*. New York: Simon & Schuster.（小此木啓吾・遠藤公美恵（訳）(1998). 知脳革命—ストレスを超え実りある人生へ　潮出版社）

Thurstone, L. L. (1938). *Primary mental abilities*. Chicago, IL: University of Chicago Press.

■第8章

Abramson, L. Y., Seligman, M. E. P., & Teasdale, J. (1978). Learned helplessness in humans: Critique and reformuration. *Journal of Abnormal Psychology, 87*, 49-74.

Atkinson, J. W. (1974). Strength of motivation and efficiency of performance. In J. W. Atkinson & J. O. Raynor (Eds.), *Motivation and achievement*（pp. 193-218). Washington, DC: Winston & Sons.

Bandura, A. (1977). Self-efficacy: Toward a unifying theory of behavioral change. *Psychological Review, 84*, 191-215.

Eccles, J., & Wigfield, A. (1985). Teacher expectancies and student motivation. In J. B. Dusek (Ed.), *Teacher expectancies*（pp. 185-226). Hillsdale, NJ: Lawrence Erlbaum Associates.

Maslow, A. H. (1970). *Motivation and personality*（2nd ed.）. New York: Harper & Row.

文部科学省（2017）．新しい学習指導要領の考え方　Retrieved from https://www.mext.go.jp/a_menu/shotou/new-cs/__icsFiles/afieldfile/2017/09/28/1396716_1.pdf（2021年5月30日）

Ryan R. M., & Deci, E. L. (2000). Self-determination theory and the facilitation of intrinsic motivation, social development, and well-being. *American Psychologist, 55*, 68-78.

Seligman, M. E. P., & Maier, S. F. (1967). Failure to escape traumatic shock. *Journal of Experimental Psychology, 74*, 1-9.

上淵　寿（2019）．動機づけ研究の省察—動機づけ・再入門—　上淵　寿・大芦　治（編著）新・動機づけ研究の最前線（pp. 1-19）

北大路書房

Weiner, B.（1972）. *Theories of motivation*. Chicago, IL: Rand McNally.

■第9章

Bransford, J. D., & Johnson, M. K.（1972）. Contextual prerequisites for understanding: Some investigations of comprehension and recall. *Journal of verbal learning and verbal behavior, 11*, 717-726.

Gagné, R. M., Wager, W. W., Golas, K. C., & Keller, J. M.（2005）. *Principles of instructional design*（5 th ed.）. Florence, KY: Wadsworth Publishing.（鈴木克明・岩崎　信（監訳）（2007）. インストラクショナルデザインの原理　北大路書房）

市川伸一（2000）. 勉強法が変わる本―心理学からのアドバイス―　岩波書店

市川伸一（2008）. 「教えて考えさせる授業」を創る―基礎基本の定着・深化・活用を促す「習得型」授業設計―　図書文化

市川伸一（2020）. 「教えて考えさせる授業」を創る　アドバンス編―「主体的・対話的で深い学びのための授業設計」―　図書文化

稲垣　忠（2019）. 教育の方法と技術―主体的・対話的で深い学びをつくるインストラクショナルデザイン―　北大路書房

板倉聖宣（1974）. 仮説実験授業―授業書〈ばねと力〉によるその具体化―　仮説社

板倉聖宣（2011）. 仮説実験授業のABC　第5版―楽しい授業への招待―　仮説社

鹿毛雅治（2019）. 授業という営み―子どもとともに「主体的に学ぶ場」を創る―　教育出版

児玉佳一（2020）. 個別学習　児玉佳一（編）　やさしく学ぶ教職課程　教育心理学（pp. 94-95）　学文社

Mager, R. F.（1962）. *Preparing instructional objectives*. Palo Alto, CA: Fearon Publishers.（産業行動研究所（訳）（1970）. 教育目標と最終行動―行動の変化はどのようにして確認されるか―　産業行動研究所）

水越敏行（1970）. 発見学習入門　明治図書出版

中山勘次郎（2017）. 授業の心理学　櫻井茂男（編）　改訂版　楽しく学べる最新教育心理学―教職に関わるすべての人に―（pp. 75-95）　図書文化

並木　博（1993）. 教授・学習研究におけるATIパラダイムと適性理論　教育心理学年報, *32*, 117-127.

佐藤浩一（2013）. 学習の支援と教育評価―理論と実践の協同―　北大路書房

Schön, D. A.（1983）. *The reflective practitioner: How professionals think in action*. New York: Basic Books.（佐藤　学・秋田喜代美（訳）（2001）. 専門家の知恵―反省的実践家は行為しながら考える―　ゆみる出版）

篠ケ谷圭太（2016）. 授業外の学習の指導　自己調整学習研究会（監修）　自ら学び考える子どもを育てる教育の方法と技術（pp. 140-156）　北大路書房

Snow, R. E., Tiffin, J., & Seibert, W. F.（1965）. Individual differences and instructional film effects. *Journal of Educational Psychology, 56*, 315-326.

■第10章

Aronson, E., Blaney, N., Stephan, C., Sikes, J., & Snapp, M.（1978）. *The Jigsaw classroom*. Beverly Hills, CA: Sage Publishing Company.（松山安雄（訳）（1986）. ジグソー学級：生徒と教師の心を開く協同学習法の教え方と学び方　原書房）

中央教育審議会（2016）. 幼稚園, 小学校, 中学校, 高等学校及び特別支援学校の学習指導要領等の改善及び必要な方策等について（答申）, 平成28年12月21日 Retrieved from https://www.mext.go.jp/b_menu/shingi/chukyo/chukyo 0 /toushin/__icsFiles/afieldfile/2017/01/10/1380902_0.pdf（2021年11月9日）

中央教育審議会（2021）. 「令和の日本型学校教育」の構築を目指して―すべての子供たちの可能性を引き出す, 個別最適な学びと協働的な学びの実現―（答申）, 令和3年1月26日 Retrieved from https://www.mext.go.jp/content/20210126-mxt_syoto02-000012321_2-4.pdf（2021年11月9日）

Gagné, R. M., Wager, W. W., Golas, K. C., & Keller, J. M.（2005）. *Principles of instructional design*（5 th ed.）Florence, KY: Wadsworth Publishing.（鈴木克明・岩崎　信（監訳）（2007）. インストラクショナルデザインの原理　北大路書房）

市川　尚・根本淳子（編著）鈴木克明（監修）（2016）. インストラクショナルデザインの道具箱101　北大路書房

Johnson, D. W., Johnson, R. T., & Smith, K. A.（1991）. *Active learning: Cooperation in the college classroom*. Edina, MN: Interaction Book Company.（関田一彦（編訳）（2001）. 学生参加型の大学授業―協同学習への実践ガイド　玉川大学出版部）

Kagan, S.（1992）. *Cooperative learning*. San Clemente, CA: Kagan Cooperative Learning.

Keller, J. M.（2010）. *Motivational design for learning and performance: The ARCS model approach*. New York: Springer.（鈴木克明（監訳）（2010）. 学習意欲をデザインする：ARCSモデルによるインストラクショナルデザイン　北大路書房）

溝上慎一（2015）. アクティブラーニング論から見たディープ・アクティブラーニング　松下佳代（編）　ディープ・アクティブラーニング（pp.31-51）　勁草書房

Moore, M. G., & Kearsley, G.（1996）. *Distance education: A systems view*. Belmont, CA: Wadsworth.（高橋　悟（編訳）（2004）. 遠隔教育：生涯学習社会への挑戦　海文堂）

中西良文・長濱文与（2019）. 日本における協同学習の実証的研究　日本協同教育学会（編）　日本の協同学習（pp.157-196）　ナカニシヤ出版

日本協同教育学会（2010）. 協同学習ワークショップ（ベーシック研修用）資料　技法編7

小田切歩（2016）. 高校の数学授業での協同学習における個人の説明構築による理解深化メカニズム　教育心理学研究, *64*, 456-476.

Pintrich, P. R., Smith, D. A. F., Garcia, T., & Mckeachie, W. J.（1993）. Reliability and predictive validity of the Motivated Strategies for Learning Questionnaire（Mslq）. *Educational and Psychological Measurement, 53*（3）, 801-813.

Schmidt, H. G., Loyens, S. M. M., van Gog, T., & Paas, F.,（2007）. Problem-based learning is compatible with human cognitive architecture: Commentary on Kirschner, Sweller and Clark（2006）. *Educational Psychologist, 42*, 91-97.

Sharan, Y., Sharan, S.（1992）. *Expanding cooperative learning through group investigation*. New York: Teachers College Press.（石田裕久・杉江修治・伊藤　篤・伊藤康児（訳）（2001）. 協同による総合学習の設計―グループ・プロジェクト入門　北大路書房）

塩田芳久（1989）．授業活性化の「バズ学習」入門　明治図書

杉江修治（1999）．バズ学習の研究：協同原理にもとづく学習指導の理論と実践　風間書房

杉江修治（2011）．協同学習入門―基本の理解と51の工夫　ナカニシヤ出版

鈴木克明（2005）．e-Learning 実践のためのインストラクショナル・デザイン　日本教育工学会論文誌，*29*，197-205.

鈴木克明（2006）．ID の視点で大学教育をデザインする鳥瞰図：e ラーニングの質保証レイヤーモデルの提案　日本教育工学会第22回講演論文集，337-338.

橘　春菜・藤村宣之（2010）．高校生のペアでの協同解決を通じた知識統合過程　教育心理学研究，*58*，1-11.

植村善太郎（2020）．社会・文化の視点からみたグループディスカッション　西口利文・植村善太郎・伊藤崇達（編）グループディスカッション―心理学から考える活性化の方法―（pp.59-95）　金子書房

Zimmerman, B. J. (1989). A social cognitive view of self-regulated academic learning. *Journal of Educational Psychology, 81* (3), 329-339.

Zimmerman, B. J. (1998). Developing self-filling cycles of academic regulation: An analysis of exemplary instructional models. In D. H. Schunk & B. J. Zimmerman (Eds.), *Self-regulated learning: From teaching to self-reflective practice.* New York: Guilford Press.（塚野州一訳（2007）．学習の自己成就サイクルを形成すること：典型的指導モデルの分析　塚野州一（監訳）　自己調整学習の実践（pp.1-19）　北大路書房）

■第11章

Downing, S. M., & Haladyna, T. M. (2006). *Handbook of test development.* Mahwah, NJ: Lawrence Erlbaum Associates.

Haladyna, T. M., & Rodriguez, M. C. (2013). *Developing and validating test items.* New York: Routledge.

石井秀宗（2014）．人間科学のための統計分析―こころに関心があるすべての人のために―　医歯薬出版

石井秀宗（2020）．項目分析システム：テスト項目・解答データ分析ツール　Retrieved from http://www.educa.nagoya-u.ac.jp/~ishii-h/test_system.html（2021年11月10日）

石井秀宗・荒井清佳・坪田彩乃・安永和央・寺尾尚大（2021）．テスト問題作成ガイドラインの開発（1）―日本での普及に向けた整理―　日本テスト学会第19回大会

金丸晃二（2006）．教育評価の手順　辰野千壽・石田恒好・北尾倫彦（監修）　教育評価事典（p.23）　図書文化社

岸本　実（2005）．ポートフォリオ評価法　田中耕治（編）よくわかる教育評価（pp.106-107）　ミネルヴァ書房

日本テスト学会（編）（2007）．テスト・スタンダード―日本のテストの将来に向けて―　金子書房

坪田彩乃・石井秀宗（2020）．項目作成ガイドランに基づく修正例　Retrieved from http://www.educa.nagoya-u.ac.jp/~ishii-h/test_guideline.html（2021年11月10日）

■第12章

赤木和重（2017）．ユニバーサルデザインの授業づくり再考（特集 先走る教育技法）　教育，*853*，73-80.

Aronson, E., Stephan, C., Sikes, J., Blaney, N., & Snapp, M. (1978). *The jigsaw classroom.* Beverly Hills, CA: Sage Publication.

Cooley, C. H. (1909). *Social organization: A study of the larger mind.* New York: Charles Scribner's Sons.

藤原正光・大木菜々子（2008）．PM 式指導類型に対する児童と教師の認知：学級モラールと学級イメージとの関係から　文教大学教育学部紀要，*42*，59-67.

Hyman, H. H. (1942). The psychology of status. *Archives of Psychology, 269*, 94-102.

栗原慎二・井上　弥（2019）．アセス（学級全体と児童生徒個人のアセスメントソフト）の使い方・活かし方　改訂第5版　ほんの森出版

黒川雅幸・大西彩子（2009）．準拠集団規範がいじめ加害傾向に及ぼす影響：準拠枠としての仲間集団と学級集団　福岡教育大学紀要第4分冊（教職科編），*58*，49-59.

Lewin, K., Lippitt, R., & White, R. K. (1939). Patterns of aggressive behavior in experimentally created "social climates." *The Journal of Social Psychology, 10*, 271-299.

Mayo, E. (1933). *The human problems of an industrial civilization.* Boston, MA: Division of Research, Graduate School of Business Administration, Harvard University.

三隅二不二（1966）．新しいリーダーシップ：集団指導の行動科学　ダイヤモンド社

Moreno, J. L. (1942). Sociometry in action. *Sociometory, 3*, 298-315.

村田純一（2006）．共生のための技術哲学　村田純一（編）共生のための技術哲学：「ユニバーサルデザイン」という思想（pp.15-28）　未來社

大谷和大・岡田　涼・中谷素之・伊藤崇達（2016）．学級における社会的目標構造と学習動機づけの関連：友人との相互学習を媒介したモデルの検討　教育心理学研究，*64*，477-491.

Phillips, J. D. (1948). Report on discussion 66. *Adult Education Journal, 7*, 181-182.

塩田芳久・阿部　隆（1962）．バズ学習方式：落伍者をつくらぬ教育　黎明書房

宍戸寛昌・柳沼孝一・髙橋正英・上野　良（2019）．授業で育てる学級経営：「深い学び」に誘う教室づくり　明治図書出版

杉江修治（1998）．バズ学習の意義と展開　中京大学教養論叢，*39*，61-90.

■第13章

阿子島茂美・漆澤恭子・岩井雄一・加藤亮介・杉谷邦子・関口洋美…吉村　浩（2014）．発達性読み書き障害の臨床像　十文字学園女子大学人間生活学部紀要，*12*，197-207.

American Psychiatric Association (2013). *Diagnostic and statistical manual of mental disorders* (5th ed.). Washington, DC: American Psychiatric Publishing.（高橋三郎・大野　裕（監訳）（2014）．DSM-5 精神疾患の診断・統計マニュアル　医学書院）

石黒広昭（2019）．「発達障害」という用語は何を意味するのか：発達障がいを抱える人々の医学的，教育的文脈における分類に関わる諸問題　立教大学教育学研究年報，*62*，69-84.

増田いづみ・生田久美子（2015）．介護における「自立」と「自律」概念の分析の試み―自律支援にむけて高齢者介護に求められ

るもの―　田園調布学園大学紀要，*10*，91-109.

文部科学省（2004）．小・中学校におけるLD学習障害，ADHD注意欠陥／多動性障害，高機能自閉症の児童生徒への教育支援体制の整備のためのガイドライン（試案）　東洋館出版社

文部科学省（2007）．特別支援教育の推進について（通知）Retrieved from https://www.mext.go.jp/b_menu/shingi/chukyo/chukyo3/044/attach/1300904.htm（2021年12月10日）

文部科学省（2012）．通常の学級に在籍する発達障害の可能性のある特別な教育的支援を必要とする児童生徒に関する調査　Retrieved from https://www.mext.go.jp/a_menu/shotou/tokubetu/material/__icsFiles/afieldfile/2012/12/10/1328729_01.pdf（2021年12月10日）

太田豊作（2019）．特集　注意欠如・多動症（ADHD）診療のいま：（8）　子どものADHDの薬物療法　チャイルドヘルス，*22*（10），756-760.

上田　敏（2003）．国際生活機能分類（ICF）とリハビリテーション医学の課題　リハビリテーション医学，*40*（11），737-743.

WHO（1992）．*The ICD-10 classification of mental and behavioral disorders: Clinical descriptions and diagnostic guidelines.* Geneva: World Health Organization.（融　道男・中根　允・小見山実（監訳）（1993）．ICD-10 精神および行動の障害　医学書院）

WHO（2001）．*ICF: International classification of functioning disability and health.* Geneva: World Health Organization.（障害者福祉研究会（編）（2002）．ICF国際生活機能分類―国際障害分類改定版―　中央法規出版）

■第14章

後藤綾文・平石賢二（2013）．中学生における同じ学級の友人への被援助志向性：学級の援助要請規範と個人の援助要請態度，援助不安との関連　学校心理学研究，*13*，53-64.

石隈利紀（1999）．学校心理学――教師・スクールカウンセラー・保護者のチームによる心理教育的援助サービス――　誠信書房

神村栄一（2019）．不登校・ひきこもりのための行動活性化――子どもと若者の"心のエネルギー"がみるみる溜まる認知行動療法――　金剛出版

かしまえりこ・神田橋條治（2006）．スクールカウンセリング モデル100例――読み取る。支える。現場の工夫。――　創元社

加藤弘通（2001）．不登校・ひきこもり　矢島正見（編）　新版　生活問題の社会学（pp.34-48）　学文社

木村真人・濱田晋吾（2010）．いじめ被害における援助要請行動を抑制する要因の探索的検討　東京成徳短期大学紀要，*43*，1-12.

国立教育政策研究所（2016）．いじめ追跡調査2013-2015　いじめQ&A　国立教育政策研究所

桑名市教育委員会（2019）．精神的な不安定さを抱える子どもの理解と支援について――SOSの出し方に関する教育を充実させるために――　Retrieved from http://www.city.kuwana.lg.jp/documents/911/20190328-162524.pdf（2022年2月1日）

文部科学省（2010）．生徒指導提要

文部科学省（2017）．義務教育の段階における普通教育に相当する教育の機会確保等に関する基本方針

文部科学省（2019）．令和元年10月25日　不登校児童生徒への支援の在り方について（通知）

文部科学省（2020）．令和元年度児童生徒の問題行動・不登校等生徒指導上の諸課題に関する調査

文部科学省（2021）．指定の状況及び指定を受けている設置者一覧　Retrieved from https://www.mext.go.jp/a_menu/shotou/seitoshidou/1387004.htm（2021年3月31日）

森田洋司・清永賢二（1986）．「いじめ」教室の病い　金子書房

村山恭朗・伊藤大幸・浜田　恵・中島俊思・野田　航・片桐正敏・高柳伸哉・田中善大・辻井正次（2015）．いじめ加害・被害と内在化／外在化問題との関連性　発達心理学研究，*26*，13-22.

村山恭朗・伊藤大幸・中島俊思・浜田　恵・片桐正敏・田中善大・高柳伸哉・野田　航・辻井正次（2018）．一般小中学生におけるいじめ経験と養育行動の関連に関する横断的検証　*Journal of Health Psychology Research*, *31*, 31-41.

永井　智・新井邦二郎（2007）．利益とコストの予期が中学生における友人への相談行動に与える影響の検討　教育心理学研究，*55*，197-207.

岡安孝弘・高山　巌（2000）．中学生におけるいじめ被害者および加害者の心理的ストレス　教育心理学研究，*45*，410-421.

Rogers, C. R.（1957）．The necessary and sufficient conditions of therapeutic personality change. *Journal of Consulting Psychology*, *21*, 95-103.

佐藤宏平・花田里欧子・若島孔文・横谷謙次・上西　創（2017）．不登校・ひきこもり　長谷川啓三・佐藤宏平・花田里欧子（編）　事例で学ぶ生徒指導・進路指導・教育相談：中学校・高等学校編（改訂版）（pp.43-56）　遠見書房

東京都教育委員会（2018）．SOSの出し方に関する教育を推進するための指導資料――活用ガイド――　東京都教育委員会

■第15章

Bass, B. M., & Riggio, R. E.（2006）．*Transformational leadership*（2 nd ed.）. Mahwah, NJ: Lawrence Erlbaum.

Brannick, M. T., Prince, A., Prince, C., & Salas, E.（1995）．The measurement of team process. *Human Factors*, *37*, 641-651.

中央教育審議会（1998）．今後の地方教育行政の在り方について（答申）　Retrieved from https://www.mext.go.jp/b_menu/shingi/chuuou/toushin/980901.htm（2021年3月31日）

中央教育審議会（2014）．子供の発達や学習者の意欲・能力等に応じた柔軟かつ効果的な教育システムの構築について（答申）　Retrieved from https://www.mext.go.jp/b_menu/shingi/chukyo/chukyo0/toushin/1354193.htm（2021年3月31日）

中央教育審議会（2015a）．新しい時代の教育や地方創生の実現に向けた学校と地域の連携・協働の在り方と今後の推進方策について（答申）　Retrieved from https://www.mext.go.jp/b_menu/shingi/chukyo/chukyo0/toushin/__icsFiles/afieldfile/2016/01/05/1365791_1.pdf（2021年3月31日）

中央教育審議会（2015b）．チームとしての学校の在り方と今後の改善方策について（答申）　Retrieved from https://www.mext.go.jp/b_menu/shingi/chukyo/chukyo0/toushin/1365657.htm（2021年3月31日）

中央教育審議会（2016）．幼稚園，小学校，中学校，高等学校及び特別支援学校の学習指導要領等の改善及び必要な方策等について（答申）　Retrieved from https://www.mext.go.jp/b_menu/shingi/chukyo/chukyo0/toushin/__icsFiles/afieldfile/2017/01/10/1380902_0.pdf（2021年3月31日）

中央教育審議会（2019）．新しい時代の教育に向けた持続可能な学校指導・運営体制の構築のための学校における働き方改革に関する総合的な方策について（答申）　Retrieved from https://www.mext.go.jp/component/b_menu/shingi/toushin/__icsFiles/afieldfile/2019/03/08/1412993_1_1.pdf（2021年3月31日）

中央教育審議会（2021）．「令和の日本型学校教育」の構築を目指して―全ての子供たちの可能性を引き出す，個別最適な学びと，協働的な学びの実現―（答申）　Retrieved from https://www.mext.go.jp/content/20210126-mxt_syoto02-000012321_2-4.pdf（2021年3月31日）

Hulpia, H., Devos, G., Rosseel, Y., & Vlerick, P.（2012）. Dimensions of distributed leadership and the impact on teachers' organizational commitment: A study in secondary education. *Journal of Applied Social Psychology, 42*, 1745-1784.

神谷恵利子（2011）．チームの業績および組織コミットメントに影響を及ぼす変革型および交流型リーダーシップの有効性の検討　産業・組織心理学研究, *25*, 81-89.

増田博俊（2009）．保護者の学校参加に関する一考察　東京大学大学院教育学研究科教育行政学論叢, *28*, 55-77.

文部科学省（2021）．学校保健統計調査－令和2年度（確定値）の結果の概要　Retrieved from https://www.mext.go.jp/b_menu/toukei/chousa05/hoken/kekka/k_detail/1411711_00004.htm（2022年4月1日）

臨時教育審議会（1987）．教育改革に関する第4次答申（最終答申）　Retrieved from https://www.niye.go.jp/youth/book/files/items/1538/File/yojitooshin.pdf（2021年3月31日）

Rousseau, V., Aubé, C., & Savoie, A.（2006）. Teamwork behaviors: A review and an integration of frameworks. *Small Group Research, 37*, 540-570.

Salas, E., Shuffler, M. L., Thayer, A. L., Bedwell, W. L., & Lazzara, E. H.（2015）. Understanding and improving teamwork in organizations: A scientifically based practical guide. *Human Resource Management, 54*, 599-622.

佐藤晴雄（編著）（2018）．コミュニティ・スクールの全貌：全国調査から実相と成果を探る　風間書房

Schunk, D. H., & Greene, J. A.（2018）. *Handbook of self-regulation of learning and performance*（2nd ed.）. New York: Routledge.

Spillane, J. P.（2006）. *Distributed leadership*. San Francisco, CA: Jossey-Bass.

Wang, G., Oh, I. S., Courtright, S. H., & Colbert, A. E.（2011）. Transformational leadership and performance across criteria and levels: A meta-analytic review of 25 years of research. *Group & Organization Management, 36*, 223-270.

王　瑋・坂田桐子・清水裕士（2016）．変革型リーダーシップがワークストレスに及ぼす影響に関する検討　産業・組織心理学研究, *29*, 103-112.

確認テスト　解答

　各章節末の確認テストの解答を以下に掲載します。解答の解説については，下記 URL ある いはナカニシヤ出版ホームページ内の本書ページからダウンロードしていただけます。ぜひご 活用ください。

確認テスト解答・解説 URL：http://www.nakanishiya.co.jp/files/shutaiteki_kaisetsu.pdf
パスワード：shutaiteki2022

【第1章　発達の理論】
①1. b　2. a　3. d　4. c　5. e　②1.○　2. ×　3.○　4. ×　③1. a　2. a　3. c　4. a　5. b

【第2章　乳幼児期の発達】
①2　②3　③3　④2

【第3章　児童期（学童期）の発達】
①1. ×　2. ×　3.○　②1　③1　④1

【第4章　青年期の発達】
①2　②1　③4　④4

【第5章　行動論】
①2　②1　③1.○　2. ×　④1.○　2. ×

【第6章　情報処理論】
①長期記憶・短期記憶
②知識＝宣言的記憶（主に意味記憶），わざ＝非宣言的記憶（主に手続的記憶）
③学習方略。学習方略にも種類があり，見聞きしたことを反芻する「リハーサル方略」，自主的 に図や関連情報を添えて覚える「精緻化方略」，関連のある情報をチャンク化する「体制化方 略」，自分で目標を立て，その達成度を記録，「見える」化してペースを調整する「理解モニタ リング方略」，友人と競うなどして意欲を高める工夫を施す「情緒・動機づけ方略」などがある。
④手掛かりリストの活用，文脈化・脱文脈化など。
⑤演繹的推論・帰納的推論。演繹的推論は正しいことが確かめられている 1 つの法則性や規則 （数学の公式や定理など）を多数の事例に適用して結論を導き出す推論であるのに対し，帰納的 推論は多数の事例から法則性や規則を導きだす推論である。演繹的推論は規則性や与えられた 前提の情報が正しければ正しい結論が得られるが，帰納的推論は例外の事例が見つかると結論 として得た法則性や規則性は成り立たなくなる。
⑥素朴概念（素朴理論）。例えば，物体は重い方が速く落ちる，地球は平たい円盤のような形に

なっている，または金魚鉢のような球体の中に平たい地面があると考えるなどが挙げられる。
⑦類推，洞察

【第7章　知能】
①4　②3　③2
④（解答例）メドニックは，創造性の高さの個人差を説明する際，情報の保持のされ方に着目した。テーマに関して支配的な連想が存在しており，少数の情報しか活性化されない場合には，非凡なアイデアも生み出されにくい。それに対して，創造的な人物においては，よりかけ離れた情報が活性化されやすい状態にあると考えられ，多様な情報を利用し検討がなされることによって，非凡なアイデアに至る確率も相対的に高くなると推測される。
⑤2，4

【第8章　動機づけ】
①2　②1　③3　④2

【第9章　教授方法】
①1. 設計　2. 評価　3. 分析　②（ア）ブルーナー（イ）発見学習（ウ）受容学習（エ）有意味受容学習（オ）教えて考えさせる授業　③3

【第10章　主体的・協同的学習】
①1. B・ウ　2. A・ア　3. A・イ　4. B・ア　5. B・イ　6. B・ウ
②1. ×　2. ×　3. ○　4. ×　③1. ○　2. ○　3. ×

【第11章　測定と評価】
①2　②3　③4

【第12章　学級経営】
①5　②5　③4

【第13章　特別支援教育】
①3　②（ア）自立（イ）主体的（ウ）教育的ニーズ　③（1）3　（2）2・3・5
④（ア）個別の教育支援計画（イ）個別の指導計画（ウ）校内委員会

【第14章　教育相談】
①1. ×　2. ○　②1. ○　2. ×　③1. ○　2. ×

【第15章　地域との連携とチームとしての学校】
①（ア）2（イ）6　②1，4　③1〜4すべて　④2，3

事項索引

人名索引

【執筆者一覧】（五十音順，＊は編者）

阿部慶賀（あべ・けいが）
和光大学現代人間学部准教授
担当：第6章

安藤史高（あんどう・ふみたか）＊
岐阜聖徳学園大学教育学部教授
担当：第8章

石井秀宗（いしい・ひでとき）
名古屋大学大学院教育発達科学研究科教授
担当：第11章

石田　開（いしだ・ひらく）
岐阜聖徳学園大学短期大学部教授
担当：第2章

伊田勝憲（いだ・かつのり）
立命館大学大学院教職研究科教授
担当：第12章

蔵冨　恵（くらとみ・けい）
岐阜聖徳学園大学教育学部専任講師
担当：第5章

解良優基（けら・まさき）
南山大学人文学部講師
担当：第9章

小平英志（こだいら・ひでし）＊
日本福祉大学教育・心理学部教授
担当：第4章

後藤綾文（ごとう・あやふみ）
岐阜聖徳学園大学教育学部准教授
担当：第14章

髙村和代（たかむら・かずよ）＊
岐阜聖徳学園大学教育学部教授
担当：第1章，第3章

中西良文（なかにし・よしふみ）
三重大学教育学部教授
担当：第10章

野村香代（のむら・かよ）
岐阜聖徳学園大学教育学部准教授
担当：第13章

山口洋介（やまぐち・ようすけ）
同志社大学免許資格課程センター助教
担当：第7章

吉田琢哉（よしだ・たくや）
岐阜聖徳学園大学教育学部准教授
担当：第15章

主体的に学ぶ発達と教育の心理学

2022 年 5 月 30 日　初版第 1 刷発行　（定価はカヴァーに　表示してあります）
2023 年 10 月 20 日　初版第 2 刷発行

編　者　髙村　和代
　　　　安藤　史高
　　　　小平　英志
発行者　中西　　良
発行所　株式会社ナカニシヤ出版
〒606-8161　京都市左京区一乗寺木ノ本町15番地
　　　　　　　　　Telephone　　075-723-0111
　　　　　　　　　Facsimile　　075-723-0095
　　　　Website　　http://www.nakanishiya.co.jp/
　　　　E-mail　　iihon-ippai@nakanishiya.co.jp
　　　　　　　　　郵便振替　01030-0-13128

装幀＝白沢　正／印刷・製本＝西濃印刷㈱
Printed in Japan.